创新型职业教育精品教材
教育改革新形态新理念教材

# 抖音
## 直播运营与主播素养

主　编　王晓丹　王菲菲

辽宁教育出版社
·沈阳·

© 王晓丹 王菲菲 2024

图书在版编目（CIP）数据

抖音直播运营与主播素养 / 王晓丹，王菲菲主编．—沈阳：辽宁教育出版社，2024.4（2024.10重印）
ISBN 978-7-5549-4140-9

Ⅰ．①抖… Ⅱ．①王… ②王… Ⅲ．①网络营销—教材 Ⅳ．①F713.365.2

中国国家版本馆CIP数据核字（2024）第069798号

抖音直播运营与主播素养
DOUYIN ZHIBO YUNYING YU ZHUBO SUYANG

出 品 人：张　领
出版发行：辽宁教育出版社（地址：沈阳市和平区十一纬路25号　邮编：110003）
　　　　　电话：024-23284410（总编室）024-23284652（购书）
　　　　　http://www.lep.com.cn
印　　刷：沈阳百江印刷有限公司

责任编辑：赵姝玲
封面设计：意·装帧设计
责任校对：王　静
幅面尺寸：185mm×260mm
印　　张：18.5
字　　数：390千字
出版时间：2024年4月第1版
印刷时间：2024年10月第2次印刷

书　　号：ISBN 978-7-5549-4140-9
定　　价：98.00元

版权所有　　侵权必究

# 前　言

　　本书的创作团队一直不断探索人才培养、职业需求、与时俱进的课程改革和创新，在电商崛起的时代下打造出这本紧密结合抖音直播运营与主播实战工作任务的立体化教材。本教材既可以作为电商专业教材通过真实工作岗位讲解与实践抓实教育根本，也可作为抖音运营和主播培训班的培训教材。

　　俗话说："知己知彼，百战不殆。"在进入抖音直播运营、短视频创作领域时，一定要了解这个行业的规则，才能游刃有余。因此，结合抖音真实工作任务本书共分为十个工作领域。这十个工作领域按具体工作任务顺序和实操内容，基于教师几年来的教学经历和抖音直播运营实操经历，以内行人的眼光看待抖音的发展趋势，归纳抖音平台的运营策略，总结抖音平台的运营雷区，推荐适合不同账号的各种变现方式，主播的素养提升为新手创作者提供了专业的运营、变现思路和成为下一个网红的可能。本书具有以下特色：

　　1.实战主线，干货十足。紧密结合抖音直播运营与主播实战工作任务，干货十足，即学即用。本书讲解的内容实用易学，重点放在抖音直播运营的方法和主播能力的提升上。无论是刚接触直播的新手和学生，还是直播行业中的资深从业人员，都能从本书中学到一定的实战经验和技巧，并将其应用到自己的工作实践中。

　　2.课程思政，润物无声。既要注重提高读者的专业技能，更要注重将思政教育融入教材中去，教材的编写中适当融入了抖音有志青年创业史、不屈不挠的创新精神案例等，尤其强调了抖音账号要保证正能量的输出，潜移默化地帮助读者形成正确的价值观。

　　3.紧跟时代，内容详尽。本书紧跟抖音运营与直播的发展潮流，对抖音直播运营中的各个环节和主播需要具备的各种职业素养进行了深度诠释，帮助读者全面提升直播运营和销售能力，解决直播运营中的痛点和难点。

　　4.学用结合，服务专业。教材内容要坚持以应用为主要目的，不仅注重理论知识的系统完整、学科结构与逻辑体系的严谨，还讲求适应课程的综合化和工作领域化；各部分知识相对独立完整，同时紧密结合电商专业需求；符合专业人才培养要求的同时，也服务于广大创业新人和抖音爱好者。同时，教材的各篇目、案例之间有比较密切的连贯关系，能够做到前后贯通，增强了教材的综合性和灵活性。

5. 通俗易懂，职业引导。本教材深入浅出，图文并茂，是突显抖音直播运营与主播素养的工具书。任务引入从设立能力目标开始，突出能力培养，以完成项目任务实践为主线，在真实、可行的教学情境中，采取与工作任务相关的方式，合理组织理论知识，清楚表述完成工作任务所需要的各类实践知识。

教材在编写过程中参考和引用了一些专家、学者的研究成果和文献资料，同时也引用了大量媒体的有关图片，如抖音、百度等。由于篇幅所限，不能一一列举，在此一并致谢。鉴于编者水平有限以及资料收集的局限性，加上时间仓促及形势发展变化快等因素，书中难免有不足之处，敬请专家、同行和广大读者批评指正，我们将在今后的修订过程中进一步梳理与完善。

编者

# 目 录

## 工作领域一　吃透抖音特点与规则

工作任务一　抖音平台注册　　3
工作任务二　抖音用户画像　　16
工作任务三　账号功能开通方法　　26
工作任务四　抖音账号具体分类　　44
工作任务五　抖音平台推送机制　　48
任务测评　　56
任务总结与评价　　58

## 工作领域二　账号风格定位与设计

工作任务一　抖音账号定位　　61
工作任务二　粉丝客户画像　　71
工作任务三　抖音账号包装　　77
工作任务四　账号养号攻略　　85
工作任务五　优势与差异化定位　　90
任务测评　　94
任务总结与评价　　94

# 工作领域三　内容定位与短视频制作

　　工作任务一　打造高品质内容 ………………………………………………… 97
　　工作任务二　短视频拍摄准备 ………………………………………………… 104
　　工作任务三　短视频拍摄技巧 ………………………………………………… 111
　　工作任务四　抖音平台特效运用 ……………………………………………… 116
　　工作任务五　抖音视频制作技巧 ……………………………………………… 125
　　任务测评 ……………………………………………………………………… 132
　　任务总结与评价 ……………………………………………………………… 133

# 工作领域四　吃透抖音特点与规则

　　工作任务一　直播间话术引流技巧 …………………………………………… 136
　　工作任务二　抖音直播间的推广技巧 ………………………………………… 141
　　工作任务三　粉丝互动与推广 ………………………………………………… 148
　　工作任务四　账号精准流量获取 ……………………………………………… 153
　　任务测验 ……………………………………………………………………… 158
　　任务总结与评价 ……………………………………………………………… 159

# 工作领域五　账号变现与瓶颈期突破

　　工作任务一　抖音直播变现 …………………………………………………… 162
　　工作任务二　抖音知识类变现 ………………………………………………… 165
　　工作任务三　抖音广告植入变现 ……………………………………………… 169
　　工作任务四　瓶颈期突破与数据提升 ………………………………………… 171
　　任务测验 ……………………………………………………………………… 176
　　任务总结与评价 ……………………………………………………………… 177

# 工作领域六　直播主播的形象管理与人设魅力

  工作任务一　直播主播的形象管理原则 ············· 180

  工作任务二　直播主播的妆容设计 ················· 185

  工作任务三　直播主播的着装设计 ················· 189

  工作任务四　直播主播的气质培养 ················· 193

  工作任务五　直播主播的人设塑造 ················· 196

  任务测评 ······································· 201

  任务总结与评价 ································· 201

# 工作领域七　直播主播的心态管理与情绪管理

  工作任务一　直播主播的必备心理素质 ············· 204

  工作任务二　增强直播主播的心理素质策略 ········· 208

  工作任务三　直播主播的情绪管理 ················· 210

  工作任务四　直播主播的压力管理 ················· 215

  工作任务五　增强直播主播的情绪管理策略 ········· 219

  任务测评 ······································· 224

  任务总结与评价 ································· 224

# 工作领域八　直播主播的语言管理与表情沟通

  工作任务一　直播主播语言表达的原则 ············· 227

  工作任务二　直播主播声音训练重点 ··············· 231

  工作任务三　直播主播语言能力提升要点 ··········· 235

  工作任务四　直播主播语言管理技巧 ··············· 239

  工作任务五　直播主播表情沟通要点 ··············· 243

  任务测评 ······································· 245

  任务总结与评价 ································· 245

## 工作领域九　直播主播的话术管理与直播营销

工作任务一　直播间热销品话术要点 ........................... 248

工作任务二　直播主播的口才训练 ............................. 256

工作任务三　提高直播主播销售话术转化率的法宝 ............... 259

任务测评 ................................................... 262

任务总结与评价 ............................................. 262

## 工作领域十　直播主播的涨粉技巧与变现策略

工作任务一　内在修养是直播主播的涨粉关键 ................... 265

工作任务二　直播主播需设计好自身的直播名片 ................. 268

工作任务三　提供粉丝持久喜欢的直播内容 ..................... 270

工作任务四　提供粉丝持久喜欢的视频内容 ..................... 275

工作任务五　直播变现的策略 ................................. 279

任务测评 ................................................... 283

任务总结与评价 ............................................. 283

# 工作领域一　吃透抖音特点与规则

## 任务背景

近年来，随着互联网技术的飞速发展，电商行业正变得越来越繁荣。而抖音电商，作为一种新兴的电商模式，也在短时间内吸引了大量用户。那么，抖音电商对经济的影响是什么呢？

首先，抖音电商的出现为消费者提供了更加方便的购物方式。过去，消费者需要去实体店购买商品，不仅浪费时间，还需要承担高昂的租金和人力成本。而现在，随着抖音电商的兴起，消费者只需要在手机上即可完成购物，大大提高了购物的效率和便利性。

其次，抖音电商也为商家带来了更多的商机。传统的实体店面受限于面积和人流，无法让更多的顾客进入店内购物。而抖音电商则可以通过直播等方式，让更多的用户了解到自己的产品，提高销售额。同时，抖音电商也为小型企业提供了一个展示自己的平台，让他们有机会在激烈的市场竞争中脱颖而出。

第三，抖音电商以其独特的内容生态、创新的技术应用以及对中小商家的全面赋能，正逐步成为驱动消费市场增长的新引擎。随着技术的不断进步与市场的持续拓展，抖音电商进一步引领消费趋势，为消费者带来更加丰富多彩、便捷高效的购物体验，同时推动中国乃至全球消费市场迈向新的发展阶段。

最后，抖音电商也为经济的发展带来了新的动力。抖音电商以其独特的内容生态、创新的技术应用以及对中小商家的全面赋能，正逐步成为驱动消费市场增长的新引擎。随着技术的不断进步与市场的持续拓展，抖音电商进一步引领消费趋势，为消费者带来更加丰富多彩、便捷高效的购物体验，同时推动中国乃至全球消费市场迈向新的发展阶段。

综上所述，抖音电商作为一种新兴的电商模式，对经济的发展带来了积极的影响。它为消费者提供了更加方便的购物方式，为商家带来了更多的商机，有助于带动消费，同时也为经济注入了新的动力。

## 任务流程

1. 抖音平台注册。
2. 抖音用户画像。
3. 账号功能开通方法。
4. 抖音账号具体分类。
5. 平台推送机制。
6. 任务测评。
7. 任务总结与评价。

## 思政目标

1. 树立正确的抖音平台运营观念。
2. 培养终身学习、不断改进的精神。
3. 弘扬"敬业诚信"的社会主义核心价值观。
4. 培育工匠精神。
5. 培育积极进取的人生态度。

## 知识目标

1. 了解抖音平台的注册与功能设置。
2. 了解抖音平台的客户画像和特点。
3. 熟悉抖音平台的推送规则。
4. 掌握抖音平台的账号分类。

## 能力目标

1. 能够在抖音平台完成账号注册。
2. 能够根据企业或自身的特点和产品的特性,完成抖店注册。
3. 能够掌握抖音平台的相关规则。

# 工作任务一　抖音平台注册

## ❖ 任务目标

1. 能够正确认识抖音平台的价值。
2. 能够完成抖音平台的个人注册。
3. 能够掌握抖音平台的公司注册流程。
4. 能够掌握抖音平台的功能的设置。

## ❖ 任务背景

截至 2023 年 7 月，网红张欣尧"潮引力舞蹈工作室导师"的粉丝量达到 929.8 万。在 2017 年 3 月 17 日，当时用户名为"潮引力舞蹈工作室导师"的张欣尧，在抖音上有了第 1314 位粉丝。这一天，他特地截图存下这个有趣的数字，并且发了一条微博。他自己都没想到，一年之后他的抖音粉丝数量超过了 1000 万。这样的例子越来越多。生活中越来越多抖音元素的出现，让所有人对这个平台另眼相看，或初次相识，或重新审视。总之，抖音很火爆。

抖音是一款热门的视频社交软件，是一个旨在帮助大众表达自我、记录美好生活的短视频分享平台。该软件应用人工智能技术为用户创造了丰富多样的玩法，让用户能够轻松快速地产出优质短视频。你可以在这里收获粉丝，成为粉丝热捧的明星；也可以成为打造爆款、获得巨大红利的流量主。

**请思考**　要想在抖音获得关注和流量，就要懂得如何养号。养号的第一步——注册抖音账号，如何注册抖音账号呢？

## ❖ 任务操作

### 一、抖音账号的注册

**1. 抖音个人账号的注册步骤**

（1）在各大手机应用市场下载安装抖音短视频。
（2）打开抖音。
（3）在右下角点触"我"按钮，进入"我"页面。
（4）在弹出的页面中输入手机号进行注册，还可以点触"其他登录方式"按钮，用微信、微博或 QQ 等账号注册并以快捷方式登录。

（5）阅读抖音用户协议，然后点触"同意"按钮。

（6）获取验证码，输入验证码后点触下方对钩按钮。

（7）完成注册，进入个人信息页面，继续完善个人信息。

（8）尽量把各项信息都填写完整（包括生日和昵称），然后点触照相机按钮进入手机相册，选择一张照片作为自己的头像并上传。

（9）返回个人主页就可看到账号已注册成功。

2. 抖音账号登录

（1）登录抖音，点击右上角的"登录"。

（2）根据注册的方式，输入正确的账号信息，并点击"登录"。

（3）如果需要，还可以设置手机号验证，以保障账号的安全性；

（4）登录成功，可以开始使用抖音账号。

3. 账号基本内容

（1）注册抖音账号之后，进入"账号与安全"页面，如图1-1所示。

（2）这里有几项内容需要特别注意。

①我的二维码。点触该选项，就会出现一个包含抖音用户名称和二维码的页面。其他人可以通过扫码关注你，你也可以将其放在更多的宣传页面以吸引粉丝。

②第三方账号绑定。如果你使用第三方账号注册，如微信、QQ、微博和今日头条等，那么这个区域便会显示出你的第三方账号的信息。

（3）实名认证。抖音可以对用户进行实名认证。点触这个选项之后，我们可以上传自己

图1-1 抖音"账号与安全"页面

的身份信息，随后系统会自动跳转到支付宝的芝麻认证界面，点触"开始认证"按钮即可完成认证。

在抖音上进行实名认证最大的好处就是可以提高账号的安全性，不用担心账号被盗，就算被盗也可通过客服及时找回。对想要开通抖音直播的用户来说，实名认证是必不可少的一步。

（4）抖音官方认证。官方认证主要有个人认证、企业认证和机构认证等形式（见图1-2）。个人认证适合公众人物、领域专家和网络名人申请，需要用户发布至少一条视频，粉丝量在1万以上，并完成手机绑定；企业认证适合企业申请；机构认证适合企业、媒

体、国际机构或者其他知名机构申请。

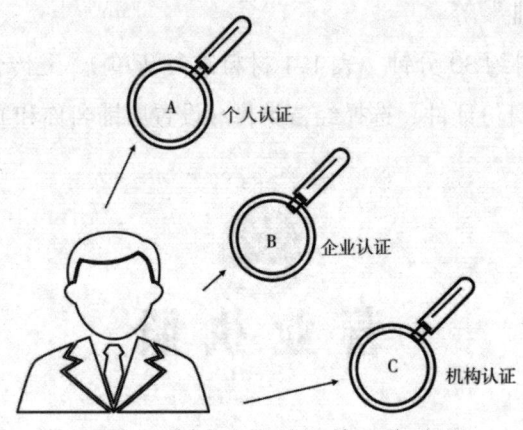

图 1-2 抖音官方认证的三种形式

**4. 抖音企业账号注册与抖店注册**

（1）企业账号注册的主要步骤如下。

①用手机号注册一个抖音号。

②在 PC 端打开抖音官方网站，单击右上方的"企业认证"链接，再单击"我要申请"按钮，然后登录事先在手机上注册的抖音账号，打开抖音企业号注册、认证界面后，单击页面右上位置的"开启认证"按钮。

③填写认证资料，包括用户名称、认证信息、企业名称、统一社会信用代码和行业分类，并上传相关资质照片等。

④支付抖音企业号注册和认证费用，申请信息审核。

⑤通过审核后，2 个工作日内即可开启认证。至此，我们便完成了抖音企业号注册和认证的所有步骤。

（2）抖店注册。抖店入驻需要根据开店主体的不同而定，分为企业公司、个体工商户、个人身份三个主体。可以通过百度搜索抖店或者登录 https://fxg.jinritemai.com/source=bd.pcpz.30 网址注册，提交资质信息等，下面来具体阐述一下不同主体所需上传和准备的材料：

图 1-3 抖店种类选择网页展示

①企业/公司：适合有营业执照等资质信息，营业执照"类型"处显示"×××公司/企业/个人独资企业"等。

第一步：提交材料约30分钟（表1-1材料准备清单）。上传营业执照（图1-4参考图示例）、法定代表人身份证件、选择经营类目、设置店铺名称和logo等。

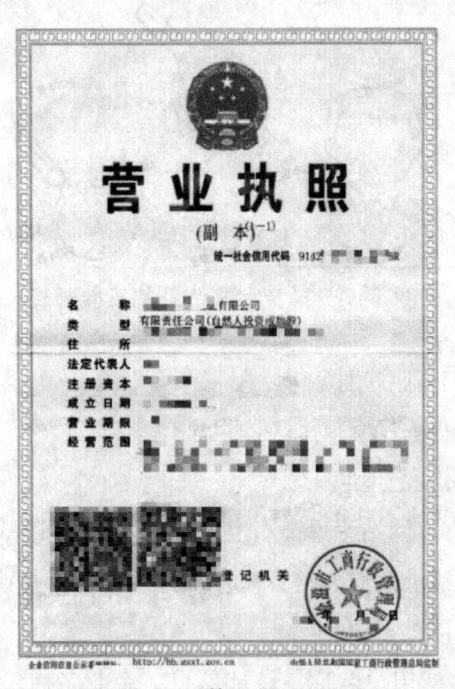

图1-4 营业执照示例

第二步：平台审核1—3个工作日。平台进行资质审核，结果将以短信通知。

第三部：账户验证1—3个工作日。对私银行卡号+银行预留手机号或对公账户打款验证。

表1-1 企业/公司材料准备清单

| 资质列表 | 详细描述 |
| --- | --- |
| 营业执照 | 1. 需提供三证合一的营业执照原件扫描件或加盖公司公章的营业执照复印件<br>2. 确保未在企业经营异常名录中且所售商品在营业执照经营范围内<br>3. 距离有效期截止时间应大于15天<br>4. 须露出证件四角，请勿遮挡或模糊，保持信息清晰可见<br>5. 新办理的营业执照，因国家市场监督管理总局信息更新有延迟，建议办理成功后至少等待7个工作日后再入驻<br>6. 若营业执照的公司名称为星号或空白等，不支持入驻，须先前往工商局添加公司名称<br>7. 图片尺寸为800×800 px以上，支持PNG、JPG和JPEG格式，大小不超过5MB |

续表

| 资质列表 | 详细描述 |
| --- | --- |
| 身份信息 | 1. 根据身份归属地，提供相应的经营者身份证件<br>（1）中国大陆：须提供二代身份证的正反面照片<br>（2）中国香港/澳门/台湾：须提供港澳居民来往内地通行证或台湾居民来往大陆通行证的正反面照片<br>（3）海外：须提供护照首页照片<br>2. 提供有效期限范围内的证件，且证件须露出四角，请勿遮挡或模糊，保持信息清晰可见<br>3. 图片尺寸为 800×800 px 以上，支持 PNG、JPG 和 JPEG 格式，大小不超过 5MB |
| 账户验证 | 1. 支持实名认证和打款验证两种：法人/经营者为大陆身份证的个体工商户默认实名认证、企业可自由选择；非大陆身份证仅支持打款验证<br>2. 实名认证：填写经营者/法人个人名下银行卡号，输入银行预留手机号，填写验证码即可验证<br>3. 打款验证：填写企业对公银行卡号、开户银行、开户支行的所在地及名称，输入平台给该账户的打款金额即可验证 |

表 1-2　品牌资质（企业店入驻时可不填写品牌信息）

| 资质列表 | 详细描述 |
| --- | --- |
| 自有品牌 | 1. 经营自有品牌、授权品牌或既经营授权品牌又经营自有品牌<br>2. 自有品牌需提供商标注册证号，商标注册证右上角编号即为商标注册号，或通过商标局官网查询商标注册号 |

续表

| 资质列表 | 详细描述 |
|---|---|
| 自有品牌 | （商标注册证图样） |
| 授权品牌 | 1. 经营自有品牌、授权品牌或既经营授权品牌又经营自有品牌<br>2. 授权品牌需提供由商标权利人为源头授权到开店主体的完整授权关系文件/授权书；已经注册的商标（R 标），或申请时间满六个月且无驳回复审的 TM 标<br>3. 若商标权利人为自然人，需提供商标权利人亲笔签名的身份证正反两面复印件<br>4. 授权剩余有效期至需大于 6 个月<br>5. 授权文件中需包含：授权方、被授权方、授权品牌、授权期限等；具体请查看品牌授权模板 |

第四步：缴纳保证金。部分经营类目需要上交一定的保证金，保证金金额会不定期浮动和改变，可以选择所在类目来查看所需提交的保证金（图1-5），经营多类目时仅按最高金额收取，不叠加，完成后即可成功开店。

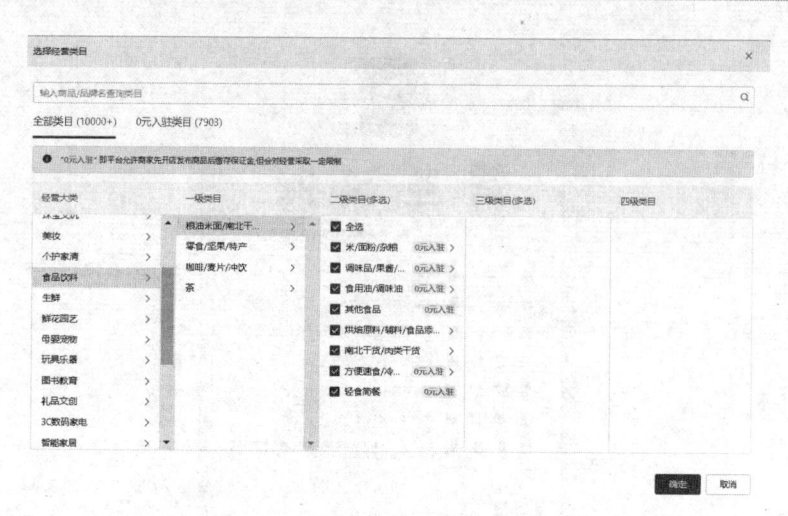

图 1-5 类目选择后查询保证金

②**个体工商户**：适合有营业执照，营业执照"类型"处显示"个体工商户"

第一步：提交材料（表 1-3 个体工商户材料准备）。上传营业执照（图 1-6 个体工商户营业执照）、经营者身份证件并进行人脸识别、选择经营类目、设置店铺名称等。

表 1-3 个体工商户材料准备

| 资质列表 | 详细描述 |
| --- | --- |
| 营业执照 | 创建商品时才需提交：<br>1. 需提供三证合一的营业执照原件扫描件或加盖公司公章的营业执照复印件<br>2. 确保未在企业经营异常名录中且所售商品在营业执照经营范围内<br>3. 距离有效期截止时间应大于 15 天<br>4. 须露出证件四角，请勿遮挡或模糊，保持信息清晰可见<br>5. 新办理的营业执照，因国家市场监督管理总局信息更新有延迟，建议办理成功后至少等待 7 个工作日后再入驻<br>6. 若营业执照的公司名称为星号或空白等，不支持入驻，须先前往工商局添加公司名称<br>7. 图片尺寸为 800×800 px 以上，支持 PNG、JPG 和 JPEG 格式，大小不超过 5MB |
| 身份信息 | 1. 根据身份归属地，提供相应的经营者身份证件<br>（1）中国大陆：须提供二代身份证的正反面照片<br>（2）中国香港/澳门/台湾：须提供港澳居民来往内地通行证或台湾居民来往大陆通行证的正反面照片<br>（3）海外：须提供护照首页照片<br>2. 提供有效期限范围内的证件，且证件须露出四角，请勿遮挡或模糊，保持信息清晰可见<br>3. 图片尺寸为 800×800 px 以上，支持 PNG、JPG 和 JPEG 格式，大小不超过 5MB |
| 账户验证 | 可以通过人脸识别完成验证，需要营业执照中经营者本人进行验证 |

图1-6 个体工商户营业执照

第二步：平台审核约1—3个工作日。平台进行资质审核，结果将以短信通知。

第三步：缴纳保证金约需10分钟。部分经营类目需要上交一定的保证金，保证金金额会不定期浮动和改变，可以选择所在类目来查看所需提交的保证金，经营多类目时仅按最高金额收取，不叠加，完成后即可成功开店。

③个人身份：抖音2023年最新推出的适合无营业执照，以个人身份开店。

第一步：提交材料约需30分钟，查询材料（表1-4 个体工商户材料准备），上传经营者身份证件并进行人脸识别、选择经营类目、设置店铺名称等。

表1-4 个人身份材料准备

| 资质列表 | 详细描述 |
| --- | --- |
| 身份信息 | 1. 仅支持中国大陆二代身份证入驻，须提供经营者二代身份证的正反面照片<br>2. 提供有效期限范围内的证件，且证件须露出四角，请勿遮挡或模糊，保持信息清晰可见<br>3. 图片尺寸为800×800 px以上，支持PNG、JPG和JPEG格式，大小不超过5MB |
| 账户验证 | 可以通过人脸识别完成验证，需要经营者本人进行验证 |

第二步：平台审核约1—3个工作日。平台进行资质审核，结果将以短信通知，审核通过后即可成功开店。

## 二、熟悉抖音各项功能和操作流程

### 1. 参与抖音创作的群体

（1）内容创业者和新媒体从业人员。他们主要研究如何创作有质量的内容，如何快速打造一个拥有巨大流量的账号。

（2）企业品牌方。他们主要研究抖音的引流和营销玩法，以及如何开发企业账号等。

（3）传统电视媒体人员。他们主要研究抖音到底成功在哪里，能否合作做个 PGC 内容等。

（4）网红、艺人经纪公司。他们主要研究如何与抖音平台开展合作，如何进行分成等。

（5）广告公司。他们主要研究签约区域代理，以及如何获取下一波广告红利。

（6）线下商铺。他们主要研究如何吸引线上流量光顾本店，如何把自己的店打造成网红店等。抖音带来的红利和机遇吸引了各个领域的无数人，他们都希望借助抖音实现自己的目标和计划。当然了，这一切都需要建立在充分了解抖音的基础上。下面我们就来熟悉一下抖音的各项功能和操作流程。

图 1-7 抖音首页的推荐视频页面

### 2. 搜索模式十分讲究

我们注册抖音之后，一打开抖音，就会看到一个推荐视频的页面（见图 1-7）。在这个页面的左上方有一个放大镜的图标，这就是"搜索"功能。点触放大镜图标，会出现以下内容。

抖音热搜。点触放大镜图标进入"抖音热搜"，这里有最近一周的火爆信息，随便点触一条热搜内容，就会发现诸多与之相关的视频。

抖音推荐。抖音还会推荐很多挑战赛和知名抖音用户创作的内容等，用户可以选择自己喜欢的内容点击观看。

滚动横幅。在"抖音热搜"下面有一个滚动横幅，相当于抖音的广告电子屏。很多抖音的公告、活动、通知都会显示在这里。企业也可以在这里打广告，其效果非常显著。

二维码扫描。在搜索界面的左上角有一个二维码扫描按钮，我们可以通过扫描二维码观看对方的抖音视频，或者加对方为好友。

### 3. 同城功能

在首页中和"推荐"并列的另一个功能是"同城"。我们只要打开定位，就可以利用这个功能搜索到同城近距离的抖音号信息。页面上会显示对方与你的距离、对方的粉丝数量和获得的点赞数等。我们可以在"同城"板块寻找距离自己较近的抖音号，然后互加好友，互相关注，发展线上和线下的社交关系，同时还能给自己引来更多的粉丝。

### 4. 关注

在抖音中，有一个"关注"板块（见图1-8）。你关注的抖音号所发布的最新内容和动态，都在这里显示。通过这个板块，我们可以了解自己关注的抖音号的动态，了解对方发布的内容。在这个板块中，我们可以给对方的内容快速点赞、评论和转发。关注是一个非常重要的功能，让你不会错过自己关注的抖音号的最新动态。当然，你的粉丝也可以通过这个功能第一时间了解你的动态。

### 5. 了解粉丝数、点赞数、评论数

在抖音中还有一个"消息"板块，在这里我们可以第一时间看到自己的粉丝增长数、新的点赞和评论数，掌握自己所发布视频的反馈信息（见图1-9）。在"消息"页面还有另外三个功能。

抖音小助手。抖音小助手会为我们推荐很多热门、新鲜的挑战赛和官方活动，便于我们第一时间了解并且参与。

资讯助手。资讯助手为我们推荐了很多实用技巧，如怎样拍摄更好的视频，如何巧用各类道具，怎样制造话题等，对我们创作视频非常有帮助。

系统通知。这些内容是抖音官方的温馨提示和通知，所有最新通告和提示都会第一时间出现在这里，它们可以帮助我们快速了解抖音的最新政策和要求。"+"最重要。抖音中最核心也是最重要的功能就是"+"。在这里，我们可以拍摄、上传并发布自己的短视频（见图1-10）。在拍摄时，我们可以选择抖音官方提供的辅助道具，让

图1-8 抖音热搜

图1-9 "消息"页面

视频更有趣。此外，我们还可以自主选择音乐背景，或借助抖音官方提供的特效和滤镜修饰视频，增强视觉效果。总之，这里是生产和制造抖音短视频的大本营，也是抖音最重要的功能区域。

❖ **实训活动**

实训项目：完成抖音平台个人注册，熟悉抖音平台特点，为在抖音上营销准备好资料，顺利完成注册、认证。

**一、手机端**

1.首先下载抖音并打开，页面会直接识别自己的手机号码，可以一键登录或者是用其他的手机号码登录，同时注意勾选下方的阅读条款（见图1-11）。

2.添加自己的头像和昵称，点击进入抖音就完成了手机端的账号注册（见图1-12）。

图1-10 "+"中的拍摄视频功能

图1-11 一键登录或其他手机号码登录

图1-12 添加头像和昵称

## 二、电脑端

1. 首先百度搜索抖音并打开（见图1-13）。

图1-13　百度搜索抖音并打开

2. 点击"登录"。

3. 点击验证码登录，这里输入自己注册用户的手机号并输入验证码，点击下方的登录/注册就完成了注册（见图1-14）。

图1-14　登录

## 三、抖音小号注册登录方法

抖音号不是必须用手机号注册，其他注册方式包括：今日头条登录、QQ登录、微信登录、微博登录等。抖音是由今日头条孵化的一款音乐创意短视频社交软件。该软件于2016年9月20日上线，是一个面向全年龄的短视频社区平台。

1. 打开抖音，点击【我】，找到页面右上角的三条杠，点击进入（见图1-15）。

图1-15 打开抖音

2. 在左滑出的界面中，找到【设置】，点击进入（见图1-16）。

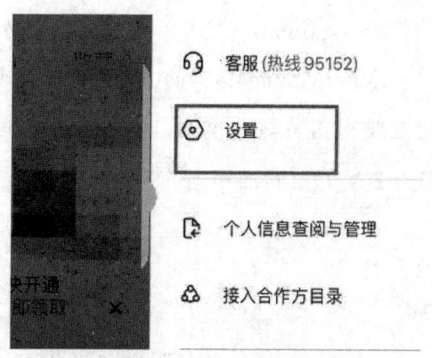

图1-16 点击进入

3. 在【设置】中找到切换账号（见图1-17），在弹出的界面中填写注册使用的手机号（见图1-18），或者使用第三方账号，注册成功之后，就可以大小号自如切换了。

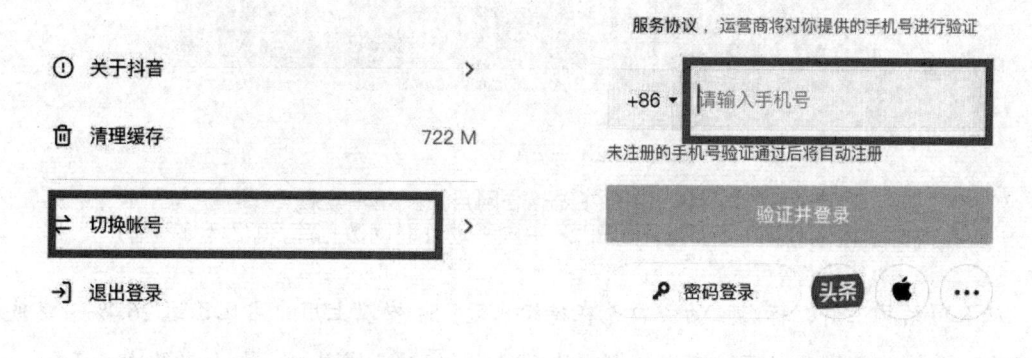

图1-17 切换账号　　　　图1-18 填写手机号

# 工作任务二　抖音用户画像

## ❖ 任务目标

1. 能够正确认识抖音的用户群体画像。
2. 能够理解和掌握互联网用户需求变化分析。
3. 能够根据七个高价值高需求的领域分析自己适合的领域。

## ❖ 任务背景

QuestMobile：2022年中国移动互联网用户破12亿大关　抖音逼近10亿

QuestMobile公布的2022年中国移动互联网年度大报告显示，经过三年蓄力，中国移动互联网用户规模突破12亿大关，同时，用户黏性也进一步增加，月人均时长和使用次数分别突破177.3小时、2633次。

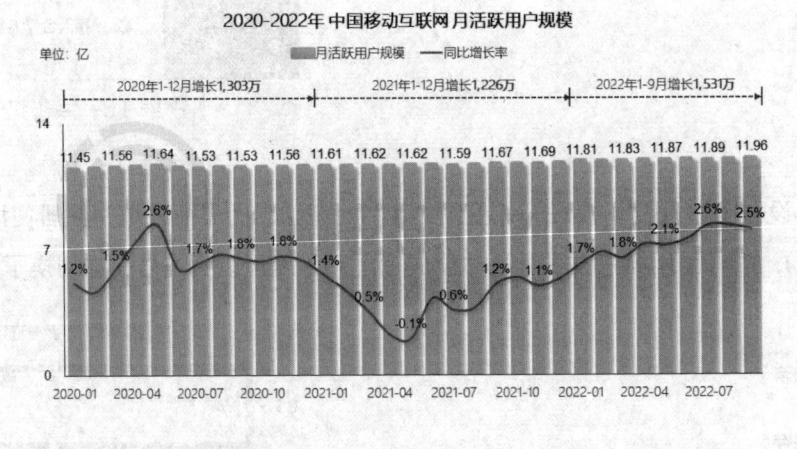

图1-19　中国移动互联网月活跃用户规模
（图片资料来源：QuestMobileTRUTH 中国移动互联网数据库2022年12月）

从人群结构上看，标志性的关口也在持续出现：51岁以上用户占比已达26.4%，突破四分之一关口；三线及以下城市用户占比达60.6%，突破六成关口。与人群结构相匹配。

工作领域一　吃透抖音特点与规则

中国移动互联网细分行业用户使用总时长占比

■短视频 ■即时通讯 ■综合资讯 ■在线视频 ■综合电商 ■其他

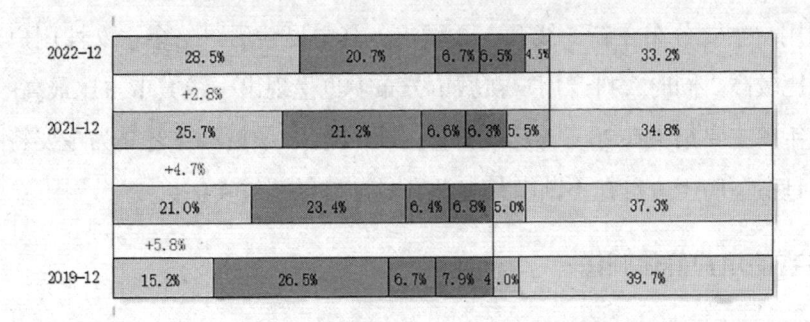

| 时间 | 短视频 | 即时通讯 | 综合资讯 | 在线视频 | 综合电商 | 其他 |
|---|---|---|---|---|---|---|
| 2022-12 | 28.5% | 20.7% | 6.7% | 6.5% | 4.5% | 33.2% |
| 2021-12 | 25.7% | 21.2% | 6.6% | 6.3% | 5.5% | 34.8% |
| 2020-12 | 21.0% | 23.4% | 6.4% | 6.8% | 5.0% | 37.3% |
| 2019-12 | 15.2% | 26.5% | 6.7% | 7.9% | 4.0% | 39.7% |

图 1-20　中国移动互联网细分行业用户使用总时长占比
（图片资料来源：QuestMobileTRUTH 中国移动互联网数据库 2022 年 12 月）

应用上，短视频已经是用户时长占比最高的应用，总用户时长占比达到 28.5%（2019 年为 15.2%），受此影响，即时通信已经下降到了 20.7%（2019 年为 26.5%）。

2022年9月中国移动互联网 去重总用户量TOP15企业

| 企业 | 腾讯控股 | 阿里巴巴 | 百度集团 | 抖音集团 | 蚂蚁集团 | 拼多多 | 快手 | 腾讯音乐 | 微博 | 爱奇艺 | 美团 | 京东 | 掌门科技 | 三六零 | 华为 |
|---|---|---|---|---|---|---|---|---|---|---|---|---|---|---|---|
| App个数 | 454 | 145 | 112 | 118 | 4 | 6 | 25 | 34 | 14 | 20 | 31 | 23 | 20 | 61 | 37 |
| 企业总用户量同比增长率 | 2.5% | 2.1% | 7.2% | 5.7% | 8.9% | 31.3% | 4.9% | -2.8% | -1.1% | -12.8% | 6.4% | 11.6% | -25.3% | -5.4% | -18.9% |
| 去重总用户量（亿） | 11.95 | 11.20 | 10.72 | 9.82 | 8.69 | 6.79 | 5.70 | 5.60 | 5.18 | 4.82 | 4.65 | 4.58 | 3.12 | 3.08 | 2.78 |
| TOP1 APP流量占比 | 86.5% | 80.4% | 60.3% | 71.9% | 100.0% | 99.9% | 76.3% | 44.8% | 94.7% | 96.3% | 83.0% | 95.9% | 96.2% | 42.6% | 79.3% |

注：1. App个数：该企业下关联的App总个数；2. 总用户量（去重）：在统计周期（月）内，该企业下各App用户量的去重总用户数。
Source: QuestMobile TRUTH 全景生态流量数据库 2022年9月

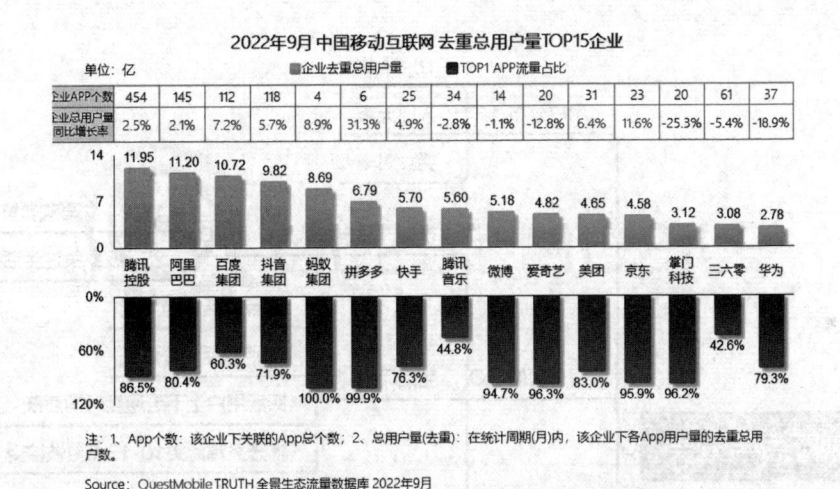

图 1-21　2022 年 12 月中国移动互联网去重总用户量 TOP15 企业
（图片资料来源：QuestMobileTRUTH 全量生态流量数据库 2022 年 12 月）

具体到公司层面，老牌头部互联网公司如腾讯、阿里、百度去重用户总量分别为 11.76 亿、11.20 亿、10.75 亿，仍然保持用户量优势。不过，抖音集团、蚂蚁集团、拼多多、快手持续增长，分别达到 9.97 亿、8.50 亿、7.01 亿、5.80 亿；相应的用户时长占比上，腾讯系、抖音系、快手系、百度系、阿里系分别为 33.6%、24.5%、10.2%、8.0%、6.2%。

（资料来源 https://www.dydata.io/）

**请思考**　抖音用户的数量激增代表着什么？作为抖音用户想要经营好自己的账号是否应该先了解抖音的受众人群？

### ❖ 任务操作

抖音的用户主要分布在新一线和三线城市，其中男性用户略多于女性用户，且 30 岁以下用户占比较高。同时，抖音用户在城市分布上也呈现出一线城市占比最高的特点，且抖音用户的年龄主要集中在 20—30 岁之间，且以年轻、颜值和才艺高为主要特点。此外，抖音用户的日活（DAU）也在不断增长，截至目前已经超过 4 亿。

### 一、抖音的用户群体画像

接下来还想跟大家来分享一下从整体来看，抖音的用户群体画像是怎样的。大家都知道在做产品的时候，了解用户是很重要的，只有知道我们的用户是怎样的人，有什么样的需求，我们才能对他们实现精准营销。而在这里先不将抖音的用户人群来细分，而是讨论抖音用户的共性。所以无论大家想在抖音上做哪个方向的视频，接下来的分享都是有参考价值的。

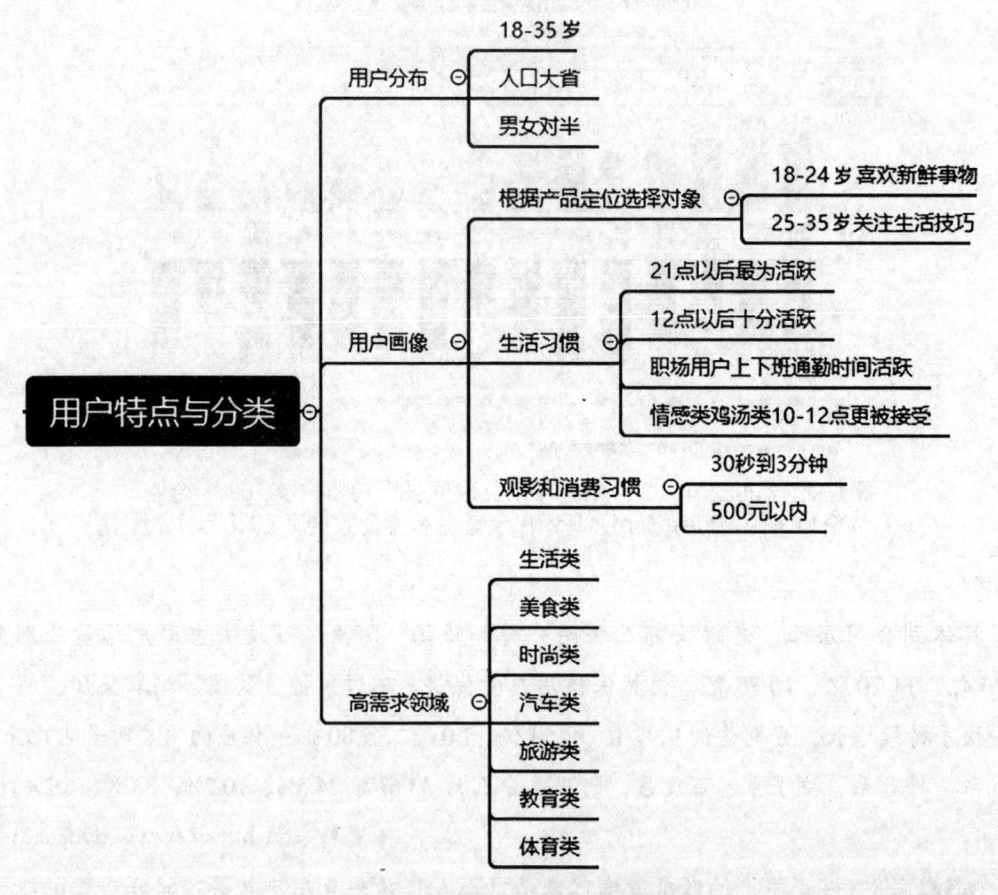

用户特点与分类
- 用户分布
  - 18-35 岁
  - 人口大省
  - 男女对半
- 用户画像
  - 根据产品定位选择对象
    - 18-24 岁喜欢新鲜事物
    - 25-35 岁关注生活技巧
  - 生活习惯
    - 21 点以后最为活跃
    - 12 点以后十分活跃
    - 职场用户上下班通勤时间活跃
    - 情感类鸡汤类 10-12 点更被接受
  - 观影和消费习惯
    - 30 秒到 3 分钟
    - 500 元以内
- 高需求领域
  - 生活类
  - 美食类
  - 时尚类
  - 汽车类
  - 旅游类
  - 教育类
  - 体育类

图 1-22　抖音用户特点与分类

1. 用户分布

抖音的用户规模是所有短视频平台中最为庞大的，它的日均活跃用户是快手的1.5倍、爱奇艺的2.2倍，更不要说西瓜、微视、火山等平台了。而且抖音与快手、西瓜等平台的用户重合度不高，所以我们在抖音上投完稿后还能再在其他平台上发布自己的视频。

抖音用户的主要年龄段是18—35岁。18到35岁的人群喜欢新鲜事物和价值比较高的事物，有比较强的经济消费能力。18岁到24岁的人群更喜欢新鲜事物像是二次元、萌宠，而25到35岁的人群大多已经成家立业了，这个时候像是一些居家小技巧，和生活、情感强相关的内容就会比较适合他们。

同时，抖音的人口大省是广东、河南、江苏、山东，人口大市是重庆市、北京市、成都市、上海市。

2. 用户习惯画像

针对这些省份的特点我们可以在自己的领域内找到突破口，比如我们是做美食的，而广东人钟爱美食，所以我们着重介绍广东人最爱吃的美食可以吸引大量广东人的关注。再结合年龄层，我们还可以细化出广东传统美食和广东新兴美食。结合年龄层和地域的要诀是抓住主流用户，只有抓住主流用户才能事半功倍。同时，男性对汽车、军事、体育运动、美食和科技数码的问题比较关注，女性对美妆、母婴、教育、美食、舞蹈、生活品位的问题比较关注，而无论男女都会对知识、生活技巧和有趣的内容有较强的兴趣，我们在制作短视频的时候也可以以此为切入口。

3. 抖音用户的时间特点

还有一个切入点是抖音用户的习惯，抖音的用户大部分是夜猫子，21点以后是他们最为活跃的时期，中午12点以后也十分地活跃，所以在这个时候发稿有最大的概率能被观看。同样，用户刷抖音次数最多的两个场景是床上和餐桌上，说明用户一般是在睡前和吃饭的时候在刷抖音，这也契合了我们12点和21点两个时间点。

除此之外，每种内容和账号的类型都有属于自己的时间点，比如职场办公技能或者职场晋升等干货内容就适合在上下班通勤时间发布，因为这个时候人们的精神最为集中，容易接受新知识，好物分享、影视剧剪辑的内容则适合在午饭晚饭的时候发布，这个时候大家都比较放松，而情感类和鸡汤类的内容适合在晚上10—12点发布，这个时候大家的情感会比较空虚，一个典型的现象就是很多人都会在这个时间发一些煽情的朋友圈，然后第二天羞耻地删掉，这也可以说明这个时间段大家是任由感性来主宰自己的，这个时候发布短视频大家就更容易被感动。

4. 抖音用户的观影习惯和消费习惯

最后我们再来研究一下抖音用户的观影习惯和消费习惯，如果我们希望能够占用用户宝贵的时间，我们就要尽其所能去抢占用户的注意力，这就要求我们把内容和信息量做得尽量短小。在抖音里面的视频可以分为30秒以内的短视频和1分钟以上的长视频，短视频可以直接在抖音里面制作，而长视频则需要先用其他软件做好，再导入抖音里面，根据统计，38%的人最喜欢1—3分钟的视频时长，而32.2%的人喜欢30秒到1分钟的时长，所以我们在制作视频的时候最好把时长控制在30秒到3分钟之间，既不要做得过于短小简单，也不要添加太多的信息量增加观众完整看完视频的负担。

想要用户在抖音上对我们产生金钱消费，我们又要怎么设置产品的价格区间呢？其实抖音平台的商品价格设定没有一个特定的范围，需要根据你自己的客户画像来定位。现在介绍的是抖音整体的用户画像，后面还会为大家介绍如何为自己的抖音号绘制自己的客户画像。从抖音的整体客户画像角度来说，给的建议就是尽量在抖音上卖平价产品，最高不要超过500元，在抖音，超过500元的产品是很少有人会买的。但这不是绝对的，如果自身账号定位准确，用户消费水平较高，也是可以突破这个大众定位的，所以要想真正做好抖音账号就要深入去了解自身账号的定位和属性。

**二、互联网用户需求变化分析**

分析绘制了抖音用户的用户画像后，接下来介绍抖音用户常见的需求以及互联网用户的需求变化。虽然大家来抖音上都是为了看短视频，但是想从中获得的价值却截然不同。有需求就有供给，常见的短视频领域比如萌宠、萝莉、壁纸、魔术、唱跳等已经出现了饱和的趋势，现在进入这个领域不但竞争激烈，而且行业内已经有各种经验丰富的人在做了，想出人头地很难，而教育、非遗、文化、科技等领域还是一片蓝海，这种领域竞争不算激烈，更加容易成功。

QuestMobile数据显示，过去十年，移动互联网经历了三个阶段：2012年到2016年是快速增长期，移动支付、LBS等移动互联网赛道拓展，新零售、共享、直播等新兴运营模式不断涌现，带动了行业快速增长；从2017年到2019年，由于移动端流量增长大幅放缓，BAT等超级纷纷开通小程序平台，用户流量向多元渠道拓展，用户黏性持续加深；从2020年开始至今，移动互联网正式进入存量争夺时代，伴随着监管规范化，市场进入变革时期。

由此带来的变化也很清晰。第一阶段的流量增长期，国家利好政策频出，与之相伴的，智能机市场份额、4G覆盖快速提升，到2016年11月，用户量突破10亿大关，月人均单日使用时长达4.4小时。

到第二阶段，行业进入瓶颈，寻找增量成了各家主题，与之相伴，智能机市场趋于饱和，4G（Wi-Fi）用户超八成，到2019年底，用户仍维持在11亿左右，月人均单日使用时长为6.1小时。

这也导致了第三阶段变化，各家"强化流量价值"。这个时期，智能手机占比达98%，不过在2022年上半年出货量出现同比20%的暴跌，到2022年9月，用户依旧维持在11.9亿左右，月人均单日使用时长继续增长至7.2小时。

此外，过去几年，受宏观环境影响，移动互联网正在加速改变产业形态，新产品（如智能车、智能家电、互联网电视等）、新渠道（如各类电商、线上线下融合零售模式等）、新营销（如社交媒体多元化、内容营销视频化、私域运营精准化等）推动了整个产业链发生了深度变革。

由此带来的变化也很显著，各主要消费领域中，国货品牌持续崛起，新兴品牌蹿升速度远超此前任何一个时代；同时，健康方面的消费需求，也在快速线上化，线上医疗、线上运动健身、智能健康设备快速发展。这些最终都深度渗入居民生活中，成为改变居民生活方式的重要因素。

**1. 国潮消费的趋势已经深深地影响了整个市场**

从产品设计、销售渠道到营销方式，都在发生着根本性的改变。现在的消费者，他们的需求已经不再是简单的物质满足，而是更倾向于追求那些能够触动他们内心，能够体现他们独特个性和审美需求的商品。这也使得市场开始朝着更加多元化、个性化的方向发展。

在产品设计方面，越来越多的品牌开始融入中国的传统文化元素，将其与现代设计理念相结合，创造出一种全新的产品形象。这不仅使得产品更具独特性和吸引力，也使得中国的传统文化得以在现代社会中得到传承和发扬。

在销售渠道方面，随着互联网和移动支付的普及，传统的实体销售模式已经不再是唯一的选择。电商平台、社交媒体平台已经成为新的主要销售渠道，消费者可以随时随地在线购买自己想要的商品。

在营销方式上，情感营销和内容营销也越来越受到重视。品牌开始通过讲述故事、渲染情感，以及提供有价值的资讯，来吸引消费者的注意力和兴趣。

总的来说，国潮消费的兴起，不仅推动了市场的发展和变革，也反映出中国社会主流消费需求的转变，以及消费者对高品质、个性化、具有文化内涵的产品的追求。这无疑也在推动着整个市场不断进行创新和尝试，以适应这个不断变化的社会和市场环境。

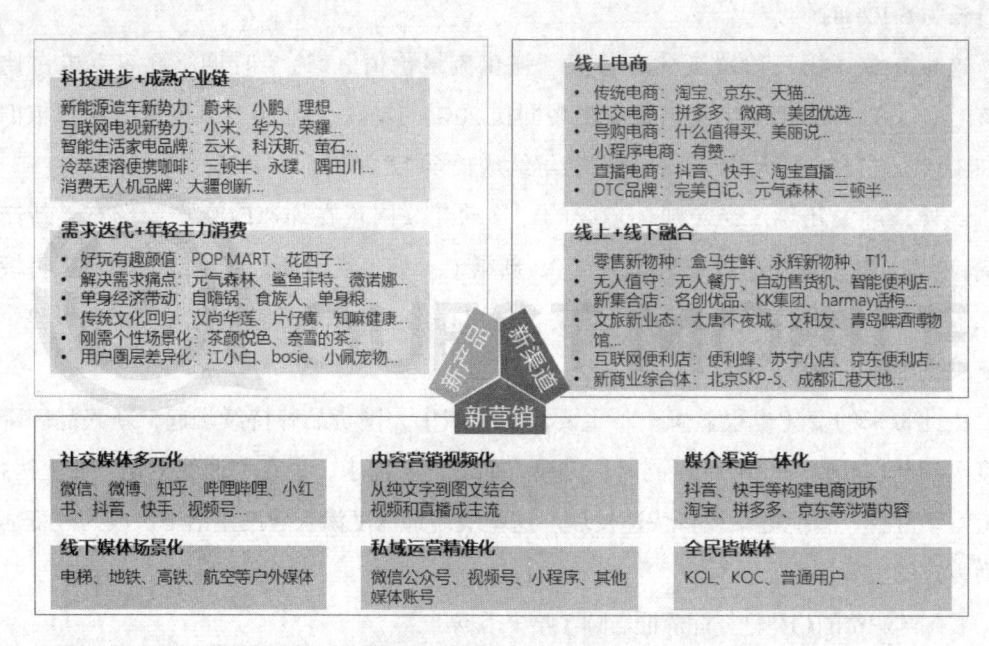

图 1-23 国潮趋势分析

## 2. 国货品牌的影响力正在逐渐扩大

用户提及度居前的品牌中，国货品牌已经占据了较大的比例，这显示了国货品牌的快速发展和市场的接受程度。其中，许多新兴品牌也快速崛起，成为市场消费的重要推动力量。这些品牌在产品质量、设计、性价比等方面都有出色的表现，充分满足了消费者的需求，引发了消费者的购买热情。

**2022年9月 典型行业品牌提及次数TOP10**

| 家电行业 | | 美妆行业 | | 母婴行业 | | 食品饮品 | |
|---|---|---|---|---|---|---|---|
| 美的 | 49,943 | 雅诗兰黛 | 88,269 | 巴拉巴拉 | 170,172 | 良品铺子 | 38,255 |
| 九阳 | 45,842 | 兰蔻 | 50,651 | 巴布豆 | 153,724 | 明治 | 33,106 |
| 海尔 | 34,435 | 珀莱雅 | 46,390 | 史努比 | 53,493 | 统一食品 | 31,660 |
| 飞利浦 | 21,141 | 香奈儿美妆 | 38,473 | 十月结晶 | 34,427 | 海底捞 | 31,538 |
| 苏泊尔 | 20,865 | 完美日记 | 32,851 | 迪士尼 | 32,131 | 伊利 | 31,144 |
| 荣事达 | 19,324 | 海蓝之谜 | 31,051 | BabyCare | 31,641 | 喜茶 | 29,791 |
| 奥克斯 | 17,636 | 资生堂 | 26,984 | 袋鼠妈妈 | 30,150 | 茶百道 | 20,564 |
| 戴森 | 17,497 | 自然堂 | 26,478 | 小黄鸭 | 23,970 | 小样 | 20,502 |
| 摩飞 | 16,520 | 博柏利美妆 | 26,333 | 英氏 | 22,536 | 思念食品 | 20,309 |
| 小熊电器 | 13,685 | 薇诺娜 | 26,230 | 窝小芽 | 17,017 | 瑞幸咖啡 | 19,456 |

注：1、品类提及次数：统计周期内，在指定KOL平台中，包含某品类相关内容的发稿数量，指定KOL平台包括抖音、快手、微博、小红书、哔哩哔哩、微信公众号；2、红底标记的品牌为国产品牌。

Source: QuestMobile TRUTH BRAND 品牌数据库 2022年9月

图 1-24 行业数据

## 3. 健康方面的消费需求在不断提升

线上医疗、线上运动健身、智能健康设备等互联网健康领域已经成为当前发展的重要方向。这些新兴的健康消费方式充分利用了互联网技术和数据分析能力，提供更为便捷、高效的健康服务，满足人们对于健康生活的追求。

图 1-25 行业数据

## 4. 移动互联网的应用正在发生深刻的变化

技术的持续进步，尤其是人工智能、大数据和云计算等前沿技术的广泛应用，正在全方位地改变移动互联网的发展轨迹。

这些高科技的应用使得数字经济的普及成为可能，它已经深入到人们的日常生活中，极大地提高了生活的便利性和效率。人们可以通过移动设备，如智能手机和平板电脑，随时随地获取信息、进行交易和享受各种服务。

通过移动设备，人们可以随时连接到互联网，获取最新的新闻、娱乐、教育和其他方面的信息。同时，移动设备也使得在线支付和购物变得更加方便，人们可以在任何时间任何地点完成购物和支付，无须亲自前往实体商店。

此外，移动设备还提供了各种各样的应用程序和服务，满足人们不同的需求。例如，人们可以通过导航应用程序找到最佳的出行路线，通过健康应用程序监测和记录自己的身体状况，通过在线学习应用程序提升自己的知识和技能。

总的来说，技术的持续发展正在使移动互联网变得更加智能化、便捷化和个性化，为人们的生活带来更多的便利和乐趣。同时，这也推动了互联网行业的发展和创新，为未来的数字化社会奠定了坚实的基础。

## 近几年技术发展带来的移动互联网行业变化

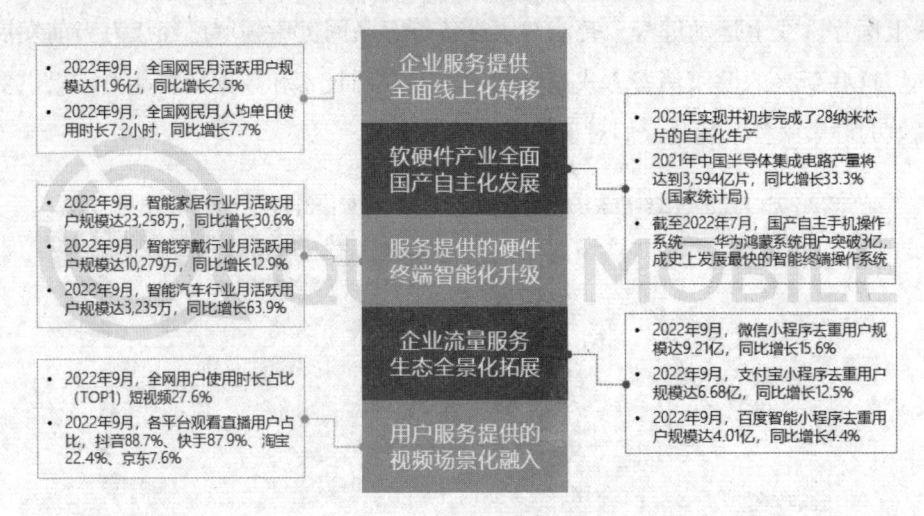

- 2022年9月,全国网民月活跃用户规模达11.96亿,同比增长2.5%
- 2022年9月,全国网民月人均单日使用时长7.2小时,同比增长7.7%

**企业服务提供全面线上化转移**

- 2021年实现并初步完成了28纳米芯片的自主化生产
- 2021年中国半导体集成电路产量将达到3,594亿片,同比增长33.3%（国家统计局）
- 截至2022年7月,国产自主手机操作系统——华为鸿蒙系统用户突破3亿,成史上发展最快的智能终端操作系统

- 2022年9月,智能家居行业月活跃用户规模达23,258万,同比增长30.6%
- 2022年9月,智能穿戴行业月活跃用户规模达10,279万,同比增长12.9%
- 2022年9月,智能汽车行业月活跃用户规模达3,235万,同比增长63.9%

**软硬件产业全面国产自主化发展**

**服务提供的硬件终端智能化升级**

**企业流量服务生态全景化拓展**

- 2022年9月,微信小程序去重用户规模达9.21亿,同比增长15.6%
- 2022年9月,支付宝小程序去重用户规模达6.68亿,同比增长12.5%
- 2022年9月,百度智能小程序去重用户规模达4.01亿,同比增长4.4%

- 2022年9月,全网用户使用时长占比（TOP1）短视频27.6%
- 2022年9月,各平台观看直播用户占比,抖音88.7%、快手87.9%、淘宝22.4%、京东7.6%

**用户服务提供的视频场景化融入**

Source：QuestMobile TRUTH 中国移动互联网数据库 2022年9月；TRUTH 全景生态流量数据库 2022年9月；国家统计局 2021年12月；华为官方公开数据 2022年7月

图 1-26 行业数据

### 5. 先进制造、医疗健康、企业服务等领域占据了超过半数的企业获投

这凸显了当前社会对于技术创新、健康医疗和提升企业营销的强烈需求。这些领域的发展对于推动社会进步和提升人们的生活质量具有重要作用，也吸引了大量的投资和关注。

**2022年1-10月 中国各领域公司获投数量分布比例**

- 先进制造 26.8%
- 医疗健康 19.3%
- 企业服务 13.8%
- 电商零售 7.5%
- 智能硬件 6.2%
- 汽车交通 6.0%
- 本地生活 4.1%
- 传统制造 4.0%
- 文娱传媒 1.8%
- 元宇宙 1.6%
- 其他 8.9%

注：统计时间截至2022年10月31日

Source：QuestMobile 研究院 2022年10月；根据公开资料整理

图 1-27 各领域分布图

## 三、七个高价值高需求的领域

如果心中还没有决定要往哪个领域发展，推荐七个高价值高需求的领域：生活类/美食类/时尚类/汽车类/旅游类/教育类/体育类，这七个领域需求很高而竞争也不算激烈，对于刚上手的作者比较友好。在这里先对这些领域作一个初步的介绍：

1. 适合做生活类的人群有 vlog 爱好者、企业主、零售业主、美容业人员、探店爱好者，主要内容有探店分享、生活好物分享、生活娱乐探索、随拍等，主要的变现方式是广告和直播。

2. 适合时尚类的人群有对穿搭有研究的人、时尚博主、美妆博主等，主要制作的内容有穿搭技巧、美妆技巧、穿搭展示一类的，变现模式也是微商和直播。

3. 美食类适合美食达人、厨师、厨艺爱好者、家庭主妇、餐饮店来做，主要是分享一些做菜技巧、世界各地的美食、美食文化一类的，变现方式也是广告和直播。

4. 汽车类适合汽车品牌商和爱车达人，主要制作汽车的品牌介绍、汽车的养护一类的内容，变现的模式主要也是广告和电商。

5. 旅游类适合那些旅游爱好者、旅行社、民宿店主、摄影师去做，主要是和大家分享自己的游记、看见的风景和出行攻略，变现的方式还是广告和直播。

6. 教育类稍微有一些门槛，最好是各行各业的教育机构，教师，各行各业的 kol（关键意见领袖）来做，这样才会有一个专业性的支柱，内容方向可以是教学、方法心得和教育方面的小故事，变现方式是推广别人来买我们自己的线上课程。

7. 体育类适合的人群是喜欢运动健身的人、体育老师、健身教练等，主要内容是分享一些运动技巧、健身技巧、动作讲解等，变现方式除了直播和广告以外，还可以开设运动器材的电商。

找到和我们的能力与风格最合拍的领域才能把好钢用在刀刃上，这是我们迈向成功的第一步，千万不能小觑。

## ❖ 实训活动

**抖音用户画像分析与自我定位**

一、实训目标

1. 分析抖音的用户群体画像，理解其用户群体特性和互联网用户需求的变化。
2. 根据自身特点和兴趣，确定自己在抖音平台上的目标用户群体和适合的领域。

二、实训步骤

1. 收集和整理抖音用户的数据，构建用户画像

（1）用户的年龄分布。

（2）用户的性别比例。

（3）用户的地域分布。

（4）用户的兴趣爱好。

2. 分析抖音用户的互联网需求变化

（1）对内容质量的要求提高。

（2）对个性化推荐的需求增加。

（3）对互动性和社交性的需求增加。

3. 分析七个高价值高需求的领域，找出自己适合的领域

4. 制定自己在所选领域中的抖音内容策略

（1）研究目标用户的需求和兴趣。

（2）确定内容类型和风格。

（3）设计吸引人的标题和封面。

（4）规划发布时间。

三、实训成果

一份关于自己在抖音平台上的定位和内容策略的报告。

这个实训旨在帮助学生理解抖音的用户群体特性和互联网用户需求的变化，同时帮助他们找到适合自己的领域，并制定相应的内容策略。

# 工作任务三　账号功能开通方法

## ❖ 任务目标

1. 能够掌握抖音账号基本设置。
2. 能够理解和掌握抖音核心功能设置。
3. 能够根据抖音特色功能设置自己的账号。

## ❖ 任务背景

抖音又上新功能，有商家流量飙升涨粉7W，新商机怎么抓？

抖音新上线了一个"共创"功能。在发布界面新增了"共同创作"的按钮，作者点击后可以邀请一位或多位（最多五位）创作者进行共创，并为其选择共创、策划和参演等

身份。

共创视频会在所有关联创作者的页面展示，作品数据也会共享互通，创作者们可以共同享受一条作品带来的流量和曝光度。

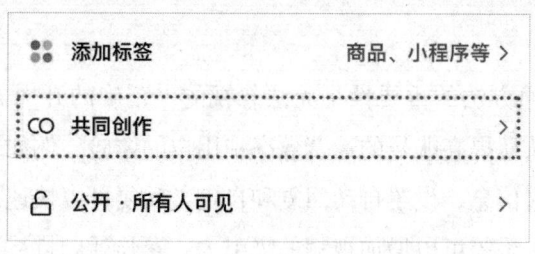

图1-28 抖音共创功能页面

**"共创"功能带来的机会：**

1. 内容传播广泛，带来新的增长机会。共创功能可以说打破了既往内容分发的格局，内容发布者自带的流量推动视频播放量的增长，而联动的方式也增加了共创创作者的曝光率，达到1+1>2的效果。值得注意的是，共创作品除了可以共享这条作品带来的流量，抖音官方也表示，发布共创作品的账号在流量和涨粉数据上均有显著增长。短视频平台的内容无论是2个人、3个人还是5个人共同创作的，但发布作品只能用一个人的账号发布。抖音推出的"共创功能"，解决了流量分配不均的问题，打破了视频可用多个创作者账号发布而不判为抄袭的规则。从某种程度来看，这是获得新增长的机会。使得多位创作者合作制作的视频能够同时出现在各自的首页上，并将内容推送给各自的粉丝，这样使得内容能被更多用户看到，能得到更多传播。在粉丝增长量放缓的情况下，互享流量刺激着创作者与他人合作的欲望，同时好的内容也可以得到更广泛的传播。

2. 共创内容为商家提供背书共创，本质上是，以内容链接不同用户群体，链接带来的价值。抖音做电商提出的逻辑是通过算法推荐用户可能有兴趣的内容，再通过内容去带动商品的销量，回归到本质还是内容驱动。内容共创为商家带货提供了背书，间接影响消费者进行决策，而当共创的达人量级够大时，这股推动力量不容小觑。设想一下，现在俞敏洪、罗永浩一起共创了一条内容带货，你就很有可能心动。

3. 方便跨界合作，实现梦幻联动。时至今日，不同账号、机构、IP、品牌间的梦幻联动、跨界营销，已经成为业内求新求变的重要手段。对于品牌和中小商家而言，可以与其他品牌、商家或者达人进行跨界合作，例如你是做个护彩妆的，可以寻找做美容、健身甚至是旅游的，一起合作创作视频。因为受众群体基本吻合，可以通过联动互相为彼此进行引流。

（资料来源 https://www.jiemian.com/article/7969442.html，删减整理）

**请思考** "共创"功能能带来什么机会？商家该如何使用"共创"？抖音功能的利用对商家的影响大不大？

## ❖ 任务操作

抖音账号功能开通方法的重要性是无法忽视的。正确的开通方法可以帮助你充分利用抖音的各项功能，从而提高账号的运营效率和用户的体验。例如，正确设置隐私设置可以保护你的隐私和个人信息，设置自动回复和自定义回复可以快速回应用户，使用各种视频拍摄模式和特效、音乐等可以增加视频的吸引力，参与话题挑战可以增加曝光度和互动性，投放广告可以提高账号知名度和增加收益，等等。

另一方面，错误的开通方法可能会导致不必要的麻烦和损失。例如功能无法正常工作或被封禁。不合适的头像和简介可能会让用户对你的账号产生不信任感，不当的发布时间和频率可能会影响用户的观看体验，不符合规定的内容可能会被平台删除或封禁，等等。

因此，了解并掌握正确的抖音账号功能开通方法对于成功运营抖音账号至关重要。在实际操作中，用户应根据自身需求和实际情况选择合适的开通方式，以达到最佳的运营效果。例如，根据目标用户的特点和兴趣选择合适的内容类型和风格，根据市场需求和竞争情况选择合适的发布时间和频率，根据账号表现和用户行为调整内容和策略，等等。总之，正确的抖音账号功能开通方法是成功运营抖音账号的重要基础。

### 一、抖音账号基本设置

抖音账号的基本设置决定了你的账号在抖音平台上的表现和吸引力。以下是一些关键的设置步骤和注意事项：

1. 账号注册

注册账号时，要确保使用真实姓名和头像，以增加可信度。同时，填写好个人资料，包括简介、标签等，以便让用户更好地了解你。

图 1-29 抖音说车类头像与昵称

## 2.隐私设置

确保你的隐私设置是合适的，以保护你的隐私和个人信息。你可以设置哪些人可以看到你的账号、是否可以评论等。以下是抖音隐私设置的方法和步骤：

（1）打开抖音，点击我，点击右上角三横，选择【设置】。

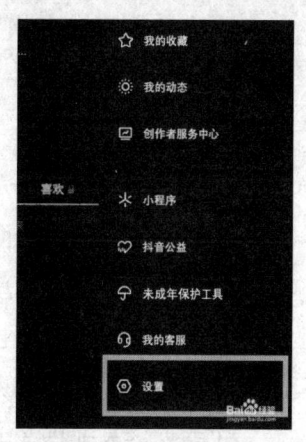

图 1-30

（2）点击【隐私设置】。

图 1-31

（3）点击【点赞】。

图 1-32

（4）点击【主页喜欢列表】，勾选公开可见即可。

图 1-33

### 3. 通知设置

根据你的需求设置通知，以便及时了解新的关注、评论和消息。

（1）抖音直播提醒怎么设置。

直播提醒可以让自己订阅喜欢的主播，这样可以在对方开播的第一时间收到消息，这样才能表达出自己对该主播的喜爱。下面就为大家带来抖音直播提醒设置教程。

①首先进入到抖音主页面点右下角我的，在个人页面点击右上角的三条横线按钮进入。

②接着在左侧会出现一个功能弹框页面，下滑在页面下方点击设置进入。

③进入到设置页面下滑找到通用设置的选项内容，点击进入到新页面。

图 1-34

④在通用设置页面有一个直播通知的选项，点击进入到新页面。

⑤在弹出的设置页面，可以选择全部，即可接收到直播的内容提醒了。

图 1-35

（2）抖音私信通知显示内容怎么设置。

最近有很多小伙伴都在问关于抖音私信通知的一些问题，下面介绍抖音开启消息通知展示详情步骤。

①打开抖音APP，点击右下方我的进入个人主页。

②在我的页面点击右上方【三】横线，然后找到设置进入。

图1-36

③在设置中选择通用设置进入。

图1-37

④最后在此页面将私信通知显示消息详情后的按钮点击成绿色即可开启成功。

图 1-38

### 4. 响应设置——自动回复和自定义回复，以便快速回应用户

抖音设置自动回复的方法。首先，抖音自动回复必须是在 PC 端设置，我们登录 PC 端抖音企业号管理平台，直接用登录好的抖音扫码登录（也可以用绑定的手机号登录）。

（1）我们进入抖音企业号管理平台之后进入管理中心→消息管理，就可以看到有个自动回复功能了。

图 1-39　企业管理平台

（2）自动回复有两个功能：

其一：进入对话（私信自动回复）

当用户首次发送私信时系统自动发送的内容，设置一段别出心裁的自动回复可以让企业号在第一时间给目标潜在客户留下深刻印象。而关键词回复则是根据用户发送内容进行关键字匹配回复，相应关键字可以触发相应回复，批量、迅速地解决用户群中存在的常见问题、传达新品上市信息或节日祝福等。

其二：关键词匹配（关键词自动回复）

当用户发给你的私信里面包含你所设置的关键词时，自动发送已经设置好的规则消息。根据需要可以设置关键词和关键词回复内容。

5. 绑定其他社交媒体账号，以便相互推广和增加曝光度。

## 二、抖音核心功能设置

1. 抖音核心功能介绍

（1）拍摄和编辑视频：抖音允许用户使用内置相机或从相册中选择视频进行编辑。用户可以添加音乐、滤镜、特效和文字等元素，以创造独特的视频内容。

（2）发布和分享视频：用户可以将编辑好的视频发布到抖音平台上，并与其他用户分享。用户可以关注其他用户、点赞和评论他们的视频，以增加自己的曝光率和互动。

（3）搜索和发现视频：抖音平台提供了搜索功能，用户可以搜索特定的关键词或主题，以找到相关的视频内容。此外，平台还会推荐用户可能感兴趣的视频内容。

（4）互动和社交：抖音平台允许用户与其他用户互动和社交，例如关注其他用户、点赞和评论他们的视频、私信和打赏等。用户可以通过互动和社交来建立自己的社交网络和影响力。

（5）创作者工具和服务：抖音平台为创作者提供了一系列工具和服务，以帮助他们更好地管理自己的账户和内容。例如，创作者可以使用抖音创作者服务平台上传、管理和推广自己的视频，并与其他创作者合作。

总之，抖音平台的核心功能是通过视频分享和互动，让用户能够轻松地创建、发布和分享自己的内容，并与其他用户互动和社交。

2. 抖音关键的功能设置

以下是抖音功能流程图：

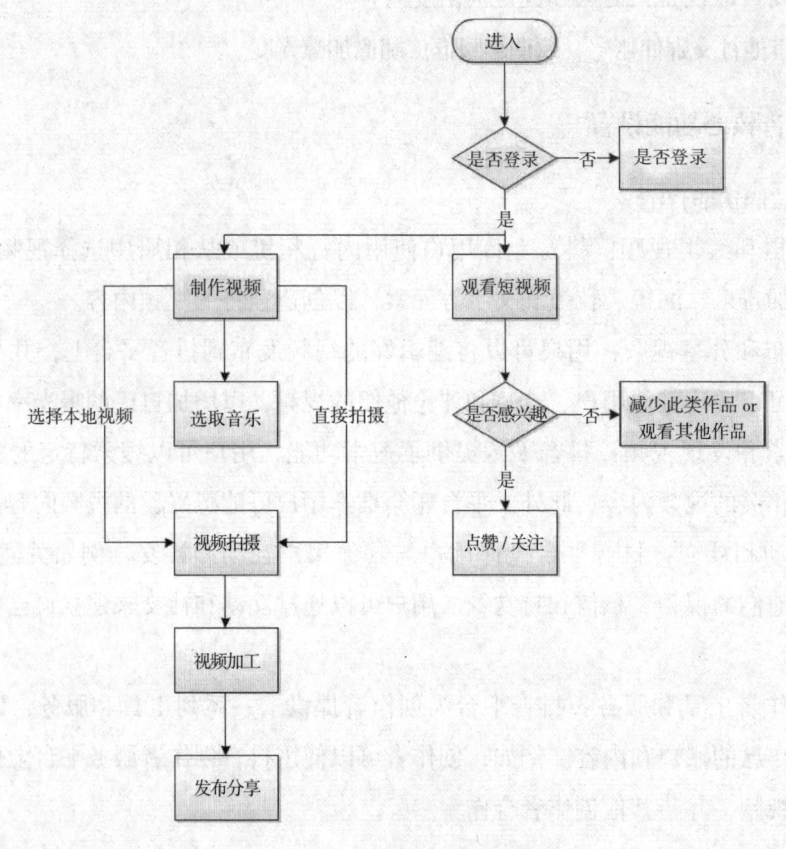

图1-40 抖音功能流程图

抖音的核心功能是短视频创作和分享，以下是一些关键的功能设置和注意事项：

（1）视频制作：使用各种视频拍摄模式和特效，以及滤镜、音乐等，增加视频的吸引力。抖音视频的制作一般包括以下步骤：

①确定主题和需求：根据目标用户和市场需求，确定视频的主题和内容。

②准备脚本和素材：根据主题编写脚本，并准备相关的素材，包括图片、视频、音乐等。

③视频拍摄：使用手机或专业相机进行视频拍摄，注意拍摄角度、光线和稳定性。

④视频剪辑：使用视频剪辑软件对拍摄的视频进行剪辑，删除不必要的部分，调整视频长度和顺序。

⑤添加特效和音乐：在视频剪辑软件中添加特效、滤镜和音乐，以增加视频的吸引力和听觉体验。

⑥标题和描述编写：为视频编写标题和描述，包括关键词和关键信息，以便用户搜

索和发现。

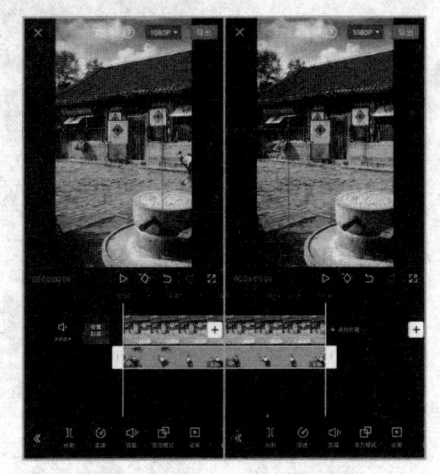

图 1-41　添加滤镜　　　　图 1-42　抖音话题展示

以上是抖音视频的一般制作步骤，具体可根据需求和实际情况进行调整。在制作过程中，还需注意视频的质量、创意性和用户需求，以提高视频的观看率和互动性。

（2）抖音发布设置：选择合适的时间和频率发布视频，以便增加曝光度和吸引用户。编辑完成后，我们就可以发布视频了，在发布视频时，我们可以设置视频的封面、添加描述、选择发布的平台等。发布完成后，我们就可以在抖音上分享我们的作品了。

其一，发布设置步骤：

①添加视频的描述：写标题 / 添加话题 /@ 朋友 / 申请关联热点。

②描述的作用是给系统看的，给视频打上文本特征，添加领域元素词能精准地推荐给喜欢的用户。

③添加标签：位置 / 商品 / 小程序只能三选一，不能同时添加。

④位置一般添加实体店或者景点，内容和位置强关联可以添加。

⑤同城内容可以添加，无关联的不要加，会起反作用；商品开通"橱窗"才有，视频带货货源淘宝 / 京东 / 拼多多 / 抖音小商品，商品需要和视频内容相关；小程序，主要添加抖音小程序，如果自己有企业 / 品牌可以去做个抖音小程序，然后做视频引流，还有抖音小游戏 / 懂车帝 / 美团，等等。

⑥热点关联：内容需与热点有关联才添加，否则适得其反。

⑦封面上传：封面对于做影视的来说没什么作用，主要就是看个人主页方便粉丝找视频，另外就是同城页可以提高点击率，如果内容不属于同城就无所谓。

其二，发布中注意的事项：

①视频需要从西瓜后台同步过去。

②视频尺寸必须要 720P 以上。

③发布数量每天不超过 3 个。

④发布时间固定。

（3）分享设置：设置分享链接，以便将视频分享到其他社交媒体平台。

随着抖音这款短视频平台的火热，越来越多的人开始关注和使用抖音。而在抖音上看到精彩的视频后，我们也想分享给好友欣赏，那么该怎么分享呢？下面我们就来介绍一下详细的分享方式。

第一种分享方式：直接分享给好友或群聊。

在抖音视频播放页右下角有一个"分享"按钮，点击它会跳出一个分享面板，你可以选择直接将视频分享给好友或把它分享到某个群聊中。

点击分享按钮后，弹出的分享面板上可以看到多个分享方式：微信好友、微信朋友圈、QQ 好友、QQ 空间、微博、短信、钉钉等。直接点击对应的应用即可分享。

图 1-43 抖音分享页面展示

第二种分享方式：通过复制链接分享。

有时我们会发现某个视频很好，但是没有想到立即分享，这时你可以通过把视频链接复制下来，再发给好友或将它粘贴到社交媒体中。

复制链接的方法很简单，只需要在视频播放页中，点击"分享"按钮后，在弹出的分享面板上点击"复制链接"选项即可。此时，把链接通过 QQ、微信等方式发送给好友即可。

第三种分享方式：快捷分享。

快捷分享也是一种非常方便的方式，它比第一种分享方式更快捷，只需要一步即可完成整个分享过程。你可以选择将快捷分享功能放在视频页面右下角，这样你只需要点击一下图标，即可分享视频给好友。

快捷分享功能的实现需要借助一些第三方软件或插件，例如 QQ 浏览器或某些手机浏览器。如果想使用这种方式，可以根据需要下载安装相应的插件或软件。

（4）评论管理：管理评论区，回应用户的评论和问题，增加互动性。

评论区管理步骤：

第一步，进入抖音后点击进入设置。

图 1-44

第二步，进入设置后点击进入通用设置。

图 1-45

第三步，选择管理我发布视频的评论区功能。

图 1-46

第四步，进入页面后，将两项后的开关打开即可。

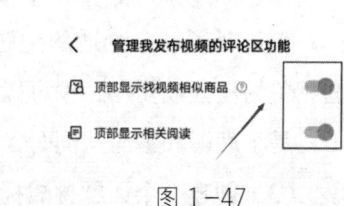

图 1-47

（4）分析工具：使用分析工具，了解你的账号表现和用户行为，以便优化内容和策略。众所周知，想要做一个可以赢利的抖音账号，内容质量方面的要求必须要高，除此之外，日常数据分析也是非常重要的，通过专业的识破分析工具，不仅能了解到行业内的最新玩法，还能学到竞品上热门的套路。

## 三、抖音特色功能设置

抖音除了核心功能外，还有一些特色功能，以下是一些关键的功能设置和注意事项：

### 1. 直播功能

开启直播功能，与用户进行实时互动，增加粉丝黏性。

（1）抖音的直播功能使用方法如下：

①打开抖音应用，登录账号。

②点击屏幕底部中间的"+"按钮，进入拍摄界面。

③在拍摄界面中，点击"开直播"按钮，进入直播设置界面。

④在直播设置界面中，选择直播类型和直播主题，并填写直播描述。

⑤点击"开始视频直播"按钮，等待数秒钟后，即可开始直播。

（2）在直播前，还需要注意以下几点：

①确保网络连接稳定，避免直播过程中出现卡顿或中断的情况。

②选择合适的直播时间和地点，确保直播环境安静、明亮、无干扰。

③调试摄像头和麦克风，确保画面清晰、声音清楚。

④了解直播规定和平台政策，避免违反规定导致直播被删除或封禁。

**2. 话题挑战**

参与话题挑战，使用热门话题和挑战，增加曝光度和互动性。

（1）选择一个有趣、有吸引力的主题。

首先，要发起一个成功的话题挑战，你需要选择一个有趣、有吸引力的主题。这个主题可以是与当前热门事件相关的，也可以是与特定节日、流行元素或潮流相关的。确保你的主题有足够的吸引力，能够激发用户的参与和创造力。

（2）准备好一个有趣的挑战规则。

在选择了一个合适的主题后，你需要准备好一个有趣的挑战规则。规则可以是与主题相关的任务或要求，也可以是一系列需要用户完成的动作或表演。挑战规则应该简单明了，易于理解和参与。同时，你也可以鼓励用户在挑战中展示自己的个性和创意。

（3）创建一个话题挑战标签。

接下来，你需要在抖音上创建一个话题挑战标签。标签可以是与主题相关的关键词或短语，例如"#抖音挑战""#创意表演"等。在创建标签时，确保标签独特且易于记忆，以便用户可以方便地搜索和参与到挑战中来。

（4）有趣的挑战视频。

一旦你创建了挑战标签，你可以开始制作一个有趣的挑战视频，介绍挑战主题和规则，并展示一些范例。在视频中，你可以用幽默、激励或有趣的方式向用户介绍挑战，并鼓励他们参与进来。确保你的视频有足够的吸引力，能够引起用户的兴趣和参与欲望。

（5）添加相关的挑战标签和说明。

完成视频后，你可以在抖音上发布该视频，并在视频描述中添加相关的挑战标签和说明。确保你的描述简洁明了，让用户能够清楚地了解挑战的主题和规则。你还可以邀请一些朋友或明星用户参与挑战，并在描述中提到他们，以吸引更多用户的参与。

（6）扩大挑战的影响力。

一旦你发布了挑战视频，你可以通过抖音的推荐、搜索和关注功能来扩大挑战的影响力。你可以邀请你的朋友、粉丝和关注者参与挑战，并鼓励他们分享自己的挑战视频。同时，你也可以在抖音上关注一些与挑战主题相关的用户，并

图 1-48 添加话题页

与他们互动和合作，以增加挑战的曝光度和参与度。

（7）跟踪和回顾用户的挑战视频。

最后，你可以通过抖音的挑战标签页面来跟踪和回顾用户的挑战视频。你可以观看和点赞用户的视频，与他们进行互动，并选择一些优秀的作品进行分享和推荐。这样可以激励更多的用户参与挑战，并提高你的话题挑战在抖音上的影响力。

总之，发起一个成功的抖音话题挑战需要选择一个有趣的主题，制定挑战规则，创建挑战标签，并制作有趣的挑战视频。通过推广、互动和分享，你可以吸引更多用户参与到挑战中，并提高挑战的影响力。抖音话题挑战既可以展示用户的创意和才艺，也可以增加用户之间的互动和社交。

**3. 私信设置**

设置私信权限，以及自动回复和自定义回复私信，提高用户体验。抖音设置私信权限步骤：

（1）打开抖音，点击右下角我，进入个人中心。

（2）打开菜单栏，点击设置。

图1-49

（3）点击隐私设置。

图1-50

（4）点击谁可以私信我。

图 1-51

（5）有两种不同类型可以选择，点击设置就可以了。

图 1-52

粉丝管理：管理粉丝，关注和回关活跃粉丝，以及处理掉粉情况。

粉丝关注与回关等基础设置通过以下步骤进行操作：

①打开抖音应用，登录账号。

②点击右下角的"我"页面，进入个人主页。

③点击"关注与粉丝"选项，进入关注和粉丝页面。

④查看关注者和粉丝的列表，了解关注者和粉丝的账号信息。

工作领域一　吃透抖音特点与规则

图 1-53　已关注与回关

⑤对关注者进行回关，即关注回关注者，可以在关注者列表中选择想要回关的账号，点击"关注"按钮进行回关。

图 1-54　回关选项

⑥对粉丝进行取关，即取消对某些粉丝的关注，可以在粉丝列表中选择想要取关的账号，点击"移除"按钮进行取关。

图1-55 取消关注等选项

⑦对不希望关注的账号进行拉黑，可以在关注者列表或粉丝列表中选择想要拉黑的账号，点击"…"按钮，选择"加入黑名单"选项，即可将该账号拉黑。

此外，还可以在设置页面中进行其他基础设置，例如修改账号资料、设置账号权限、开启或关闭推送通知等。

图1-56 发私信举报拉黑选项

（2）抖音粉丝管理功能是由抖音官方提供的，需要进行申请和审核。具体开通步骤如下：

①打开抖音，进入"我"的页面，点击右上角"三点"图标，选择"设置"—"账号与安全"—"申请升级"。

②在"申请升级"页面中，选择"达人认证"或"机构认证"，填写相关信息并上传认证资料。

③等待抖音官方审核，审核通过后即可开通抖音粉丝管理功能。

需要注意的是，抖音粉丝管理功能只对通过达人认证或机构认证的账号开放，同时需要满足一定的粉丝数和互动量要求。申请时需要提供真实的认证资料，否则审核不通过。

4.广告投放

根据需要投放广告，提高账号知名度和增加收益。

抖音还提供了一些广告投放的辅助工具，如广告创意洞察、受众分析、优化工具等，帮助广告主更好地了解受众需求，优化广告效果。

在使用抖音广告投放功能时，需要注意以下几点：

（1）确定合适的投放时间和预算，避免浪费广告预算。

（2）根据目标受众和营销目标，选择合适的广告形式和定位方式。

（3）制作高质量的广告创意，从用户需求出发，提高点击率和转化率。

（4）持续监测广告效果，及时调整优化，提高广告效果。

（5）遵守抖音平台的广告规定和政策，避免违规行为导致广告被删除或封禁。

通过正确设置抖音账号、核心功能和特色功能，可以更好地吸引用户、增加曝光度和提高粉丝黏性。在设置过程中，要不断优化和调整，以满足用户需求和提高账号表现。

❖ **实训活动**

**抖音账号的设置与运营**

一、实训目的

通过本实训，希望学生能够掌握抖音账号的基本设置，理解抖音的核心功能设置，并根据抖音的特色功能设置自己的账号，为后续的抖音运营打下基础。

二、实训内容

1.抖音账号基本设置

学生分组进行，通过查阅官方资料、实地研究等方法，总结出抖音账号基本设置的要求及步骤。

2. 抖音核心功能设置理解

学生个人作业，通过查阅官方文档，理解抖音核心功能设置的作用及操作方法。

3. 抖音特色功能设置实践

学生根据自己兴趣或实际情况，选择抖音的特色功能（如滤镜、美颜、道具等），并设置自己的抖音账号。要求包括但不限于用户名、头像、个人资料等，并在班级群中分享。

三、实训要求

1. 总结报告应详细阐述抖音账号基本设置的要求及步骤，并附上相关官方文档链接。
2. 核心功能总结报告应清晰列出各个功能的作用及操作方法，并附上相关官方文档链接。
3. 班级分享时，要求学生对自己的账号进行简单介绍，并回答其他同学的提问。

四、实训评价

根据学生的总结报告、核心功能总结报告及账号设置情况，进行综合评价。评价内容包括但不限于报告的完整性、准确性、创意性，以及账号设置的合理性、个性化等。评价结果将计入课程总成绩。

## 工作任务四　抖音账号具体分类

### ❖ 任务目标

1. 能够掌握抖音账号具体分类。
2. 能够理解和掌握抖音是如何给账号划分等级的。
3. 能够根据抖音账号按类型分类设置自己的账号。

### ❖ 任务背景

**同比提升165%，新商家通过抖音电商直播间创业或转型**

国家统计局公布数据显示，直播带货、短视频带货、即时零售等消费新模式新业态，带动线上消费市场规模持续扩大。记者昨天从"直播间里的商家成长"活动了解到，今年以来，抖音电商商家增长势头仍在持续，品牌商家数量同比提升165%。

商务部中国国际电子商务中心国际合作与培训部负责人李伟在活动现场表示，直播带货催生30多种新职业、新岗位，为上下游产业链、仓储产品生产和多个环节带来更多就业机会。此外，直播带货还促进了企业与消费者之间的直接沟通，加速了产品迭代升级，帮助企业实现销售增长，为供给侧和产业链重构提供助力。

抓住奥运热点迅速开播的祥兴箱包，3天涨粉70万，2个月销售数千万元；"90后"模特转行花艺师，累计售出超2亿枝鲜花；坚守苏扇制作技艺并融合创新元素的盛风堂，线上销售已占总销售额的90%；国货品牌SIINSIIN综合布局内容、营销和货架，618大促期间明星同款防晒衣成交额达8500万元，过去一年，大批新商家通过抖音直播间创业、转型，开辟增长新路径。

"有擅长直播的，也有快速经营好货架的，有善于和平台达人合作的，也有将营销的玩法玩出新花样的。"抖音集团政务合作副总经理贾临远表示。

"短视频和直播推动电商行业升级。"中国社科院财经战略研究院研究员、中国市场学会副会长李勇坚表示，短视频和直播在提升购物体验、激发消费增长、带动产业升级、促进创业就业、推动普惠发展、重塑社会生产链条等方面发挥了重要作用。

据介绍，为了持续打造优质生态环境，抖音电商通过丰富商品、建设货架、做好内容、把握营销、分析数据等多措并举，优化经营方法论。

（资料来源：https://baijiahao.baidu.com/s?id=1813254666865713345&wfr=spider&for=pc）

**请思考** 新商家如何通过抖音电商直播间成功创业或转型？转型后他们的账号属于同一分类吗？

## ❖ 任务操作

抖音作为一款短视频社交平台，不同类型的账号在性质和使用上也有所不同。同时，不同的抖音账号热度和使用情况也会让抖音对你的账号进行等级的划分，会影响到账号的流量与展现情况。

### 一、抖音账号具体分类

1. 个人账号

个人账号是由个人创建的，主要用于记录个人的生活、娱乐、教学、科普等内容。这类账号的性质较为随意，以个人为中心，展现个人特点和兴趣爱好。在区别灯光方面，个人账号通常采用较为柔和的灯光，以突出个人形象和情感为主。

2. 企业账号

企业账号是由企业或品牌创建的，主要用于发布品牌宣传、产品推广、活动宣传等视频内容。企业账号的性质较为正式，以企业和品牌形象为中心，注重专业性和可信度。在区别灯光方面，企业账号通常采用较为明亮的灯光，以突出企业和品牌形象为主。

### 3. KOL 账号

KOL（Key Opinion Leader）账号是由在某个领域或行业具有影响力的个人创建的账号。KOL 账号的性质较为专业，以 KOL 的个人观点和意见为中心，注重专业性和可信度。在区别灯光方面，KOL 账号通常采用较为柔和的灯光，以突出 KOL 的个人形象和情感为主。

### 3. MCN 账号

MCN（Multi-Channel Network）账号是由 MCN 机构管理的账号。MCN 机构是一种专门为抖音创作者提供支持和服务的机构，可以帮助创作者管理账号、推广视频和获得更多的粉丝。MCN 账号通常由多个创作者共同管理，性质较为专业和商业化。在区别灯光方面，MCN 账号通常采用较为明亮的灯光，以突出视频内容和创作者形象为主。

总的来说，不同类型的账号在性质和区别灯光方面都有不同的特点和表现形式。需要根据自己的需求和特点选择合适的类型，并在管理和运营账号时注重细节和创意，以提高影响力和关注度。

## 二、抖音是如何给账号划分等级的

抖音在近几年火速席卷全国，用户量逐年攀升，想要靠抖音平台变现的人也越来越多。但很多人都不知道，其实抖音给账号都是划分了等级的，不同等级的账号，分到的流量是不同的，今天就来详细讲讲抖音是如何给账号划分等级的，有什么区别。

### 1. 待热门账号（权重最高）

这类账号距离上热门只有一步之遥，连续发布的作品，播放量在 1 万以上，其本身抖音权重极高，只需要稍微努力一点，就能被系统推荐上热门。建议可以多参加官方活动，适当地蹭蹭热度，就能提高上热门的概率，如果用户互动的反响比较好，就有很大机会被推荐到更大流量池，一夜火爆。

### 2. 待推荐账号（权重较高）

此类账号权重较高，连续发布的作品，播放量都在 1000 以上。抖音系统会将你的账号识别为待推荐账号，并且放在等待推荐的流量池里面。建议这个阶段的账号，应该抓紧创作出高质量原创内容，运用一些方式提高用户的互动，这样系统能将你的作品推荐到更大的流量池，这样一步一步地推送，直至作品被推上热门。

### 3. 一般账号（权重较低）

其实大部分人都是此类账号，连续发布的作品，播放量都在 100~200，这就是一般账号，此类账号只会被系统推送到初级流量池，如果连续一个月内都是这样的播放量，系统会将你的账号降为僵尸号。但也不是不能运营，只要坚持创作高质量内容即可，特别是前几个视频，需要特别重视。

### 4. 僵尸号（没有权重）

一般连续发布作品，播放量都在几十或者几个，也就属于僵尸号，直接被系统拉入了黑名单的，这类账号在抖音几乎没有权重。这类账号没有运营下去的必要，没有推荐量和播放量，建议重新养个号。

## 三、抖音账号按类型分类

这里的账号类型并非指抖音的认证，而是我们可以做哪些类型的账号。

### 1. 蓝 V 号

这是企业认证的账号，从想要获得营收的角度看，认证与没认证的号并没有多大差异。当然如果你是官方号，不用我多说，基本都会认证，或许是为了传递正能量，也或许是为了做品牌宣传，当然收益自然也不会少。

图 1-57

至于说认证后有什么优势，其实企业号跟普通号的热门规则都是一样的，只是企业号方便做营销，企业号是可以留自己的联系方式和官方网站的。

### 2. 橱窗号

这类账号专注抖音带货，也是抖音变现中常见的一种类型，它把抖音的橱窗功能发挥到淋漓尽致。常见的就是那些好物推荐、好物分享等，这类账号只要爆了一个视频就能有不菲的收入。

目前抖音开通橱窗功能条件：粉丝 ≥ 1000，发布作品 ≥ 10，实名认证。

### 3. IP 型账号

个人 IP 并不等于网红，IP 是一个品牌，个人品牌是个人商业价值的综合体现，是一种无形资产。

成功的个人品牌有几个特征：能发表自己独到的见解并被人认可；能与他人认为重要的事物联系起来。

除去上述 3 种外，其他的并没有什么特殊的要求，正常注册账号使用即可。

IP 型账号包括音乐人认证号等等。IP 是一个领域的大 V。

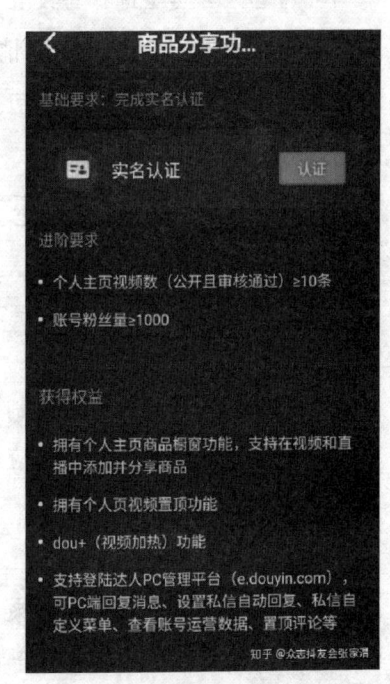

图 1-58

至于你想做什么类型的账号,要看你自己的目的,我觉得在粉丝还没有涨上去前,你开通蓝V也好,个人领域认证也好,其实都是没有任何帮助的,毕竟你还没有多少粉丝,万一这个号被你玩出问题了,那你也需要换号,这样就得不偿失了。

## ❖ 实训活动

### 抖音账号的创建与分类

**一、实训目的**

通过本实训,希望学生能够掌握抖音账号的分类,理解抖音的账号等级划分规则,并根据不同类型的账号设置自己的抖音账号,为后续的抖音运营打下基础。

**二、实训内容**

1. 抖音账号分类调研

学生分组进行,通过查阅官方资料、实地研究等方法,总结出抖音账号的主要分类及其特点。

2. 抖音账号等级划分理解

学生个人作业,通过查阅官方文档,理解抖音账号的等级划分规则,包括各级所需的积分及积分获取途径。

3. 抖音账号类型选择与设置

学生根据自己兴趣或实际情况,选择一种抖音账号类型(如美食、旅游、科技等),并设置自己的抖音账号。要求包括但不限于用户名、简介、头像等,并在班级群中分享。

# 工作任务五  抖音平台推送机制

## ❖ 任务目标

1. 能够掌握抖音推送机制。
2. 能够理解和掌握推送机制算法设计。
3. 能够理解推送机制实际应用。

## ❖ 任务背景

*"刷"出来的爆款视频,犯法吗?法院判了*

4月,杭州互联网法院公开宣判一起涉引流刷量软件干扰短视频算法推荐、妨碍短视频平台正常运行不正当竞争案,提出数据作为算法赋能平台经济正常运行之基石,虚构数据不仅影响算法作为一种功能机制的正常运行,亦会导致运用算法机制形成的内容生产、管理运营、商业推广平台生态正常运行秩序混乱，区别于虚假宣传、一般性条款规制的刷量行为，应受反不正当竞争法第十二条兜底条款之规制。本案系杭州互联网法院首例涉及虚构数据干扰算法推荐引发的不正当竞争案。

图 1-59 现场图片

　　微播公司与浙江头条公司（以下简称二原告）为抖音的共同经营者。三被告共同推广、宣传的抖竹软件是一款聚合式智能刷量软件，用户在手机上登录抖竹和抖音账号后，设置任务、下达指令，移动端就能够自动打开抖音并自动实施一系列指定动作，包括模拟人工操作养号、批量点赞和评论、随机转发、批量关注加好友、自动私信粉丝和关注的人等，最终达到将指定视频刷上热门、截留同行粉丝、为指定账号引流的目标。二原告认为三被告开发、运营的抖竹软件模拟真人行为规律，进行规模化、自动化批量操作，制造虚假流量，骗取平台流量，妨碍了抖音的正常运行和短视频分享生态，通过提供刷量技术来不正当谋取交易机会，获取竞争优势，有违诚信原则和公认的商业道德，构成不正当竞争。请求判令三被告停止侵权、消除影响并赔偿经济损失及合理费用共计150万元。

（资料来源：https://m.thepaper.cn/baijiahao_22696131）

**请思考**　互联网时代以抖音为首的自媒体时代中我们是否可以恶意竞争、制造虚假流量？如果不能，我们是否应该充分了解抖音平台规则与推送机制呢？

## ❖ 任务操作

　　抖音是一款基于用户兴趣和行为的智能推荐应用。它的推送机制旨在为用户提供个性化、高质量的内容，同时帮助优秀的内容创作者获得更多的关注和粉丝。本任务将详细介绍抖音的推送机制，包括基本原理、算法设计和实际应用。

## 一、推送机制基本原理

抖音平台会给每一个作品提供一个流量池,无论你是大号、小号、作品的质量如何,都会享受这个福利。之后的传播效果就要取决于你的作品在这个流量池里的表现,而这个表现,会参照4个标准:点赞量,评论量,转发量,完播率。

知道了这4个标准,那我们在制作视频时,就需要想尽办法,提高作品的质量。比如,点赞是源自用户对内容的认可、犒赏、收藏;评论源自内容所具备的互动点设置;播放完成度源自抓住持续注意力,把精华放在结尾。

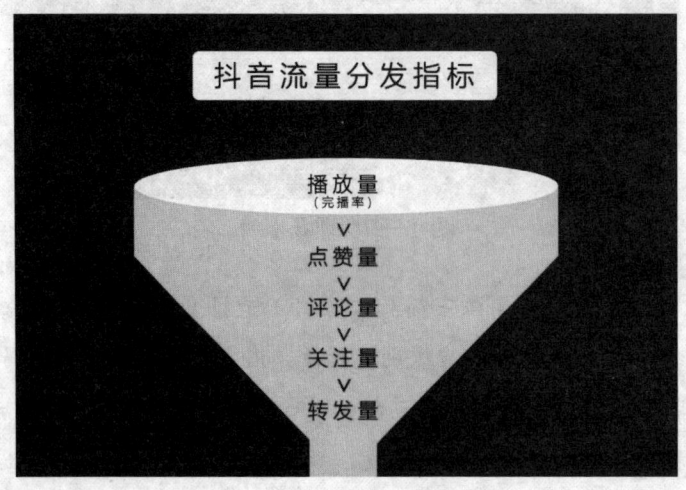

图 1-60 流量分发指标

### 1. 抖音推送的专业名词

在了解抖音推送机制之前,我们需要了解一下抖音的专业名词,比如说,冷启动、打标签等等,下面就这些来了解下。

(1)冷启动。

抖音推送机制是有一个叫作冷启动,就是说,刚开始给你推送300到600个流量,那么在一周之内,会对你的号进行一个评估,过了一周,一周通过的话,你将进入一个1000人的流量池。

(2)打标签。

抖音会对用户进行标签分类,特别是对视频发布者进行标签分类,这样你的视频就会被推送到你的精准用户处。

比如你是做美妆短视频的,那么你的视频就会被推送到经常看美妆视频的用户,这些喜欢美妆的用户就是你的精准流量。

所以抖音为了鼓励这一类持续产出同一类型视频的用户，会进行流量扶持；并且，你的定位越精准，系统在推荐时，也会更多地推荐到更精准的客户或者有同类标签的用户，所以对你的点赞评论关注的概率更大，这样对你后期做短视频带货、直播带货都是极大的帮助。

其实要想获得推送的机会，就是需要你的视频内容要有质量且有趣，因为看的人越多，自然推送的机会也越大。

图1-61 推进级别

## 2. 叠加推进

如果你的作品内容反馈良好，平台就会把视频推荐给更多的用户，否则就不会再分配流量，这也就是我们知道的叠加推荐。

第一次推荐：根据账号权重的大小分配200~500的流量。如果视频反馈良好（点赞率10%、完播率60%等），就会被平台认定为内容较受欢迎，并给予第二次推荐。

第二次推荐：为账号分配1000~5000的流量。如果反馈良好，就给予更多的流量推荐，即第三次推荐上万甚至几十万的流量，以此类推。

如果仍然反馈良好，平台就会根据算法结合人工审核的机制，来判定内容是不是能上热门。一般情况下，作品在发布1小时以内，如果能达到播放量高于5000次，点赞数多于100个，评论数多于10条，就会有更多的推荐。

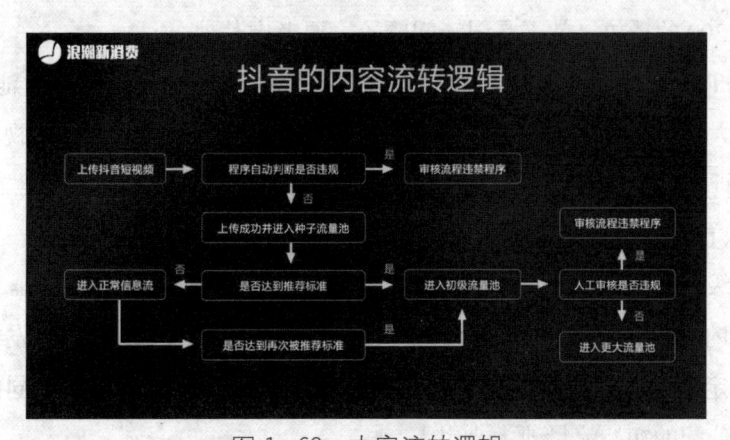

图1-62 内容流转逻辑

### 3. 抖音流量池分配的八个等级

（1）初始流量池：200—500。

（2）千人流量池：3K—5K。

（3）万人流量池：1W—2W。

（4）初级流量池：10W—15W。

（5）中级流量池：30W—70W。

（6）高级流量池：100W—300W。

（7）热门流量池：500W—1200W。

（8）全站推荐。

## 二、推送机制算法设计

### 1. TikTok（抖音）的算法逻辑

（1）去中心化，千人前面，即看即忘。

（2）双向标签（喜好标签，创作标签）。

（3）赛马机制（内容竞争）。

（4）流量升级。

该算法是任何平台必不可少的评估机制，对内容生产者和内容消费者同样有效。要研究 TikTok 的算法，我们应该首先了解她的母公司字节跳动，并思考字节跳动是如何疯狂发展的。做跨境电商的都知道亚马逊有 A9 算法，百度有百度算法，谷歌有谷歌算法，这是任何平台必不可少的机制。而且他们的基础是基于 SEO，目的是吸引客户，转化流量，尽可能地推广品牌。

首先，TikTok 的算法很像抖音，流量分配是去中心化的。

说得专业一点，叫作流量池。TikTok 的算法会给每个人 100 到 1000 的基础流量（如果你的作品有 200 的播放，就不是限流问题了，要考虑其他）。

之后，TikTok 会根据初始流量池的表现，决定是否进入第二波流量池，循环往复，基本上所有的大号，都能达到一个月的长尾推荐，也就是一个月前发布的视频，到今天还在有人点赞、评论。

### 2. 抖音 TikTok 流量推荐机制

账号有等级，初始流量不同。我们用通俗易懂的术语解释一下。在 Ins 上，如果没有粉丝，你发的内容不会被看到也不会被赞。但是 TikTok 不一样，只要你发视频，不管好坏，都会有一定的浏览量。我们这个行业叫流量池，TikTok 流量池有不同的等级，不同权重的账号，分配的初始流量池大小也不一样。

比如刘某入驻抖音，抖音系统对于他的初始流量池就是 top 等级，而对于我们普通人新注册账号入驻，初始的流量池就在 300～500 播放量，也就是通过基础的审核后，新创作的内容就会被扔到不同的流量池，具体分为几个等级流量池，目前没人知道。

### 3.倒三角的流量池

当 TikTok 给我们第一波流量池，也相应地根据第一波流量池（0–1k 播放的评赞转完比率）来判定我们的内容是否受欢迎。如果答案是 yes，那么就会给第二波流量池（5k 播放量），接下来就是第三波流量池（1w–10w 流量），如此螺旋上升，最终达到百万千万级别的流量池。

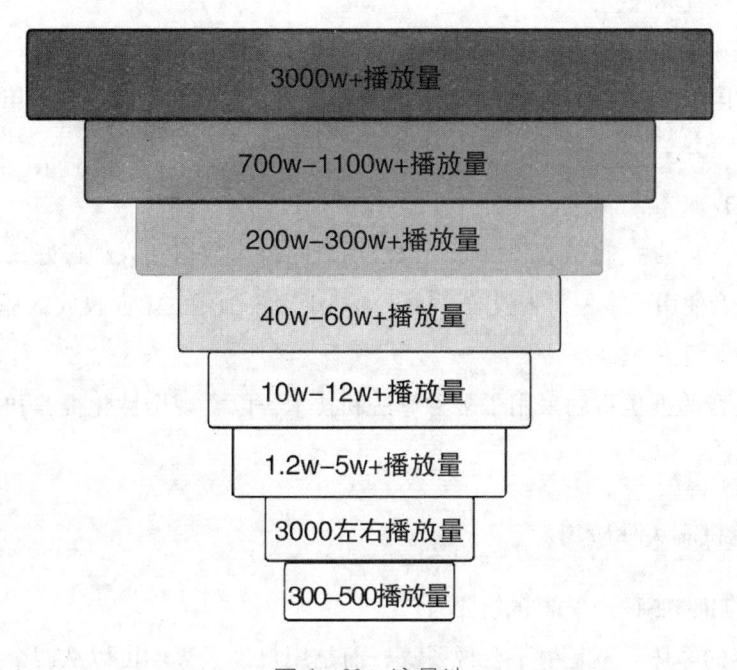

```
          3000w+播放量
        700w–1100w+播放量
         200w–300w+播放量
          40w–60w+播放量
           10w–12w+播放量
           1.2w–5w+播放量
           3000左右播放量
            300–500播放量
```

图 1-63　流量池

这里要遵循一个指标：转发率〉评论率〉点赞率〉完播率。

当 TK 给我们第一波流量的时候，也相应地会根据第一波流量的表现来判断视频质量，进而决定是否进入第二波推流。

这里要注意的一点是，即使有部分视频的反馈不好，也别急着删，根据运营的结果来看，一些号刚发出去，只有三五千的播放，持续优化了一段时间后，出了个爆款。这时候会明显地发现，之前表现不好的视频开始进入新的流量池推流了。

### 4.抖音是如何将你的内容推送给别人的

抖音的推送机制主要基于用户的兴趣和行为数据，采用了多种算法来实现个性化推荐和精准投放。以下是一些常见的算法和技术：

（1）协同过滤算法。

该算法基于用户的历史行为数据和其他用户的行为数据，来预测用户的兴趣和喜好，从而实现个性化推荐。抖音使用了多种协同过滤算法，如基于用户的协同过滤、基于物品的协同过滤、矩阵分解等。

（2）内容过滤算法。

该算法基于视频内容的特征和用户的行为数据，来判断视频是否符合用户的兴趣和喜好，从而实现个性化推荐。抖音使用了多种内容过滤算法，如基于内容的过滤、深度学习模型等。

（3）实时推荐算法。

该算法基于用户的行为数据和实时的用户行为，来实时推荐符合用户兴趣和喜好的视频。抖音使用了多种实时推荐算法，如基于用户兴趣的实时推荐、基于用户行为的实时推荐等。

（4）广告投放算法。

该算法基于广告主的需求和目标，以及用户的行为数据和兴趣偏好，来实现精准的广告投放。抖音使用了多种广告投放算法，如基于用户画像的定向投放、基于广告位的定向投放等。

总之，抖音的推送机制采用了多种算法和技术，以实现个性化推荐和精准投放，提高用户体验和广告效果。

### 三、推送机制实际应用

**1. 抖音是如何判断一个内容的好坏的**

一个内容的好坏，不是由平台说了算，而是用户说了算。可以从四个方面判断一个内容是否受用户喜爱。

第一，完播率。一个作品推送到相应的用户那里，如果用户能够用心看完，就说明这个内容吸引用户，用户才喜欢看完。完播率越高，越说明这个内容吸引用户，初步判断是好内容。

第二，点赞。用户看完内容后，觉得很不错，就会给一个赞，说明用户已经用实际行动来认同这个内容是好内容。

第三，评论。看完后评论，就说明这个内容让客户产生了想法，所以通过评论表达出来。但评论有好有坏，好的评论当然能够给这个内容加分。

第四，分享。用户自己看完这个内容后，觉得很不错，就分享给身边的朋友。这个行为更加说明这个内容是优质的内容，人们愿意把美好的东西分享给身边的朋友或家人。

**2. 如何能让抖音推荐你的作品**

（1）完善自己的资料。

账号的资料最好是填写完整，包括头像、昵称、手机、微信、头条等资料最好填写齐全，越详细越好，因为抖音的审核是机器和人员的双重审核，如果是人工审核会通过你的信息审核，但是如果是机器进行审核，就会对大量的劣质账号进行剔除。

（2）视频需要有亮点。

内容的制作如果没有亮点，只是平平无奇，没有吸引用户的点，用户不会有任何的互动，并且还有屏蔽功能，如果用户把你给屏蔽了，这是一件很严重的事情，后续的视频按照抖音的推荐机制不会把你再推荐给这样的用户，这就相当于少了一个用户群体。

（3）优质的内容是启动流量的钥匙。

视频的播放量、点赞量、关注量都有可能是影响推荐量的重要因素之一，只要你创作的内容是大众喜欢的，上热门是迟早的事情。

（4）在抖音上热门靠的是质量，而并非数量。

有的人一天发三四个视频，几十天下来，粉丝数不超过1000个，但是就有很多抖音号只发了一个视频，粉丝就有几千、上万，甚至更高，所以做优质内容才是涨粉的核心。

**3. 推广时候的注意事项**

（1）不要去刷视频的播放量。

如果完播率低，但是视频点赞量高，这个时候平台经过综合监测各项指标后，算法就会对数据的异常做出监测。

（2）一定不能出现违规词语。

出现一些不该出现的镜头和画面，这些规则都可以在抖音的创作者中找到，可以具体地了解一下。

（3）一定不能让视频出现有水印、画质模糊等问题。

一是审核不通过，就是通过也会被判定为低质量视频，不会有什么推荐量，同时账号的权重也会受影响。

（4）广告的植入不要太硬核。

在你账号的运营过程中肯定是要变现的，可能是直播带货，接星图广告，短视频带货，值得注意的是广告的植入不要太硬核，要循序渐进。如果你违规了，不但你的视频上不了热门，而且还可能导致你的账号被限流，甚至被封号，后果很严重。

## ❖ 实训活动

**抖音推送机制实训**

一、实训目标

1. 熟练掌握抖音的推送机制。

2. 理解并掌握抖音推送机制的算法设计。

3. 理解推送机制在实际应用中的效果和作用。

二、实训内容

1. 抖音推送机制原理探究。

2. 推送机制算法设计分析。

3. 推送机制实际应用实践。

三、实训步骤

1. 收集和分析不同类型的抖音账号，了解其特点和目的。

2. 研究抖音的推送机制原理，了解用户画像、内容识别与分类、社交网络影响等方面的应用。

3. 分析抖音推送机制的算法设计，了解基于用户行为、内容质量和社交网络的算法设计方法。

4. 根据不同类型账号的特点和目标，制定合理的推送机制运用计划。

5. 实施计划，观察效果，并进行调整和优化。

四、实训报告

1. 报告应详细描述实训的过程和结果，包括对抖音推送机制的探究、算法设计分析以及实际应用实践。

2. 对实训过程中的问题和挑战进行总结，提出解决方案和改进建议。

3. 对实训效果进行评估，分析优点和不足，提出优化方案。

通过本次实训，希望学生能够深入理解并掌握抖音的推送机制原理和算法设计，理解推送机制在实际应用中的作用和效果，并能够根据不同类型账号的特点和目标，合理运用推送机制，提高抖音账号的影响力和效果。

# 任务测评

一、案例分析题

某抖音用户想通过抖音平台宣传自己的品牌，但是发现自己的视频播放量一直不高。请结合抖音平台推送机制，分析如何提高该用户的视频播放量。

## 二、选择题

1. 下列哪个选项是抖音平台的特点（　　）

   A. 内容质量高　　　　　　　　B. 用户黏性强

   C. 社交属性明显　　　　　　　D. 以上都是

2. 想要在抖音平台注册账号，需要先完成以下哪个步骤（　　）

   A. 下载抖音　　　　　　　　　B. 填写个人信息

   C. 注册账号　　　　　　　　　D. 以上都是

3. 抖音用户画像中，哪个性别在抖音平台上更活跃（　　）

   A. 男性　　　　　　　　　　　B. 女性

   C. 以上答案都不准确　　　　　D. 没有可比性

4. 以下哪个选项是提高抖音视频播放量的有效方法（　　）

   A. 关注热门话题　　　　　　　B. 邀请明星代言

   C. 增加视频时长　　　　　　　D. 以上都是

5. 抖音账号的分类中，以下哪个选项不属于其中之一（　　）

   A. 个人号　　　　　　　　　　B. 企业号

   C. 机构号　　　　　　　　　　D. 以上都是

6. 下列哪个选项不是抖音平台推送机制的依据（　　）

   A. 用户行为　　　　　　　　　B. 内容质量

   C. 社交关系　　　　　　　　　D. 以上都是

7. 抖音用户画像中，哪个地区在抖音平台上的用户数量最多（　　）

   A. 南方　　　　　　　　　　　B. 北方

   C. 中部　　　　　　　　　　　D. 西部

8. 下列哪个选项是提高抖音视频播放量的有效方法（　　）

   A. 提高视频质量　　　　　　　B. 关注热门话题

   C. 在其他平台宣传推广　　　　D. 以上都是

9. 抖音账号的功能开通方法中，以下哪个选项是错误的（　　）

   A. 申请官方认证　　　　　　　B. 完成实名认证

   C. 购买粉丝数量　　　　　　　D. 以上都是

10. 下列哪个选项是抖音平台的特点（　　）

    A. UGC 属性明显　　　　　　　B. PGC 属性明显

    C. 没有明显的属性特点　　　　D. 以上答案都不准确

### 三、简答题

1. 请简述抖音平台注册的步骤。
2. 请简要介绍抖音用户画像的主要特点。
3. 请简述如何提高抖音账号的粉丝数量。
4. 请简述抖音平台推送机制的基本原理。
5. 请简述抖音账号分类的主要依据和分类情况。

# 任务总结与评价

## ❖ 任务总结

### 任务目标

1. 能以小组形式，对学习过程和实训成果进行汇报总结。
2. 完成对学习过程的综合评价。

### 任务操作

以小组为单位，选择PPT、图片、海报、视频等形式中的一种或多种，向全班展示、汇报学习成果。汇报的内容应包括：

1. 抖音平台注册方法和注册方式。
2. 登录抖音平台并完成抖音功能设置。
3. 熟悉抖店开设的方法与准备。

## ❖ 任务评价

**学生综合评价表**

| 评价节点 | 评价指标 | 评价内容 | 评价主体 | 得分 |
| --- | --- | --- | --- | --- |
| 课前评价（10%） | 自学态度（5%） | 课前提问 | 教师 | |
| | | 提出回答问题次数 | 教师 | |
| | 自学行为（5%） | 是否上传学习笔记 | 教师 | |
| | | 是否完成课前测验 | 教师 | |
| | | 课前测验成绩 | 教师 | |
| 课中测评（60%） | 出勤状况（5%） | 是否迟到早退旷课 | 教师 | |
| | 师生互动（15%） | 提出回答问题次数 | 教师 | |
| | | 是否聆听教师和认真总结做好记录 | 教师 | |
| | | 是否参与小组讨论头脑风暴等互动活动 | 教师、学生 | |
| | 小组分工（15%） | 是否有明确合理的分工 | 教师、学生 | |
| | | 是否积极进行讨论探索 | 教师、学生 | |
| | | 是否在规定时间内完成组内任务 | 教师 | |
| 课中测评（60%） | 成果展示（25%） | 内容展示标准全面 | 教师、学生 | |
| | | 表达条理清晰，表达生动 | 教师 | |
| | | 课堂测验成绩 | 教师 | |
| 课后评价（30%） | 方案时效（10%） | 小组方案的实际应用效果 | 教师、学生 | |
| | 实践拓展（20%） | 能够按时完成实践作业 | 教师 | |
| | | 实践作业完成效果完成情况 | 教师 | |

# 工作领域二　账号风格定位与设计

## 任务背景

抖音作为一种新型的短视频平台，已经成为中国互联网文化产业的重要组成部分。它通过短视频、直播电商等形式，推动新型商业模式、消费习惯、生产链条和产业生态的发展，成为一种经济新常态，即"V经济"。抖音为内容生产者和产品经营者提供平台，达人和主播通过短视频、直播扩大自己的影响力，将产品触达到更多消费者。这种方式缩短了人与人之间的距离感，为中小商家提供了更多的生意机会，同时也为消费者提供了更加多样化的选择。

抖音账号定位和设计是其成功的重要因素之一。抖音账号的定位需要考虑到目标受众、内容类型和营销策略等因素。例如，如果是面向年轻人的账号，可以选择更加时尚、潮流的设计风格；如果是面向家庭用户的账号，可以选择更加温馨、亲切的设计风格。此外，抖音账号的内容也需要符合账号定位，并且要有独特的创意和亮点，吸引用户的关注和分享。

总之，抖音作为一种新型的短视频平台，对于国家经济的意义在于促进了新型商业模式、消费习惯、生产链条和产业生态的发展，为中小商家提供了更多的生意机会，同时也为消费者提供了更加多样化的选择。抖音账号定位和设计的重要性在于需要考虑到目标受众、内容类型和营销策略等因素，以吸引用户的关注和分享。

## 任务流程

1. 抖音账号定位。
2. 粉丝客户画像。
3. 抖音账号包装。
4. 账号养号攻略。
5. 优势与差异化定位。
6. 任务测评。

7. 任务总结与评价。

## 思政目标

1. 树立正确的抖音平台运营观念。
2. 培养不畏困难的精神。
3. 培养不断创新，实践能力。
4. 培养发现问题、解决问题的精神。
5. 培育积极进取的人生态度。

## 知识目标

1. 了解抖音平台的抖音账号定位意义。
2. 了解抖音平台中自身账号的优势与差异化定位。
3. 熟悉抖音平台的抖音账号包装和账号养号攻略。
4. 掌握抖音平台中自身账号的粉丝客户画像方法。

## 能力目标

1. 能够为自己的抖音平台完成粉丝客户画像。
2. 能够完成抖音账号包装和账号养号。
3. 能够掌握抖音自身账号的优势与差异化定位。

# 工作任务一　抖音账号定位

❖ **任务目标**

1. 能够正确认识抖音平台定位的关键。
2. 能够完成抖音平台的个人抖音账号定位。
3. 能够掌握抖音个人账号定位技巧。
4. 能够掌握抖音企业账号定位技巧。

## ❖ 任务背景

### 2600万！夸某串抖音全国首播刷新品类成交额纪录

2023年8月某，夸某炸串抖音全国首播正式宣告收官，最终夸某炸串以2600万成交额的成绩刷新小吃炸串品类纪录。登上抖音本地生活小吃快餐人气榜TOP1、全国美食周榜小吃炸串品类第一。夸某炸串与抖音的强强联合为行业打造了一个极具代表性的标杆案例。

**潮流感爆棚成为年轻人最喜欢的小吃炸串品牌**

夸某炸串与抖音"畅吃聚会日"联合打造的夜市主题直播间，深度契合当下年轻人最喜欢的生活方式，在场景中拉近与用户的距离。洞察年轻潮流趋势并在直播中以场景呈现的形式精准满足，成为本次直播成功的关键。

一直以来，夸某炸串始终以年轻潮流的品牌形象深受年轻用户喜爱，逐渐成为年轻人最喜欢的小吃炸串品牌。

**品质加身明星达人都爱的小吃炸串品牌**

夸某炸串先后被某星等明星直播间选品团队看中，并进入明星直播间热卖；本次直播中，世界女子跳水冠军胡某丹惊喜现身夸某夜市，与夸某炸串创始人袁某陆先生共话乐山美食，胡某丹在现场大口撸串，盛赞夸某炸串的巴掌大鸡排"每一口都Q弹拉丝、越吃越想吃"。要知道，运动员对于食物的要求极其之高，这也从侧面印证了夸某炸串的产品品质经得起最极致的验证。夸某炸串还吸引了密某君等一众头部达人主播，成为明星、达人、世界冠军都爱的小吃炸串品牌。

**线上线下积极联动公域私域畅通循环**

本次直播，抖音"畅吃聚会日"为夸某炸串提供了头部流量资源加持，在直播过程中，夸某炸串亦不断通过私域运营，为直播间源源不断地输送新用户；而夸某炸串近千家参与活动的线下门店在承接线上流量，服务消费闭环的同时，也为用户提供了再创作空间，反哺线上内容生态，持续影响更多的用户圈层。

通过这次直播，夸某炸串打通了公域——私域——门店的流量畅通循环链路，实现全域营销的落地。夸某炸串形成了一套打造"爆款"的业务体系，包括极致货盘的打磨、直播运营体系优化、用户和达人优质分享内容的裂变出圈、近千家门店统管的落地支撑等。夸某炸串通过线上线下的积极联动，持续扩传了品牌影响力与消费者心智渗透力，也为行业树立了全新标杆。

**赛道红利加持夸某引领行业新发展**

夸某炸串之所以能够超越一众品牌，登顶抖音全国美食周榜小吃炸串品类第一，还有以下三点原因：餐饮市场的强势复苏，炸物的成瘾性与夸某自身极致的品牌力、数字化能力和供应链能力——夸某炸串实现万店连锁的三驾马车。

国家统计局7月17日发布最新数据显示，2023年1—6月，全国餐饮收入24329亿元，同比增长21.4%。以夸某炸串为代表的小吃炸串行业头部品牌也跟随着赛道红利迎来了新的增长点。此外，夸某炸串的产品属性天然自带成瘾性，炸物因可促进多巴胺分泌传递兴奋及开心的信息，从而引发人类愉悦的感觉，始终被需求和喜爱。

这次直播是夸某炸串首次在抖音全国联动的直播，过往低调的背后是夸某持续修炼的"内功"。在快速实现2000家门店连锁之后，夸某炸串首次正式亮相抖音便为行业和消费者带来小吃炸串头部品牌的惊喜。我们有理由相信，在线上流量倾斜与线下餐饮赛道红利的双重加持下，小吃行业的发展会更加蓬勃昌盛，为消费复苏与人民幸福感提升持续贡献力量。以夸某炸串为代表的头部品牌也会在风口之上迎来新的增长点。

（案例来源：中国青年网，经删减整理）

**请思考** 夸某炸串的成功是否只是偶然？成功的营销策略体现在哪里？我们在做抖音时要如何更好地提升人气？

## ❖ 任务操作

抖音账号定位的重要性和意义在于，它可以帮助账号明确自己的目标受众、内容类型和营销策略等因素，从而提高账号的曝光率和粉丝转化率，增加账号的商业价值。例如，一个美食账号可以通过定位"健康美食"来吸引关注健康饮食的年轻人群体，并在内容中注重营养搭配和烹饪技巧，提高用户黏性和转化率，从而实现商业变现。另外，一个美妆账号可以通过定位"时尚美妆"来吸引关注时尚潮流的年轻女性群体，并在内容中注重产品试用、妆容教程和时尚穿搭，提高用户黏性和转化率，从而实现商业变现。因此，抖音账号定位对于账号的发展具有非常重要的意义。

### 一、账号定位的关键

抖音账号定位是抖音营销中非常关键的一步，它直接关系到账号的受众群体、内容类型和商业变现等方面。下面将从五个方面详细介绍如何进行抖音账号定位。

#### 1. 选择赛道切入

在选择赛道切入时，需要考虑自己的兴趣、专业知识和市场需求等因素。如果你是一个音乐爱好者，可以考虑以音乐为主题的账号；如果你对时尚有深入了解，可以考虑以时尚为主题的账号。选择赛道切入后，需要对该领域进行深入研究，了解该领域的热点、趋势和用户需求等，为后续的账号定位打下基础。想要选好赛道就需要先了解账号所属类型。

随着短视频和全民直播的普及化，越来越多的用户开始入驻抖音这个平台。

而现如今，各种短视频的制作教程和专业工具的出现，也让很多人开始自己创作短视频进行发布宣传，其中包括个人、品牌方、传统企业以及各大官方媒体等；而如何选择适合于自身的账号和内容进行制作宣传，就成为了运营抖音的首要关键，下面就盘点一下抖音目前的主要账号类型有哪些。

（1）知识分享类

这一类账号以知识输出为主，是靠知识吸粉，多为教学、科普类的账号。涉及的领域众多，比较适合于自身具备某项专业知识的用户，其视频表现形式也很多样。但是这类账号目前在抖音平台中还是比较多的，所以用户对于知识的储备和输出方式，也越来越考究。

（2）搞笑段子类

你可以记下自己刷抖音的大多数时间，是不是都是在饭后、下班后、睡觉前等碎片化的时间？而这个时间用户是用来放松和娱乐的，所以搞笑内容则是承担的主力。如果你的视频能让观看的人笑，就说明你成功了，点赞转发就成了顺其自然的一种奖赏表达。用自己的点赞转发视频的有趣买单。搞笑类内容视频是所有人都适用的广泛娱乐类型。

（3）生活类

视频内容拍摄形式非常简单，通常都是以其个人为主人公，在日常生活的一些场景中以富于感染力的语言讲述一些家庭、工作生活的场景或者具有哲理性的话，向人们传递正能量，核心之处就是引起用户内心的情绪，产生共鸣。

（4）好物分享类

此类账号其实大部分都是前面三种账号的转型而成，其门槛较高，需要有一定的粉丝和流量基础，通过短视频和直播的形式来进行带货分享。而产品种类大部分是以日用快消品为主，包括美妆、食品、家居用品、洗护用品以及各种平时家里会使用到的产品。

（5）产品宣传类

这类账号在抖音的入驻门槛是比较低的，只需要用营业执照认证企业号即可，大部分都是一些企业或者工厂，唯一需要考究的就是视频的制作，比如：真人出镜、产品讲解、案例展示等，通过多维度的视频内容更好地展示自己的产品，让用户认可，再通过抖音店铺或者引流至线下来变现。

2.确定账号功能价值

要问自己两个问题：能为观众提供什么服务？带来什么价值？功能价值就是，对观众来说，我的账号可以带给他们什么，对他们有什么好处，能提供什么服务。简单来说，给观众一个关注账号的理由。

举例来说功能价值可以是：
- 教你做好吃的菜
- 教你买便宜优质的产品
- 教你生活小妙招
- 推荐一些本地好吃好玩的攻略
- 介绍各地风土风情
- 测评热门产品避免踩坑
- 和你分享创业经验
- 为你免费提供理财建议
- 表演才艺、段子给你看

3. 找到人设定位

在确定账号定位后，需要找到与之匹配的人设定位。人设定位是指账号主人公的形象、性格、语言风格等方面的定位。通过人设定位可以让观众更容易地认识和记住账号，提高账号的辨识度和影响力。在找到人设定位后，需要注意保持一致性，避免频繁更换人设，否则可能会影响账号的稳定性和受众认可度。

（1）从行业领域入手。

就是说你可以从自己所从事的行业的领域来给自己的抖音账号做定位。具体就是你从事的是哪个行业，你的内容就可以发布跟自己行业相关的。

比如你是做护肤行业的，那就可以发布一些和护肤有关的内容；如果你是做高中课程的，就可以去发布一些课程知识。总的来说，就是你得发布一些有用的干货，让别人觉得你的账号是有用的。

（2）从针对人群入手。

就是说你想要吸引哪个群体的粉丝就把账号定位到哪一个人群。就比如说你想吸引大学生群体，那你就可以发布一些大学生喜欢的内容，像热门电视剧、偶像新闻、大学生创业项目等大学生感兴趣的东西。

就是要根据你针对的人群的喜好去确定内容做账号，你这个账号的定位一定要非常精准和垂直。

（3）从自己本身入手。

就是从自己本身给账号定位。如果你是一个有颜值、有歌声、有舞艺的人，或者是有才能的人，那么可以打造属于自己的个人IP定位，让自己先火起来，然后再让流量变现，可以通过卖货、接广告等方式赚钱。

（4）也可以从观众如何看你的三个角度出发找到人设定位：

①仰视

通常情况下，打造仰望型的人设有三个要素：一是人设/角色有突出的品格；二是经历稀缺，难以复制；三是在专业领域有一技之长。例如：偶像、导师、男神、女神等。

②平视

平视型人设通常是优点与缺点并存的普通人，也是生活中交集最多的人，如同学、同事、亲戚、闺蜜、家人、伴侣等等。例如：闺蜜、朋友、同事等。

③俯视

俯视型人设更多是娱乐、服务观众的存在，接地气，没有什么偶像包袱，常通过扮丑、反串等演绎来达到搞笑的效果。例如：服务搞笑、反串等。

4.打造高辨识度

在抖音平台上，高辨识度是非常重要的。通过独特的视频内容、独特的视觉效果和独特的声音效果等方式，可以让账号在众多账号中脱颖而出，吸引更多的关注者。同时，需要注意保持账号的风格和主题的一致性，避免频繁变换风格和主题，否则可能会让观众感到困惑和失望。

所谓的辨识度就是，"好看的皮囊千篇一律，有趣的灵魂万里挑一"，在设计人设/角色的时候，需要有能让观众印象深刻的"点"，观众才能真正记住这个人物、记住这个账号。打造人设的辨识度可以从人物性格、经历、穿搭、口头禅（高频词）这四个方面入手。

5.形成账号描述

账号描述是指账号的简介和介绍，是让观众了解账号的第一步。在形成账号描述时，需要注意突出账号的特点和优势，同时要简洁明了，让观众能够快速了解账号的内容和主题。同时，需要注意避免夸大其词，以免引起观众的反感和不信任。

6.参考竞品优化

在进行抖音账号定位时，需要参考竞品的优化情况。通过分析竞品的账号定位、内容类型、视觉效果和声音效果等方面的优化情况，可以为自己的账号定位提供参考和借鉴。同时，需要注意避免直接抄袭，要根据自己的实际情况进行优化和改进，以确保账号的独特性和竞争力。

工作领域二　账号风格定位与设计

账号　　　　　　　　　　用户

播主特点
性别、年龄、地域、颜值、经历、专业……

账号定位
提供哪些功能、服务、价值

观看心态
求知、种草、猎奇、窥视、偷懒、找乐……

交流方式
传授、教你、分享、吐槽、演绎、逗乐……

情感性质
观众是仰望、平视还是俯视你

用户群体画像
性别、年龄段、城市、收入、学历、婚育……

人格属性
性格、喜好、特长、穿搭、口头禅

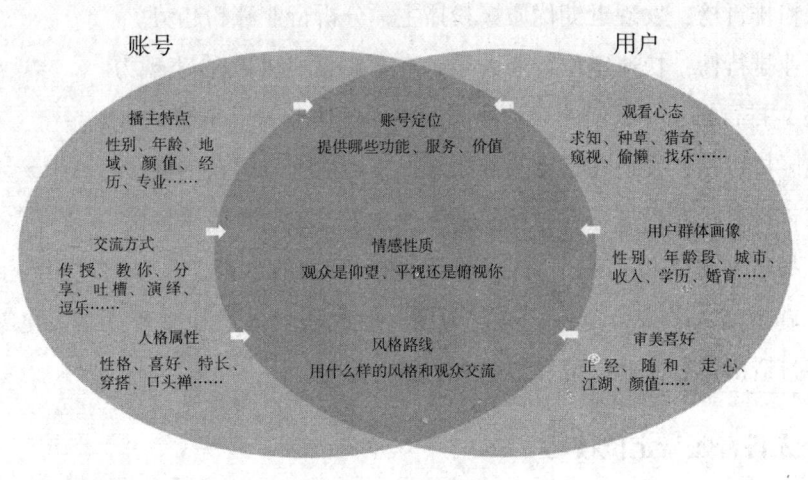

风格路线
用什么样的风格和观众交流

审美喜好
正经、随和、走心、江湖、颜值……

图 2-1　账号描述

图 2-2　数据分析

想要找到合适的对标账号，可以打开飞瓜数据、蝉妈妈等辅助软件的【主播排行榜】，选择相应的榜单，选择想要查看的行业，就可以找到该类型的优质账号。根据不同的需求，也可以查看不同的榜单来查找对标账号：

（1）涨粉排行榜：发现近期优质爆粉播主，分析行业涨粉趋势。

（2）行业排行榜：快速定位行业大号，查看KOL近期综合表现力。

（3）蓝V排行榜：寻找潜力企业账号，学习优质蓝V运营模式。

（4）地区排行榜：发现各省市头部账号，找到地方号运营的参考。

（5）成长排行榜：挖掘综合运营实力强劲播主，更适合新手借鉴。

总之，抖音账号定位是一个需要认真思考和策划的过程。只有通过深入了解自己的定位需求、赛道切入、人设定位、高辨识度、形成账号描述和参考竞品优化等方面的工作，才能够打造出具有商业价值和影响力的抖音账号。

## 二、个人抖音账号定位技巧

在抖音这个快速发展的社交平台中，拥有一个好的账号定位对于个人号的发展至关重要。然而，在如此庞大的用户群体中，如何找到自己的目标用户并提升自己的曝光度呢？本任务将从多个角度详细介绍个人号如何做抖音账号定位。

**1. 选择明确的内容方向**

强大的内容是抖音账号成功的基础。针对自己的特长、爱好或者是某个特定的领域进行深入探索，符合用户需求的内容才能让你获得更多的关注和点赞。在拥有一定话题优势的情况下，更容易吸引和留住自己的目标用户。

**2. 具备独特的风格和气质**

为了让更多的用户引起共鸣，个人号需要在内容和形式上进行创新和突破。例如，可以选择某一特定风格进行风格定位，维护自己的专属特色，这样往往能够更加容易地被用户所记住。依据自身的独特气质，能够更好地呈现自己的特点和思想，赢得更多的粉丝。

**3. 选择合适的平台推广**

在定位自己在抖音中的位置的时候，要把握好推广平台。如今，抖音已经成为大众疯狂追捧的社交平台，但并非所有的频道都能够适合个人号的推广。基于自身的定位，选择合适的频道进行推广和宣传，以取得更多的关注度和曝光度。

**4. 维持积极的互动**

除了不断为受众提供有价值的内容之外，积极地与受众互动也是个人账号定位的重要方面。无论是回复评论还是开展观众互动活动，互动性能够更好地增进用户之间的信任度和好感度，提升自己的人气和影响力。

**5. 坚持不懈、持续发力**

任何一项事业的成功都不是一蹴而就的，个人号也是如此。要想在抖音上获得成功，需要坚持不懈、持续发力。从内容的制作到平台的推广，针对不同的地区、时间段进行合理的发布，才能够真正掌握好账号的运营节奏和脉搏。

个人号的抖音账号定位不仅需要在制作内容上不断地与时俱进，也需要在互动和沟通中加强人际关系，打造自己的粉丝群体。通过如上的前期规划和不断的后期维护，相信你一定能够打造出自己的成功抖音账号，实现自己的社交价值和布局。

### 三、企业抖音账号定位技巧

抖音是目前较流行的短视频社交平台之一，越来越多的企业开始关注并尝试在上面进行品牌推广和营销。企业IP定位指的是将企业的品牌形象和推广目标与抖音的用户群体进行匹配，以便更精准地传达品牌信息，提升品牌认知度和影响力。以下是一些关于如何做好企业IP定位的建议：

1. 了解目标用户群体

企业需要了解抖音上的用户群体，主要包括年龄、性别、地域、兴趣爱好等，以便更好地理解他们的需求和心理，进而更好地推出符合他们口味的内容。

2. 制定营销策略

企业应该根据抖音上的用户特点，确定适合该平台的品牌形象和营销策略。例如，通过制作亲民、有趣、有启发性的视频来吸引用户，增加品牌关注度。

3. 持续优化内容

企业需要不断关注用户对品牌营销内容的反馈和评价，根据反馈和评价的情况来调整内容，改进营销策略，让品牌形象更符合用户期望。

4. 拉拢明星资源

抖音上出现了大量的网络红人和明星，他们可以成为企业推广的重要资源。企业可以与明星合作，制作与品牌形象相符合的视频，获得更多用户的关注和转发。

总之，企业IP定位需要以用户需求为核心，通过深入了解用户和持续优化内容来实现品牌的精准传播和营销。

表2-1 账号定位梳理表

| 账号定位梳理表 ||||||||
|---|---|---|---|---|---|---|---|
| 基础定位 | 带货方式 | □直播带货 | 直播方式 | □平播 | 年龄段 | □18-23 |
| ::: | ::: | ::: | ::: | □秒杀 | ::: | □24-30 |
| ::: | ::: | □短视频带货 | 视频展示方式 | □口播 | ::: | □31-40 |
| ::: | ::: | ::: | ::: | □展示 | ::: | □41-49 |
| ::: | 货品来源 | □工厂主 | ::: | □剧情 | ::: | □50+ |
| ::: | ::: | □批发商 | ::: | □图片轮播 | 账号类型 | □人设账号 |
| ::: | ::: | □市场拿货 | 年龄段 | □18-23 | ::: | □垂直账号 |
| ::: | ::: | □线上代销 | ::: | □24-30 | ::: | □品牌账号 |
| ::: | ::: | □无货源 | ::: | □31-40 | ::: | □尾货账号 |
| ::: | 产品客单价 | □0-50 | ::: | □41-49 | ::: | □风格账号 |
| ::: | ::: | □50-100 | 客户属性 | □50+ | 头像 | □品牌名称 |
| ::: | ::: | □100-300 | ::: | □男 | ::: | □品牌LOGO |
| ::: | ::: | □300+ | ::: | □女 | ::: | □真人头像 |
| 人设定位 | 服饰 | □穿搭达人 | 美妆 | □美妆博主 | 美食 | □吃货探店 |
| ::: | ::: | □工厂主老板娘 | ::: | □美妆商家 | ::: | □美食专家 |
| ::: | ::: | □设计师 | ::: | □护肤专家 | ::: | □烹饪达人 |
| ::: | 生活百货 | □行业专家 | 珠宝玉石 | □剧情主播 | 对标账号 | □源头农人 |
| ::: | ::: | □源头商户 | ::: | □鉴赏专家 | ::: | |
| ::: | ::: | □测评达人 | ::: | □源头商户 | ::: | |

❖ 实训活动

**如何利用抖音账号定位技巧提高账号曝光率和转化率？**

一、任务目标

1. 了解抖音账号定位的重要性和意义。

2. 掌握抖音账号定位的技巧和方法。

3. 学会利用抖音账号定位技巧提高账号曝光率和转化率。

二、任务步骤

1.确定账号的目标受众：分析自己的兴趣爱好、职业、年龄、性别等因素，确定自己的目标受众。

2.研究竞争对手：了解同行业的账号，分析其定位、内容类型、营销策略等方面，找出自己的优势和劣势。

3. 选择内容类型：根据账号的目标受众和竞争对手的情况，选择适合的内容类型，如短视频、直播、图文等。

4. 制定营销策略：根据账号定位和内容类型，制定相应的营销策略，如宣传、推广、合作等。

5. 优化账号内容：根据目标受众和竞争对手的需求，优化账号内容，提高内容质量和吸引力。

6. 监控账号表现：定期监控账号表现，分析账号的曝光率、粉丝增长率和转化率等数据，根据数据调整账号定位和内容策略，提高账号的曝光率和转化率。

三、实训任务要求

1. 完成抖音账号定位的相关知识学习。

2. 根据以上步骤制定账号定位策略。

3. 完成账号内容的制作和发布。

4. 根据账号表现数据，调整账号定位和内容策略。

四、实训任务评估

1. 账号定位策略是否符合目标受众和竞争对手的需求。

2. 账号内容质量和吸引力是否提高。

3. 账号曝光率和转化率是否提高。

五、实训任务总结

通过抖音账号定位技巧的学习和实践，可以提高账号的曝光率和转化率，增加账号的商业价值。在实际应用中，需要不断调整和优化账号定位策略和内容策略，才能取得更好的效果。

# 工作任务二　粉丝客户画像

## ❖ 任务目标

1. 能够正确认识抖音平台精准客户画像。

2. 能够理解和掌握构建用户画像的方法。

3. 能够掌握抖音个人账号客户画像逻辑。

4. 能够掌握企业账号客户画像逻辑。

## ❖ 任务背景

**平均月销超千万，抖音香氛类目Top1，祖某珑是如何做私域的？**

近年来，随着"嗅觉经济"的崛起，香水品牌竞争也进入了"白热化"阶段。国内香水市场规模逐渐扩大，品牌竞争也呈现出"白热化"。尽管国产品牌这两年表现尚可，不少品牌都取得不错的成绩，但从今年618榜单来看，国际大牌一如既往占领高地。面对国内的消费者，这些国际品牌十分懂得营销和运营的策略。例如今年618香水预售榜单第一的"祖某珑"，就深谙此道。

图2-3 产品展示

在2014年刚进入中国时，祖某珑就意识到社交媒体的重要性。逐步开始在微博、抖音、小红书等社交平台上推广，并针对主推产品的不同选择相应的大V或KOL来合作，逐渐占领消费者心智。2021年，祖某珑淘宝月平均销售额都在千万元以上；2023年初，祖某珑抖音官方旗舰店跃升为香氛类目销售第一名。

（案例来源：中国青年网，经删减整理）

**请思考** 祖某珑的成功是否只是偶然？成功的用户定位是否重要？

## ❖ 任务操作

### 一、精准客户画像

#### 1.精准客户画像的概念

精准客户画像是指通过数据分析和挖掘，对客户的基本信息、消费行为、兴趣偏好等方面进行综合分析，形成客户画像，以便更好地了解客户的需求和喜好，并制定相应的营销策略。

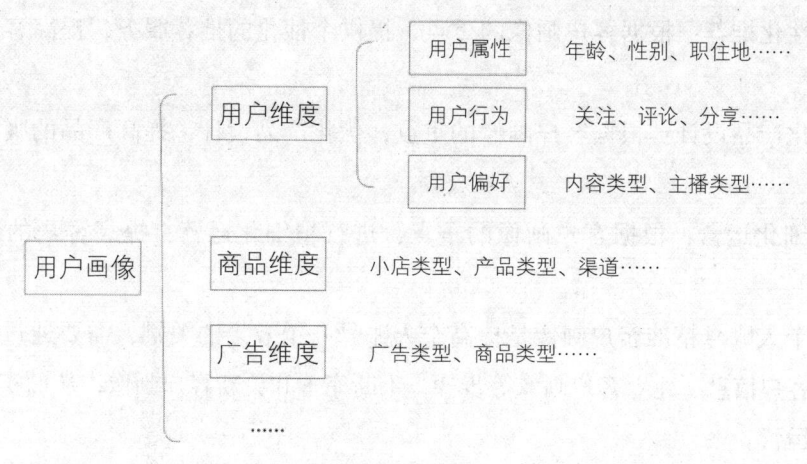

```
                    ┌─ 用户属性    年龄、性别、职住地……
         ┌─ 用户维度 ─┼─ 用户行为    关注、评论、分享……
         │          └─ 用户偏好    内容类型、主播类型……
用户画像 ─┼─ 商品维度    小店类型、产品类型、渠道……
         │
         ├─ 广告维度    广告类型、商品类型……
         │
         └─ ……
```

图 2-4　用户画像

**2. 精准客户画像的重要性**

（1）提高营销效果：通过精准客户画像，可以更加精准地了解客户的需求和喜好，从而制定更加精准的营销策略，提高营销效果。

（2）增加客户黏性：通过精准客户画像，可以更好地了解客户的需求和喜好，从而提供更加个性化的服务和推荐，增加客户黏性。

（3）提高客户满意度：通过精准客户画像，可以更好地了解客户的需求和喜好，从而提供更加符合客户需求的服务和推荐，提高客户满意度。

## 二、抖音个人账号客户画像逻辑

**1. 个人账号精准客户画像的构建**

（1）收集客户信息：通过各种渠道收集客户信息，包括客户的基本信息、消费行为、兴趣偏好等方面。

（2）分析客户信息：对收集到的客户信息进行分析，了解客户的需求和喜好，确定客户画像的重点。

（3）建立客户画像：根据客户画像的重点，建立客户画像，包括客户的基本信息、消费行为、兴趣偏好等方面。

（4）不断更新客户画像：客户画像不是一成不变的，需要根据客户的变化和需求不断更新和完善。

**2. 个人账号精准客户画像的应用**

（1）精准投放广告：根据客户画像的重点，精准投放广告，提高广告的转化率和ROI。

（2）个性化推荐：根据客户画像的重点，提供个性化的推荐服务，提高客户的满意度和忠诚度。

（3）优化产品设计：根据客户画像的重点，优化产品设计，提高产品的吸引力和竞争力。

（4）精细化运营：根据客户画像的重点，进行精细化运营，提高客户的黏性和留存率。

总之，个人账号精准客户画像是提高个人账号营销效果的关键，需要通过收集客户信息、分析客户信息、建立客户画像等步骤，不断完善和更新客户画像，从而实现精准营销和精细化运营。

### 三、抖音企业账号客户画像逻辑

随着抖音用户数量的不断增加，越来越多的企业开始在抖音平台上开设账号，以便更好地推广品牌和产品，吸引更多的精准客户。然而，要想在抖音平台上取得成功，企业需要了解自己的目标客户，并制定相应的营销策略。下面介绍如何构建精准客户画像，打造企业账号的核心竞争力。

1. 企业账号精准客户画像的构建

（1）收集客户信息：通过各种渠道收集客户信息，包括客户的基本信息、消费行为、兴趣偏好等方面。

（2）分析客户信息：对收集到的客户信息进行分析，了解客户的需求和喜好，确定客户画像的重点。

（3）建立客户画像：根据客户画像的重点，建立客户画像，包括客户的基本信息、消费行为、兴趣偏好等方面。

（4）不断更新客户画像：客户画像不是一成不变的，需要根据客户的变化和需求不断更新和完善。

2. 企业账号精准客户画像的应用

（1）精准投放广告：根据客户画像的重点，精准投放广告，提高广告的转化率和ROI。

（2）个性化推荐：根据客户画像的重点，提供个性化的推荐服务，提高客户的满意度和忠诚度。

（3）优化产品设计：根据客户画像的重点，优化产品设计，提高产品的吸引力和竞争力。

（4）精细化运营：根据客户画像的重点，进行精细化运营，提高客户的黏性和留存率。

3.企业账号精准客户画像的注意事项

（1）客户画像要真实可信：客户画像的建立必须基于真实的客户信息，否则会影响营销效果。

（2）客户画像要不断更新：客户画像不是一成不变的，需要根据客户的变化和需求不断更新和完善。

（3）客户画像要与实际营销策略相匹配：客户画像只是营销策略的基础，需要结合实际营销策略进行调整和优化。

总之，企业账号精准客户画像是提高企业账号营销效果的关键，需要通过收集客户信息、分析客户信息、建立客户画像等步骤，不断完善和更新客户画像，从而实现精准营销和精细化运营。同时，企业账号精准客户画像也需要注意真实可信和不断更新等问题，以确保客户画像的有效性和可靠性。

## 四、构建用户画像的方法

构建用户画像是自媒体运营过程中非常重要的一个环节。了解自己的用户画像，可以让自媒体账号更加有针对性地提供内容，吸引更多的粉丝，增加互动和转化。以下是一些关于如何做好用户画像的建议。

1. 调查分析

首先需要调查分析自媒体账号的受众，了解他们的年龄、性别、地区、职业等基本信息，同时还需要深入了解他们的需求、兴趣爱好、消费习惯、社交行为等方面的信息。

2. 数据分析

通过数据分析工具，如 GoogleAnalytics、百度统计、微信公众号数据等，可以获取大量的用户数据，从而更加清晰地了解受众的行为模式、关注点、活跃度等方面。

3. 社交媒体

通过社交媒体平台，如微信、微博、抖音、快手等，可以了解用户的实时动态，包括点赞、评论、分享等。这些信息可以为用户画像提供更为全面的数据。

4. 调查问卷

可以通过在线调查问卷等方式，向用户征求意见和反馈，了解他们对自媒体账号的看法、期望和建议，这对于了解用户需求和提升用户体验具有重要意义。

5. 客户端

通过用户客户端，如小程序等，可以了解用户的使用习惯、行为模式、需求变化等，从而更加精准地调整内容策略。

图 2-5　媒体展示

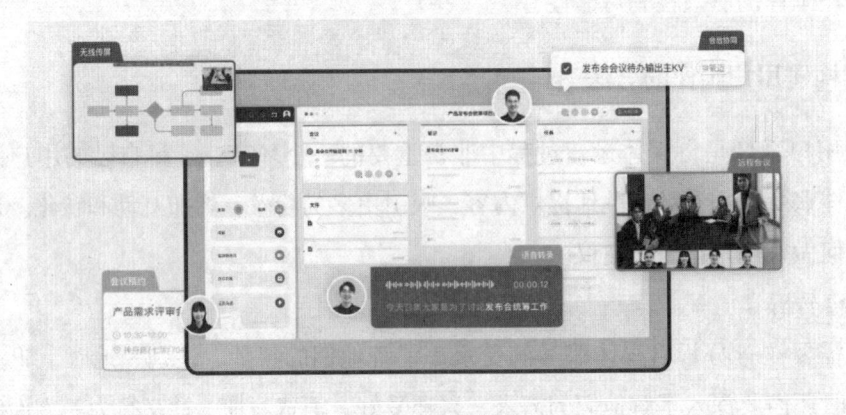

图 2-6　客户端

用户画像是自媒体运营过程中不可或缺的一环。通过了解受众的需求和行为特征，可以更好地制定内容策略，提高自媒体账号的影响力和用户黏性，实现更好的商业价值。

## ❖ 实训活动

**绘制自己的抖音个人账号精准客户画像**

实训要求

首先，你需要了解自己的抖音个人账号，包括账号名称、头像、简介、粉丝数量、内容类型等方面的信息。

其次，你需要收集自己账号的相关数据，包括粉丝的性别、年龄、地域、兴趣偏好等信息。可以通过抖音的数据分析工具或第三方数据分析平台来获取这些数据。

接下来，你需要根据收集到的数据，绘制自己的抖音个人账号精准客户画像。画像应该包括以下几个方面：

（1）基本信息：包括账号名称、头像、简介等方面的信息。

（2）粉丝画像：包括粉丝的性别、年龄、地域、兴趣偏好等信息。

（3）内容类型：包括账号发布的内容类型，以及受众的喜好和需求。

（4）营销策略：基于精准客户画像，制定相应的营销策略，包括内容创作、粉丝互动、广告投放等方面。

（5）数据分析：对绘制的精准客户画像进行数据分析，评估其准确性和实用性。

你正需要撰写一份实训报告，总结自己的实训过程和心得体会，包括实训中遇到的问题和解决方案、实训中的收获和启示等方面的内容。

最后，定期监控账号表现，分析账号的曝光率、粉丝增长率和转化率等数据，根据数据调整账号定位和内容策略，提高账号的曝光率和转化率。

## 工作任务三　抖音账号包装

### ❖ 任务目标

1. 能够正确认识抖音账号包装的意义。
2. 能够理解和掌握设置抖音头像、昵称、背景墙、添加标签。
3. 能够掌握抖音账号简介撰写技巧。
4. 能够理解抖音高质量短视频和粉丝互动的重要性。

### ❖ 任务背景

**FBIF 联合抖音电商举办线下沙龙，邀请 50+ 品牌共探冰饮趋势**

高温酷暑之下，冰饮，借着天然的"降温"属性，成了季节的宠儿。对于购买冰饮，大家似乎也变"懒"了，电商平台借助其便捷的购物体验和年轻属性，成为传统渠道之外的冰饮新消费阵地。当消费渠道变革，冰饮的未来趋势如何？品牌如何在电商平台实现"长"增长？

8 月 4 日，FBIF 联合抖音电商邀请了可口可乐、农夫山泉等 50+ 冰饮品牌高层，举办了《探索冰饮里更多的"夏天"》主题沙龙，由抖音电商品牌业务食品健康行业负责人唐敬贤、英敏特亚太区洞察研究资深副总裁徐如一、凯度消费者指数中国区商务总经理李嵘分别分享了抖音电商助力品牌实现增长的平台布局、行业和细分赛道的冰饮趋势。现场，抖音电商食品健康行业还分享了《夏日冰饮季冰饮趋势洞察报告》，到场品牌通过

"头脑风暴"的形式，探讨了冰饮产品创新的更多可能。

（案例来源：http://app.myzaker.com/news/article.php？pk=64d18dfd8e9f0901ee0271c8，经删减整理）

**请思考** 本次活动对抖音商家的意义是什么？抖音账号的包装过程中需要注意什么？

## ❖ 任务操作

抖音账号包装是指通过对账号的设计、内容制作、营销策略等方面进行优化，提升账号的吸引力和影响力，从而吸引更多的粉丝和用户，提高品牌知名度和销售业绩。抖音账号包装的重要性和意义在于：一方面，抖音已成为年轻人最喜爱的短视频平台之一，拥有庞大的用户群体和强大的传播效应，通过抖音账号包装可以更好地吸引用户关注，提高品牌曝光度和知名度；另一方面，抖音账号包装可以提高用户的黏性和忠诚度，让用户更加喜欢和信任品牌，从而促进销售和业务增长。因此，抖音账号包装是企业在抖音平台上推广品牌和产品的重要手段之一。

随着抖音用户数量的不断增长，越来越多的人开始关注如何通过抖音账号包装来打造个人IP，实现快速冷启动。本任务将从抖音账号包装的七个方面入手，为你详细介绍抖音账号包装的技巧和方法。

### 一、如何设计吸引人的抖音头像

抖音账号的头像是用户第一眼看到的东西，因此它的设计非常重要。一个好的头像能够让用户对你的账号产生好感，并且增加用户对你的信任感。以下是一些设计头像的技巧：

（1）选择高清晰度的图片。抖音的推荐算法会优先推荐高清晰度的图片。

（2）选择符合自己风格的图片。头像应该能够反映出自己的个性和特点。

（3）避免过于花哨和复杂的图片。简单明了的图片更容易被用户接受。

（4）按照步骤更换头像，介绍一下具体的操作步骤：

①第一步打开手机中的【抖音】，点击【我】选项。

②第二步进入【我】页面后，点击【头像】图标。

③第三步打开头像后，点击【更换】选项。

④第四步在弹出的菜单栏中，点击【相册选择】选项。

⑤第五步在跳转的页面中，找到并勾选想要设置的头像，点击【确定】选项。

⑥最后按照需求调整头像大小、位置，点击【完成】选项即可。

## 二、如何取印象深刻的抖音昵称

抖音账号昵称是用户与你建立联系的第一步，因此它的设计非常重要。一个好的昵称能够让用户记住你的账号，并且增加用户对你的信任感。以下是一些取昵称的技巧：

（1）简短易记。昵称应该简短易记，方便用户记住和搜索。

（2）与账号内容相关。昵称应该与账号内容相关，能够让用户更加理解你的账号。

（3）避免过于花哨。过于花哨的昵称容易引起用户的反感。

## 三、如何设计与账号定位相关的背景墙

抖音账号背景墙是用户进入账号后看到的第一个画面，因此它的设计非常重要。一个好的背景墙能够与账号定位相关，增加用户对你的信任感。以下是一些设计背景墙的技巧：

（1）与账号定位相关。背景墙应该与账号定位相关，能够让用户更好地了解你的账号。

（2）与账号内容相关。背景墙应该与账号内容相关，能够让用户更加理解你的账号。

（3）避免过于花哨。过于花哨的背景墙容易引起用户的反感。

图 2-7　抖音背景

## 四、如何写吸引人的抖音账号简介

抖音账号简介是用户了解你的账号的第一步，因此它的设计非常重要。一个好的简介能够吸引用户的注意力，并且让用户更好地了解你的账号。

写简介的技巧如下：

1. 简洁明了。简介应该简洁明了，能够让用户更快地了解你的账号。

2. 与账号内容相关。简介应该与账号内容相关，能够让用户更好地了解你的账号。

3. 突出重点。简介应该突出重点，能够让用户更好地了解你的账号。

账号的简介其实就相当于一个个人名片，你写得越用心，得到的流量和曝光就可能越多，当然想要抖音账号快速涨粉，个人简介只是冰山一角。还有，就是一定要留意，在账号初期阶段，个人简介中不要放本人联系电话、微信号码、QQ、手机号等，那样的账户，权重值很难上来，更严重的就是，账号可能会被限流。

### 五、标签：如何为账号添加相关标签

抖音标签是用户搜索账号时使用的关键词，因此它的设计非常重要。一个好的标签能够增加用户对你的信任感，并且让用户更容易找到你的账号。

（1）与账号定位相关。标签应该与账号定位相关，能够让用户更好地了解你的账号。

（2）与账号内容相关。标签应该与账号内容相关，能够让用户更好地了解你的账号。

（3）避免重复。标签应该避免重复，能够让用户更好地了解你的账号。

1. 视频打标签

（1）标题带标签

在短视频发布的时候，除了添加的标题带有关键词外，还可以多添加几个话题标签，包括一个核心关键词、2—4个相关关键词等。相关关键词建议采用搜索量比较高的相关词，用户关注度比较高，也有利于提升搜索排名。

如果不知道什么样的相关词搜索量比较高，可以借助工具提供的选词助手，搜索核心关键词，就会根据搜索量或播放量的高低，挖掘出一批有价值的相关关键词，从中选择几个即可。

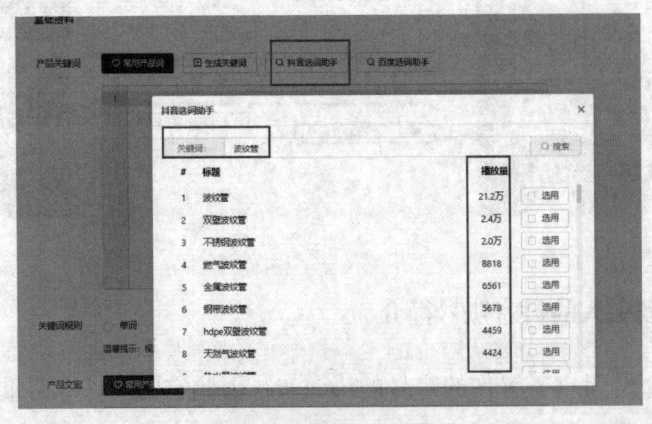

图 2-8 搜索结果展示

（2）封面打标签

很多人不太重视封面文字的添加，其实，封面添加的文字，短视频平台也是能够识别的，有利于提升用户的体验度，让用户第一时间对于作品有一个大致的了解，同时也有利于账号标签的打造。

工具提供短视频封面制作功能，支持电脑操作，提供封面文字添加功能，还可以修改文字的字体、大小、颜色等。

图 2-9　封面设置页面

（3）内容打标签

视频内容打标签，在视频内容讲解的配音文案中添加标签关键词，在合理的位置尽可能多添加几次，有利于提升作品关键词的搜索排名，同时也有利于账号标签的打造。

图 2-10　打标签页面

（4）同类作品保持更新

现如今，抖音、快手等各大短视频平台，对于垂直领域的账号更加青睐，对于此类账号发布的作品，会给予更多的推送，也有利于提升标题关键词的搜索排名，同时对于新账号而言，也有利于更快地形成账号标签。

但是，很多人存在这样的问题，对于同类作品的创作发布，在制作一两周后，就很难再创作出新的同类作品，因此难以保持同类作品的长期更新。如何解决这个问题呢？

其实，你可以借助短视频混剪制作批量生成的工具，只需要提供一批同类型的视频素材或图片素材，借助工具的其他功能，就可以生成大量优质的同类型原创作品。

### 六、视频内容：如何制作高质量的抖音短视频

抖音短视频是账号的核心内容，因此它的设计非常重要。一个好的视频能够吸引用户的注意力，并且让用户更好地了解你的账号。以下是一些制作高质量短视频的技巧：

（1）内容有价值。视频应该有价值，能够吸引用户的注意力。

（2）制作精良。视频应该制作精良，能够让用户更好地了解你的账号。

（3）与账号定位相关。视频应该与账号定位相关，能够让用户更好地了解你的账号。

表 2-2　短视频内容优化分析表

| 短视频内容优化分析 ||||||||
|---|---|---|---|---|---|---|---|
| 视频标题 | 完播率 | 总播放量 | 直播新增播放量 | 导流人数 | 视频进入率 | 分析与建议 |
|  |  |  |  |  |  |  |
|  |  |  |  |  |  |  |
|  |  |  |  |  |  |  |
|  |  |  |  |  |  |  |

### 七、互动：如何与用户进行互动

抖音账号的互动是增加用户对你的信任感和忠诚度的重要途径。以下是一些与用户进行互动的技巧：

**1.回复评论**

回复评论能够增加用户对你的信任感，并且让用户更好地了解你的账号。

**2. 发布活动**

发布活动能够增加用户对你的信任感，并且让用户更好地了解你的账号。

**3. 参与话题**

参与话题能够增加用户对你的信任感，并且让用户更好地了解你的账号。

以上是抖音账号包装的七个方面，希望能够为你提供一些有用的参考。当然，要想真正掌握这些技巧，需要不断地实践和总结。

## 八、账号包装案例拆解分析

**1. 抖音账号案例成功过程分析**

（1）案例名称：@李某柒

李某柒是一位在中国非常受欢迎的美食博主，她的抖音账号@李某柒已经拥有了超过 2000 万的粉丝。

（2）李某柒的创业成功过程可以概括为以下几个步骤

①寻找切入点：李某柒发现自己擅长的是制作美食视频，并且在国内外拥有大量的粉丝和关注度，因此她选择了将这个领域作为自己的创业方向。

②建立个人品牌：李某柒通过不断制作高质量的美食视频，积累了大量的关注度和粉丝，并在抖音平台上建立了自己的个人品牌。

③扩大影响力：李某柒通过参加各种美食节目、活动和合作，扩大了自己的影响力和知名度，进一步提高了自己的品牌价值。

④推出相关产品：李某柒通过推出相关的美食产品，进一步拓展了自己的商业版图，同时也为自己的品牌带来了更多的商业机会和收益。

⑤持续创新和优化：李某柒不断地推陈出新，不断创新和优化自己的产品和营销策略，保持了自己在市场上的领先地位，并为自己的品牌赢得了更多的用

图 2-11 话题参与页面

图 2-12 抖音主页

户和市场份额。

总之，李某柒的创业成功过程是通过持续地努力和不断地创新，建立了自己的个人品牌和商业版图，并在市场上取得了巨大的成功。

2.李某柒抖音账号成功的几个原因分析

（1）独特的个人形象：李某柒以传统的中国农村生活为主题，展现了中国传统文化和生活方式，她的形象清新自然，给人留下深刻印象。

（2）精美的视频制作：李某柒的视频制作非常精美，画面清晰，音乐搭配得当，给人以舒适的感觉。

（3）精心策划的内容：李某柒的视频内容精心策划，每个视频都有一个主题，如制作传统美食、制作手工艺品等，让观众能够深入了解中国传统文化和生活方式。

（4）活跃的社交媒体互动：李某柒在抖音上积极与粉丝互动，回复粉丝留言，与粉丝分享生活点滴，增强了粉丝的黏性。

（5）广告投放的成功：李某柒在抖音上进行了广告投放，通过精准的广告定位和投放策略，吸引了更多的粉丝，提高了品牌知名度。

综上所述，李某柒的抖音账号成功得益于其独特的个人形象、精美的视频制作、精心策划的内容、活跃的社交媒体互动和广告投放的成功。这些因素共同构成了一个成功的抖音账号包装案例。

## ❖ 实训活动

**如何在抖音上设置个人账号的头像、昵称、背景墙、添加标签、添加抖音账号简介，以提升账号曝光率和吸引更多粉丝**

一、实训任务

1.分析抖音账号的特点和目标受众，制定符合账号特点和受众喜好的头像、昵称、背景墙、标签和简介。

2.学习如何在抖音上设置个人账号的头像、昵称、背景墙、添加标签和添加抖音账号简介的具体步骤。

3.根据实训任务要求，完成个人账号的设置，并进行效果评估和优化。

4.总结实训过程中的心得体会和经验教训，提出改进建议和优化方案。

二、实训要求

1.熟悉抖音账号的设置和管理流程，了解账号特点和目标受众。

2.熟练掌握个人账号设置的具体操作步骤和注意事项。

3.具备良好的数据分析和评估能力，能够根据实际效果进行调整和优化。

4. 具有较强的沟通和团队协作能力，能够与他人协作完成实训任务。

三、实训时间

2周

四、实训成果

1. 成功设置符合账号特点和受众喜好的头像、昵称、背景墙、标签和简介。
2. 完成实训任务，并进行效果评估和优化，提出改进建议和优化方案。
3. 撰写实训报告，总结实训过程和心得体会，提出改进建议和优化方案。

# 工作任务四　账号养号攻略

## ❖ 任务目标

1. 能够正确理解成为优质用户的指标。
2. 能够理解和掌握抖音账号养号的步骤和方法。
3. 能够掌握抖音账号成功养号后的注意事项。

## ❖ 任务背景

### 兴趣电商促农民增产增收

四川某安的电商创作者冉某七精选果石榴在现场开播，1小时内卖出2000单；攀枝花本地创作者王某长为当地应季的凯特芒代言，帮父老乡亲打开水果销路。

农业农村部农村经济研究中心研究员张照新认为，产业振兴是乡村振兴的重中之重。乡村特色产业是乡村产业的重要组成部分，也是农民增收致富的重要渠道。近年来，城乡居民消费升级，对生态、品质、多元、个性农产品的消费需求增加，为乡村特色产业发展带来新机遇。而农产品电商的发展，尤其是兴趣电商对传统电商的迭代升级，为特色农产品供给与需求间的精准匹配提供了新路径，也为乡村特色产业集群集聚、形成乡村特色产业带等新发展模式、带动区域经济增长和农民增收致富带来新动力。

"全域兴趣电商能全面展示乡村特色产品的内涵与价值，把良好生态、特色民俗和悠久历史体现出来，让地里的产品和消费者直接见面并销售，进而将土特产做成大产品，带动一方经济发展。"张照新说。

中国社会科学院农村发展研究所研究员党国英分析，传统农业发展的痛点是市场导向作用受制于交易成本过高，造成有效供给不足和供需错位。以用户兴趣为基础的需求信息，是农民企业家提升商机发现能力的重要条件。这种机制能逐步提高农户经营规模，促进农业产业链重要环节向乡镇下沉，有利于增加农民的兼业收入，实现城乡融合发展。

党国英举例说：“比如全国分散的桑葚，传统的大宗农商如果介入，交易成本较高，不容易开拓市场。而电商平台介入后，全国的小宗农产品变成区域性大宗农产品，就可以上规模，深化分工，带来收益。”

抖音电商鲜食生活行业运营总监翟黎明介绍，2024年以来，在一系列助农专项的推动下，各种时令果蔬在旺季实现了销量翻番。平台全年销售农特产品种类同比增长170%，农特产品总订单量同比增长61%，多地特色物产跨越山川，通过一块屏幕来到消费者手中。

张照新认为，兴趣电商将成为深度挖掘乡村多元价值的广泛性载体。随着兴趣电商案例的示范带动，越来越多涉农主体将被动员起来，进入全员直播时代，从更加广泛、多元的视角去发现和捕捉乡村美好的景物人，使得兴趣电商成为展现农村生产、生活和生态等场景，让城乡消费者更加深入认识乡村的主要平台。

兴趣电商将成为乡村特色产业业态创新的主要驱动力。随着兴趣电商从内容平台转变为囊括内容、商城和搜索的全域电商，将为各类主体参与乡村特色产业发展提供更加多样化的选择，由此催生各种新业态、新模式，进一步激发乡村特色产业发展的活力。

兴趣电商将成为农户共享产业发展红利的最有效方式。兴趣电商让乡村特色产品爱好者与乡村特色产品生产者直连，作为生产者的大量中小规模农户可以直接参与定价过程，获得产品红利，改变生产者在传统农产品产业链中处于被动地位、难以获取后端价值增值的局面。

据了解，兴趣电商还与各地方政府、行业积极合作，系统化、规模化扶持产业带中小商家，提升地方产品知名度，助力区域经济和实体经济转型升级。以抖音电商为例，2023年以来，抖音电商先后与福建、云南、山东等多地建立了产业带电商高质量发展深度合作关系。截至目前，平台已覆盖全国684个特色产业带。产业带商家数量增长超194%，产业带商品销售增长超66%。

（案例来源：《经济日报》，经删减整理）

**请思考** 兴趣电商如何促农民增产增收？

## ❖ 任务操作

抖音作为国内较火热的短视频平台之一，已经成为许多人日常生活中不可或缺的一部分。然而，想要在抖音平台上获得更多的曝光和粉丝，就需要进行账号的养号。那么养号的目的是什么？是为了告诉平台你是一个优质用户。本任务将介绍如何在抖音上养号，提高账号的权重和曝光度。

## 一、成为优质用户的指标

- 日活动时间每天＞98分钟
- 喜欢给别人点赞和评论（有极强的平台融入感）
- 转发作品给其他人（帮平台拉新用户、激活老用户）
- 喜欢看电商直播间，会在直播间里停留，互动，打赏，买东西（优质付费/电商用户）
- 能创作优质作品（真人出镜、作品清晰、早期作品的数据反馈就好）

## 二、养号的步骤和方法

### 1.养号登录环境

抖音内部有 IP 查询，每一个接入抖音的设备的特征码、网络 IP、物理地址等都会被记录。因此，为了避免被系统标记为小号，新号需要在一部新的手机上登录。同时，为了避免同一 Wi-Fi 下接入多个设备，建议在同一个 Wi-Fi 下不要接入超过 5 个设备，或者直接开一个抖音流量包，以免被系统认为是小号。

或者新号拿到用 4G 注册，不要用 Wi-Fi 注册，一定要用手机号注册，不要选择用第三方账户（微信）注册，确保一机、一卡、一账号。

### 2.注册账号

（1）注册方式。抖音注册账号分为 5 种方式，其中最推荐的是通过手机号注册并绑定头条号。如果没有头条号，可以使用第三方账号进行注册，但需要确保账号安全可靠。新账号，不着急修改任何资料，跳过自然设置的环节，更不要着急绑定身份证。抖音对于尚不稳定的新用户会有最大的扶持。

（2）资料修改。注册完成后，不要急于修改资料，建议等待 48 小时后再进行修改。修改资料时应该注意不要添加营销广告性质的信息或虚假信息，避免被系统认为是小号。

（3）浏览视频并点赞关注评论。在注册完成后，需要进行一些浏览和点赞、评论等行为，模拟真人行为，以提高账号的权重。在浏览视频时，要注意观看完整的视频，不要频繁刷新视频，也不要在视频下方留下过于明显的营销广告信息。同时，在点赞和评论时，也要注意真实、客观地评价视频内容，不要过于频繁或虚假。

刷抖音过程中，要在搜索框里搜索你感兴趣的内容，比如：童装。选择一些热门账号开始刷视频，注意同行的视频一定要看完（完播），对于一些热门作品选择性地点赞和评论，然后关注一下。如果正在直播，你可以选择进入他的直播间，进去了就停留 3~5 分钟，在屏幕上互动下，给他点点赞。刷抖音每天 90 分钟以上，早中晚三个时间段分开，每个时间段刷30分钟以上。刷的时候顺便看一下同行的短视频和直播间是怎么做的，学习记录一下。养号和学习同行可以同时做。每次在搜索框里面搜同行去刷，后面几次打开抖音你看一下，如果推荐给你的80%都已经是同行的视频了，就不用每次去搜索框里搜了，你按照系统推荐给你的去刷就可以了。

3.提高账号权重

（1）垂直内容。在抖音上，垂直内容是提高账号权重的重要因素之一。因此，在养号过程中，要多看同类型的内容，并且要多关注同类型的账号。同时，也可以尝试发布一些垂直内容，吸引更多的粉丝和关注。

（2）优化通讯录。例如如果你的账号是卖童装的，那么通讯录不要只存一堆老朋友的电话，你卖童装推荐给你大学一个男同学，他不会买。最好是我们批量导入老客户的电话号码到手机通讯录里，这个对于通讯录里的人来说，你对他们叫作"他可能认识的人"，系统会把你推给他们，也可能会把他们"宝妈"推给你。

图2-13 抖音关注领红包处

（3）去做三角关联。在上面你关注了同行A，在同行A的直播间里面去找你的目标用户去关联，比如在他的实时在线或粉丝团里面找到一个女童的宝妈，你可以主动关注她，很大可能她也会回关你，这个时候这个宝妈和你形成了强关联，如果这个直播间里有10个宝妈都来关注你，其实这个直播间里面其他的宝妈，以及这些宝妈认识的宝妈，都有可能会刷到你，你们之间都在一张关联关系网里面。

（4）标签化。标签化也是提高账号权重的重要因素之一。在发布视频时，要注意添加相关的标签，并在视频描述中添加相关的关键词。这样可以让更多的用户发现你的视频，提高账号的曝光度。

发红包主动引发目标人群的关注。去同行直播间

图2-14 抖音点赞与转发

里面发红包（养号第2天），把头像设置为"关注"图标，把昵称设置为"关注+领取"，然后去同行直播间发红包，这时候所有主动关注你的人都是目标群体。这些都是在积累这个账号的标签化。

（5）频繁互动。在抖音上，频繁的互动可以增加账号的曝光度和粉丝数量。因此，在养号过程中，要多关注其他用户的视频，并及时回复评论。同时，也可以适当地进行互动，例如点赞、评论、分享等。

例如神评论，选择即将热起来的大热门作品，用飞瓜数据查看，看一下这个账号的人群标签跟你要的是否一致（性别和年龄基本符合就可以了），选择6小时内的作品，发布神评论。目标有几条过千甚至过万的评论。账号的互动性就很高了。多去关注几个大V号，摸出他发作品的时间，最好是一发布十几分钟里就去发布评论，那么他作品的流量就有机会变成你的账号的互动权重。

（6）合理使用抖音广告。在抖音上，可以通过投放广告来提高账号的曝光度和粉丝数量。但是，在使用广告时，要注意合理使用，不要过度投放广告，以免影响账号的真实性和可信度。

### 三、成功养号后的注意事项

1. 养号成功的标志是

（1）你刷的内容都是同行的。

（2）能做出点赞过2000的神评论。

（3）视频播放量能到2000。

2. 养号结束后开始正常操作

（1）重新设置垂直的头像+昵称+头图+简介。

（2）接下去的视频全部统一风格。

（3）在账号与安全里，把该绑定的绑定，该认证的认证。

（4）绑定抖音小店，开始直播带货。

（5）完成蓝V认证。

综上所述，抖音账号养号是一个长期的过程，需要不断地积累经验和优化策略。只有不断地提高账号权重和曝光度，才能在抖音上获得更多的粉丝和关注。

## ❖ 实训活动

**如何在抖音上进行账号养号，提高账号权重和曝光率**

一、实训任务

1. 了解抖音账号养号的基本概念和目的。
2. 学习如何在抖音上进行账号养号的具体方法和技巧。
3. 根据实训任务要求，完成账号养号任务，并进行效果评估和优化。
4. 总结实训过程中的心得体会和经验教训，提出改进建议和优化方案。

二、实训要求

1. 熟悉抖音账号养号的基本概念和目的，掌握账号养号的基本方法和技巧。
2. 熟练掌握账号养号的具体操作步骤和注意事项。
3. 具备良好的数据分析和评估能力，能够根据实际效果进行调整和优化。
4. 具有较强的沟通和团队协作能力，能够与他人协作完成实训任务。

三、实训成果

1. 成功进行账号养号，提高账号权重和曝光率。
2. 完成实训任务，并进行效果评估和优化，提出改进建议和优化方案。
3. 撰写实训报告，总结实训过程和心得体会，提出改进建议和优化方案。

# 工作任务五  优势与差异化定位

## ❖ 任务目标

1. 能够正确认识抖音优势定位与差异化定位的重要性。
2. 能够理解和掌握抖音账号优势定位。
3. 能够掌握抖音账号差异化定位。

## ❖ 任务背景

**《新闻联播》入驻抖音，国家意志遇见美好生活**

在抖音创作者大会上，中央广播电视总台新闻新媒体中心合作媒体部制片人李浙宣布《新闻联播》正式开设抖音号，入驻抖音。

**传统媒体积极转型：**

从1978年1月1日正式开播至2019年，《新闻联播》已经走过了整整41个年头。

从黑白录播到高清直播，从国家电视台到社交媒体，从电视新闻到短视频，时代的万千变化，都一一印证在这档电视新闻节目中。作为中国最正统的电视新闻节目，如今随着社交平台的勃兴、短视频的崛起，亦开始以新的面貌，触达亿万受众。当电视镜头前严肃的新闻节目主持人，化身短视频中俏皮的主播；当央视《新闻联播》遇到新媒体和短视频，这档在国家级电视媒体中地位最高的电视新闻节目，已经悄然开启了它的与时俱进之路。

　　从新闻联播的角度来看，入驻抖音更多是为了增强传播效果，让传播效率最大化。抖音作为一个前沿、时尚、深受年轻人喜爱的社交平台，在舆论阵地建设中将扮演更加重要的角色。《新闻联播》等传统媒体节目入驻抖音是贴近群众、尊重传播规律的选择。

　　从抖音平台的角度看，抖音致力于弘扬正能量，人们对抖音的印象正从有趣、娱乐转变为真实、有用、多元。人们在用它记录美好生活，传统文化、科普知识在抖音得以传播，人们对抖音的印象也不仅仅停留在年轻人的音乐社区，多元化的内容满足着人们对美好生活的向往。《新闻联播》的入驻，从某种程度上，也是对抖音一直以来弘扬正能量、平台价值观的一种肯定。

　　　　　　　　（案例来源：https://zhuanlan.zhihu.com/p/80556259，经删减整理）

　　**请思考**　《新闻联播》入驻抖音的优势有哪些？如何做好抖音账号的优势与差异化定位？

## ❖ 任务操作

　　随着抖音用户数量的增长，越来越多的企业和个人开始在抖音上开设账号，以获取更多的曝光和粉丝。然而，如何在抖音上做好账号的优势和差异化定位，成为许多人面临的问题。本任务将介绍如何在抖音上做好账号的优势和差异化定位，从而提高账号的曝光度和粉丝数量。

### 一、优势定位

#### 1. 专业性

　　专业性是抖音账号的一个重要优势。如果你是一名专业人士，可以在抖音上分享自己的知识和经验，吸引更多的粉丝和关注。例如，如果你是一名摄影师，可以在抖音上分享自己的作品，并分享自己的拍摄技巧和经验。

　　还有一个重中之重的就是可持续性，就是我们的人设当中，我们能否持续地产出这些高质量优质的内容，而不是我做美食两个月，我发现做菜的技巧都没有了，那也不行，我们一定要充分去考虑我们选择的这个领域能否持续地进行内容输出，你不能三天打鱼两天晒网，做了两个月的美食又去做跳操，这样的话直接影响你账号的权重。

### 2. 独特性

独特性是抖音账号的另一个重要优势。如果你有独特的创意和想法，可以在抖音上分享自己的创意和想法，吸引更多的关注和粉丝。例如，如果你是一名设计师，可以在抖音上分享自己的设计作品，并分享自己的设计思路和经验。

人设的差异化，其实我们在做的时候同样要去做竞品分析研究同行分析他们的作品，做到人无我有，人有我精，突出我们账号的作品亮点，不能单纯地只是靠模仿，要在模仿的同时通过学习通过改进，先创新加入一些自己的元素。

无论我们定位什么样的人设，一定要搞清楚三点，第一点不要哗众取宠；第二点不要践踏法律的红线；第三点不要挑战道德的底线，如果有任何一条违规可能导致封号。

### 3. 娱乐性

娱乐性是抖音账号的另一个重要优势。如果你有娱乐天赋，可以在抖音上分享自己的才艺和表演，吸引更多的粉丝和关注。例如，如果你是一名歌手或舞者，可以在抖音上分享自己的表演，并与粉丝互动。

| 达人 | 粉丝总量 | 粉丝增量 | 平均点赞数 | 平均赞粉比 |
|---|---|---|---|---|
| 大天搞笑配音 dalian666 | 647.3w | 919 | 7.6w | 1.18% |
| 小嘴哥搞笑 (... xzg619 | 607.6w | 17 | 7,702 | 0.13% |
| 搞笑测评阿漆 gxcpaq | 409.6w | 1,006 | 1,521 | 0.04% |
| 搞笑辣条哥 latiaoge666 | 405w | -577 | 1,875 | 0.05% |

图 2-15　搞笑达人

## 二、差异化定位

### 1. 内容差异化

在抖音上，内容是最重要的差异化因素。如果你的内容与其他账号不同，可以吸引更多的粉丝和关注。例如，如果你是一名美食博主，可以分享自己独特的烹饪技巧和食谱，与其他美食博主有所区别。

### 2. 形式差异化

在抖音上，形式也是一个重要的差异化因素。如果你的账号形式与其他账号不同，可以吸引更多的粉丝和关注。例如，如果你是一名旅游博主，可以选择以视频或图片的形式分享自己的旅游经历，与其他旅游博主有所区别。此外，可以登录蝉妈妈等软件分析同类账号，从而优化自己账号。

3. 地域差异化

在抖音上，地域也是一个重要的差异化因素。如果你的账号来自某个具有特色的地区，可以吸引更多的粉丝和关注。例如，如果你是一名来自某个城市的美食博主，可以分享该城市的独特美食和文化，与其他美食博主有所区别。可以通过"百度指数"来搜索所需要的数据。

4. 持续更新

在抖音上，持续更新是保持账号优势和差异化的关键。如果你不能持续更新自己的账号，就会失去粉丝和关注。因此，在抖音上做好账号的优势和差异化定位，需要不断地更新自己的内容，并保持与其他账号的差异化。

综上所述，抖音账号的优势和差异化定位是一个需要不断努力和实践的过程。只有不断地提高账号的曝光度和粉丝数量，才能在抖音上获得更多的关注和认可。

## ◆ 实训活动

**为自己的抖音账号做优势分析和差异化定位**

一、实训任务

1. 了解自己的抖音账号的特点和目标受众，分析自己的账号优势和不足。
2. 学习如何在抖音上进行账号差异化定位的具体方法和技巧。
3. 根据实训任务要求，完成账号差异化定位任务，并进行效果评估和优化。
4. 总结实训过程中的心得体会和经验教训，提出改进建议和优化方案。

二、实训要求

1. 熟悉自己的抖音账号的特点和目标受众，掌握账号优势和不足的分析方法。
2. 熟练掌握账号差异化定位的具体操作步骤和注意事项。
3. 具备良好的数据分析和评估能力，能够根据实际效果进行调整和优化。
4. 具有较强的沟通和团队协作能力，能够与他人协作完成实训任务。

三、实训成果

1. 成功进行账号差异化定位，提高账号的曝光度和影响力。
2. 完成实训任务，并进行效果评估和优化，提出改进建议和优化方案。
3. 撰写实训报告，总结实训过程和心得体会，提出改进建议和优化方案。

# 任务测评

### 一、案例分析题

假设你是一家健身房的市场推广人员，你需要对你的抖音账号进行定位和包装，你会选择什么样的账号定位和包装策略呢？请简要说明你的理由。

### 二、判断题

1. 抖音账号定位是指根据账号的受众群体特征，对账号进行精细化的分类和描述。
2. 粉丝客户画像是指根据账号的受众群体特征，对粉丝进行细致的分类和描述。
3. 抖音账号包装需要考虑账号的视觉设计、内容呈现和互动方式等因素。
4. 账号养号攻略是指通过各种手段提高账号的活跃度和影响力，从而增加粉丝的数量和活跃度。

### 三、简答题

1. 抖音账号定位的核心是什么？为什么需要进行账号定位？
2. 抖音账号定位需要考虑哪些因素？如何确定账号的主攻领域？
3. 抖音账号定位对于账号的发展有哪些重要意义？
4. 如何进行粉丝客户画像？有哪些方法可以提高粉丝客户画像的准确性？
5. 抖音账号包装需要注意哪些方面？如何提高账号的视觉吸引力？
6. 账号养号攻略包括哪些方面？如何提高账号的活跃度和影响力？
7. 如何进行优势与差异化定位？有哪些方法可以提高账号的竞争力？

# 任务总结与评价

## ❖ 任务总结

### 任务目标

1. 能以小组形式，对学习过程和实训成果进行汇报总结。
2. 完成对学习过程的综合评价。

### 任务操作

以小组为单位，选择 PPT、图片、海报、视频等形式中的一种或多种，向全班展示、汇报学习成果。汇报的内容应包括：

1. 抖音平台粉丝客户画像的方法介绍。
2. 抖音账号包装的关键有哪些。
3. 养号过程中需要注意哪些。

## ❖ 任务评价

学生综合评价表

| 评价节点 | 评价指标 | 评价内容 | 评价主体 | 得分 |
|---|---|---|---|---|
| 课前评价（10%） | 自学态度（5%） | 课前提问 | 教师 | |
| | | 提出回答问题次数 | 教师 | |
| | 自学行为（5%） | 是否上传学习笔记 | 教师 | |
| | | 是否完成课前测验 | 教师 | |
| | | 课前测验成绩 | 教师 | |
| 课中测评（60%） | 出勤状况（5%） | 是否迟到早退旷课 | 教师 | |
| | 师生互动（15%） | 提出回答问题次数 | 教师 | |
| | | 是否聆听教师和认真总结做好记录 | 教师 | |
| | | 是否参与小组讨论头脑风暴等互动活动 | 教师、学生 | |
| | 小组分工（15%） | 是否有明确合理的分工 | 教师、学生 | |
| | | 是否积极进行讨论探索 | 教师、学生 | |
| | | 是否在规定时间内完成组内任务 | 教师 | |
| | 成果展示（25%） | 内容展示标准全面 | 教师、学生 | |
| | | 表达条理清晰，表达生动 | 教师 | |
| | | 课堂测验成绩 | 教师 | |
| 课后评价（30%） | 方案时效（10%） | 小组方案的实际应用效果 | 教师、学生 | |
| | 实践拓展（20%） | 能够按时完成实践作业 | 教师 | |
| | | 实践作业完成效果完成情况 | 教师 | |

# 工作领域三 内容定位与短视频制作

## 任务背景

在当今数字化时代，短视频影响越来越广。而对于抖音账号来说，内容定位和短视频制作更是至关重要的。

首先，内容定位是指在抖音平台上，通过对用户需求的深入分析，确定自己的内容方向，从而提高账号的曝光度和影响力。只有确定了自己的内容定位，才能更好地满足用户需求，吸引更多的用户关注和互动，从而实现账号的增长和发展。

其次，短视频制作是抖音内容定位的重要手段之一。通过精心制作优质的短视频，可以提高账号的用户黏性和活跃度。同时，短视频还具有更加直观、生动、易于传播的特点，可以更好地传达品牌形象和产品特点，提升用户对品牌的认知和信任度。

因此，对于抖音账号来说，内容定位和短视频制作是相辅相成、不可分割的。只有深入挖掘用户需求，制定合理的内容定位，并通过高质量的短视频制作来实现，才能够在激烈的竞争中脱颖而出，实现账号的长期发展和商业价值的最大化。

## 任务流程

1. 打造高品质内容。
2. 短视频拍摄准备。
3. 短视频拍摄技巧。
4. 抖音平台特效运用。
5. 抖音视频制作与技巧。
6. 任务测评。
7. 任务总结与评价。

## 思政目标

1. 弘扬"敬业 诚信"的社会主义核心价值观。
2. 培养学生终身学习、不断进取的精神。
3. 培育学生们的工匠精神。
4. 培育积极进取的人生态度。

## 知识目标

1. 掌握抖音账号打造高品质内容的重要性。
2. 掌握抖音短视频拍摄准备。
3. 了解和掌握抖音视频制作与技巧。
4. 掌握抖音短视频拍摄技巧。
5. 掌握抖音短视频抖音平台特效运用。

## 能力目标

1. 能够正确理解抖音账号打造高品质内容的价值。
2. 能够通过相关渠道了解短视频拍摄准备。
3. 能够明确抖音视频制作与技巧和抖音短视频抖音平台特点。

# 工作任务一　打造高品质内容

❖ 任务目标

1. 能够正确掌握短视频内容定位的内容。
2. 能够掌握短视频拍摄技巧提升。
3. 能够掌握视频制作技巧与特效运用。

❖ 任务背景

抖音新规斩向"卖惨"链条

在一条短视频里,一位步履蹒跚的老人,艰难地采摘着苹果,结果一不小心没站稳,摔倒在地,崩溃哭诉:"苹果都要烂了还卖不出去……"

这条"韩文团队"制作的短视频瞬间获得百万点赞，视频发布者"韩文团队"开始直播卖货，很快三四万箱苹果被网友拍下，交易额超100万元。随后，该自媒体又将其"成功经验"复刻到诸如核桃、石榴等各类农产品。

但这些悲惨剧情都是伪造的，打着助农口号卖掉的苹果，其实来自一位开着奥迪汽车的年轻老板。造假者先是编剧本卖惨，然后对外声称农产品来自贫困的大凉山，最后放上的却是与四川成都供应商合作的货品链接。

这些打着公益旗号造假卖惨的行为，不仅在挑战法律的底线，而且给慈善领域泼来了浑水，让公众的爱心被错付，给慈善的公信力带来了恶劣影响。

抖音详解新规：这些造假的短视频出现在多个互联网平台。最近，作为国内最大的短视频平台之一，抖音针对这个问题发布了一系列规定，明确了对"摆拍""卖惨"等伪公益现象的治理措施，特别是针对有账号试图以"助农""助困""助残""助老"为由编造不实场景、实施虚假公益等行为，加大了整治力度。

（资料来源：https://new.qq.com/rain/a/20230613A00Y0000，修改删减）

**请思考** 上面这则案例中"卖惨"是不是长久经营之道？作为长期运营抖音账号是否应该高质量地输出短视频？

## ❖ 任务操作

抖音是目前全球最受欢迎的短视频社交平台之一，拥有数亿活跃用户和海量的内容创作者。在这个平台上，如何打造高品质的内容成了许多用户和创作者关注的问题。下面将从内容定位、拍摄技巧、特效运用和视频制作技巧四个方面，为大家介绍抖音如何打造高品质内容。

### 一、短视频内容定位

在抖音上，用户可以通过浏览推荐、搜索等方式发现各种类型的短视频，包括搞笑、萌宠、美食、美妆、时尚等。因此，在制作高品质内容时，首先需要确定内容的定位。

#### 1.明确内容主题

内容定位是抖音打造高品质内容的第一步。在确定内容主题时，需要考虑自己的兴趣、专业领域和受众群体等因素，找到一个具有市场潜力和受众吸引力的主题。在抖音平台上，每天都有成千上万的短视频上传。

如何在这么多的短视频中脱颖而出呢？那么选取一个好的主题就显得至关重要了。下面是选择适合抖音短视频的主题应注意的几个关键步骤：

（1）找到自己的兴趣点

首先，找到自己感兴趣的话题或领域。只有你真正了解和喜欢这个话题，才能够写出一篇引人入胜的脚本，展示出你的独特风格和观点。

（2）关注用户需求

其次，要关注用户的需求和兴趣。可以通过观察抖音平台上热门话题、搜索关键词等方式来了解用户喜欢什么样的内容。这样，你就能创作出更符合观众口味的视频，吸引更多的粉丝。

（3）参与抖音挑战

抖音平台上经常会推出一些挑战活动，例如"手指舞""彩妆教程"等。参加这些挑战活动可以让你的视频得到更高的曝光率，并让你的粉丝更容易找到你的视频。同时，这也是锻炼自己创作能力和拍摄技巧的绝佳机会。

（4）利用时事热点

抖音平台上时事热点也是一个很好的选题来源。例如，某个事件或者某个名人的新闻事件。通过发表自己的观点或者互动评论等方式来吸引关注，并增加自己在抖音平台上的影响力。

（5）了解行业趋势

最后，要了解自己所处的行业趋势。不同行业的主题和内容也有所不同。了解自己所处的行业趋势可以让你更好地迎合观众需求，制作出更符合市场需求的短视频。

图 3-1 主题内容

总之，选择适合抖音短视频的主题需要结合自身兴趣、用户需求、时事热点和行业趋势等因素。只有找到适合自己的主题，才能够制作出优质的短视频，在抖音平台上获得更多的关注和粉丝。

2. 挖掘用户需求

除了确定内容主题外，还需要深入挖掘用户的需求和喜好。通过对用户的行为数据和评论进行分析，了解用户对不同类型内容的偏好和需求，从而更好地满足用户的需求。

抖音运营中，挖掘用户需求是非常重要的一环，以下是几种常见的方法：

（1）分析用户行为：通过分析用户在抖音上的行为轨迹，比如观看视频、点赞、评论等，可以了解用户的兴趣爱好和需求。

（2）利用数据分析工具：抖音提供了很多数据分析工具，如抖音指数、抖音热搜榜等，可以通过这些工具了解用户的搜索和关注热点，从而挖掘用户需求。

（3）观察竞争对手：观察竞争对手在抖音上的表现，了解他们的营销策略和用户需求，可以为自己的运营提供参考。

（4）与用户互动：通过与用户的互动，了解他们的反馈和需求，可以更好地满足用户的需求。

（5）利用社交网络：利用社交网络，比如微博、微信等，与用户进行互动，了解他们的需求和反馈，可以更好地挖掘用户需求。

图 3-2　用户需求

总之，挖掘用户需求需要不断地观察和分析，同时需要与用户进行互动，了解他们的需求和反馈，才能更好地满足用户的需求，提高抖音账号的曝光度和影响力。

### 3.创新内容形式

在抖音上，内容形式也非常重要。除了传统的短视频外，还可以尝试一些创新的内容形式，例如动画、VR、AR等，以吸引更多的用户关注和分享。

在抖音运营中，创新内容形式是非常重要的，以下是几种常见的方法：

（1）利用热门元素：利用当前热门的元素，比如流行歌曲、热门话题等，制作相关的内容，吸引用户的关注和兴趣。

（2）利用创意元素：通过创意元素，比如动画、特效等，制作有趣的内容，提高用户的参与度和留存率。

（3）利用互动元素：利用互动元素，比如问答、投票等，增强用户的参与感和互动性，提高用户的留存率。

（4）利用多样化形式：通过多样化的形式，比如真人出镜、动画、短剧等，制作不同类型的内容，满足不同用户的需求，增加用户的黏性。

（5）利用跨界合作：通过与其他领域的品牌、机构等进行跨界合作，制作相关的内容，提高品牌知名度和用户的黏性。

总之，创新内容形式需要不断地尝试和实践，同时需要结合自身的特点和目标受众，制作出符合用户需求的内容，提高账号的曝光度和影响力。

## 二、短视频拍摄技巧提升

在制作抖音短视频时，拍摄技巧是至关重要的。以下是一些常用的拍摄技巧：

### 1.稳定拍摄

抖音是一款短视频应用，因此在拍摄时要尽量保持画面的稳定性。可以使用三脚架、稳定器等设备来帮助拍摄，避免画面抖动和模糊。

### 2.合理运用镜头

在拍摄时，可以根据不同的场景和需求，灵活运用不同的镜头。例如，在拍摄美食时，可以选择近距离镜头，突出美食的细节和美味；在拍摄旅游景点时，可以选择广角镜头，突出景点的壮观景象。

### 3.合理运用滤镜和特效

抖音提供了丰富的滤镜和特效，可以让视频更加生动有趣。在拍摄时，可以根据不同的场景和需求，选择合适的滤镜和特效，增强视频的艺术感和观赏性。

## 三、视频制作技巧与特效运用

抖音特效功能为用户提供了创作有趣、有创意的视频的可能性。要利用好抖音特效功能，需要深入了解各种特效的特点和使用方法，发挥创意思维，注意灯光和环境，用心拍摄，结合音乐和剪辑，真实表现自我。常用的特效功能包括滤镜、动态贴纸、镜头特效、时光倒流、变声器和特效合成等等。希望能够帮助抖音用户更好地利用特效功能，制作出更加生动、有趣的视频，吸引更多的关注和粉丝。在抖音上，特效可以为视频增添更多的趣味性和艺术感。

### 1.抖音常用的特效

（1）美颜和瘦身：在拍摄时，可以使用美颜和瘦身功能，让自己的形象更加美丽和迷人。

（2）滤镜：滤镜可以改变视频的颜色和光线，让视频看起来更加艳丽、柔和或是复古等等。

（3）动态贴纸：动态贴纸可以让视频中的物体动起来，增加趣味性和创意性。

（4）镜头特效：镜头特效可以改变视频的拍摄角度和运动方式，让视频看起来更加生动和有趣。

（5）时光倒流：时光倒流可以将视频中的场景和物体倒放，制造出惊奇和有趣的效果。

（6）变声器：变声器可以改变视频中人物的声音，增加趣味性和创意性。

（7）特效合成：特效合成可以将多种特效功能叠加在一起，制作出更加独特和有趣的视频。

2.常用的视频制作步骤

（1）剪辑和调整画面

在拍摄完成后，需要对视频进行剪辑和调整画面，使其更加流畅和自然。可以使用剪辑软件来完成这个过程。

（2）添加字幕和标签

在视频制作完成后，需要添加字幕和标签，以便用户更好地理解视频的内容和主题。

（3）分享和推广

最后，需要将视频分享到抖音平台上，并进行推广，吸引更多的用户观看和分享。可以通过社交媒体、微信朋友圈等方式进行推广。

3.抖音如何利用特效功能制作有趣的视频

在抖音平台上，许多用户善于利用特效功能制作有趣的视频，这也是吸引粉丝和增加曝光量的有效方法之一。特效功能为用户提供了各种丰富多彩的特效，包括滤镜、动态贴纸、镜头特效等等。下面将介绍如何利用抖音特效功能制作有趣的视频。

（1）了解抖音特效功能

在抖音应用中，特效功能是非常重要的，它包含了多种有趣的特效，可以让用户拍摄更有趣、生动的视频，吸引更多的观众和粉丝。抖音特效功能不仅提供了各种炫酷的滤镜，还包括了各种有趣的动态贴纸和镜头特效，可以让用户创意无限。

（2）如何使用抖音特效功能

①打开抖音应用并进入拍摄界面。

②点击屏幕下方的特效图标。

③浏览各种滤镜、动态贴纸和镜头特效，选择想要使用的特效。

④拍摄视频并应用特效。

⑤预览并编辑视频，如添加音乐、剪辑、加速等。

⑥完成并发布视频。

（3）如何制作有趣的视频

①深入了解特效功能：了解每种特效的特点和使用方法，根据不同的场景和需求选择合适的特效。

②创意思维：在拍摄前，应该提前构思自己的创意，结合特效功能，创作独特、有趣的视频。

③注意灯光和环境：良好的灯光和舒适的环境可以提高视频的质量，让视频更加生动。

④用心拍摄：拍摄时要注意角度、镜头、姿势等细节，让视频更加精致。

⑤结合音乐和剪辑：选取适合视频的音乐和剪辑，让视频更加完整、丰富。

⑥真实表现自我：无论是想要制作有趣的短片还是展示自己的才华，都应该真实表现自我，让观众感受到你的真诚和热情。

综上所述，抖音是一个充满创意和机会的平台，只要掌握了以上的内容定位、拍摄技巧、特效运用和视频制作技巧，就能够制作出高品质的内容，吸引更多的用户关注和喜爱。

## ❖ 实训活动

**如何为自己的抖音账号确定短视频内容定位？**

一、实训任务

1. 了解自己的抖音账号特点和目标受众，分析自己的账号优势和不足。
2. 学习如何在抖音上进行账号内容定位的具体方法和技巧。
3. 根据实训任务要求，完成账号内容定位任务，并进行效果评估和优化。
4. 总结实训过程中的心得体会和经验教训，提出改进建议和优化方案。

二、实训要求

1. 熟悉自己的抖音账号特点和目标受众，掌握账号优势和不足的分析方法。
2. 熟练掌握账号内容定位的具体操作步骤和注意事项。
3. 具备良好的数据分析和评估能力，能够根据实际效果进行调整和优化。
4. 具有较强的沟通和团队协作能力，能够与他人协作完成实训任务。

三、实训成果

1. 成功确定短视频内容定位，提高账号的曝光度和影响力。
2. 完成实训任务，并进行效果评估和优化，提出改进建议和优化方案。
3. 撰写实训报告，总结实训过程和心得体会，提出改进建议和优化方案。

# 工作任务二　短视频拍摄准备

## ❖ 任务目标

1. 能够正确掌握短视频确定拍摄内容和风格。
2. 能够正确掌握抖音短视频准备拍摄设备和工具。
3. 能够正确掌握抖音短视频选择拍摄场景和背景。

## ❖ 任务背景

某个时尚品牌在抖音上开设了官方账号，并计划拍摄一个以"夏日穿搭"为主题的短视频。为了确保拍摄顺利进行，该品牌进行了如下准备：

确定拍摄场地：该品牌选择了一个宽敞明亮、通风良好的室内拍摄场地，以确保拍摄效果和舒适度。

准备服装和道具：该品牌准备了多套时尚的夏季服装和相应的道具，如太阳镜、帽子、手提包等，以满足不同场景和风格的拍摄需求。

安排拍摄人员：该品牌安排了一支专业的拍摄团队，包括导演、摄影师、化妆师等，以确保拍摄效果和质量。

策划拍摄流程：该品牌根据拍摄主题和场景，制定了详细的拍摄流程和时间安排，以确保拍摄进度和效率。

进行预拍摄测试：在正式拍摄前，该品牌进行了多次预拍摄测试，对拍摄效果、灯光、音效等进行了调整和优化，以确保最终效果符合预期。

通过以上全面细致的准备工作，该品牌成功地拍摄了一个高质量的夏日穿搭短视频，并在抖音上获得了较高的曝光率和互动效果。

**请思考**　抖音短视频拍摄准备的重要性？短视频拍摄有哪些技巧？

## ❖ 任务操作

抖音短视频是一种非常流行的视频形式，越来越多的人开始使用它来记录生活中的点滴，分享自己的创意和想法。如果你想要拍摄一部优秀的抖音短视频，那么准备工作是非常重要的。本任务将从确定拍摄内容和风格、准备拍摄设备和工具、选择拍摄场景和背景、准备拍摄道具和服装几个方面，介绍想要拍摄一部高质量的抖音短视频如何做拍摄前准备。

## 一、确定拍摄内容和风格

在拍摄之前，需要确定自己要拍摄的主题和风格，这样可以更好地把握拍摄的方向和重点。可以根据自己的兴趣爱好、专业领域或者市场需求来确定拍摄主题和风格。

1. 确定自己的短视频风格

抖音短视频的风格可以分为以下几种：

（1）搞笑风格：通过搞笑的表演、配音、特效等方式，让观众感到快乐和愉悦。

（2）情感风格：通过讲述感人的故事、表达深刻的情感，引起观众的共鸣和感动。

（3）生活方式风格：通过展示自己的生活方式、美食、旅游、运动等内容，向观众传递积极向上的生活态度。

（4）时尚风格：通过展示时尚的服装、妆容、发型等，向观众传递时尚的潮流和审美观。

（5）音乐风格：通过配合音乐的节奏和旋律，展示自己的舞蹈、唱歌、演奏等才艺。

（6）知识科普风格：通过介绍科学知识、历史文化、社会热点等内容，向观众传递知识和启发。

（7）宠物风格：通过展示自己养的宠物、宠物行为、宠物食品等内容，向观众传递宠物的可爱和温馨。

（8）美食风格：通过展示自己制作的美食、介绍各种美食文化、分享美食心得等内容，向观众传递美食的诱惑和美味。

总之，抖音短视频的风格种类非常丰富，可以根据自己的兴趣爱好和特长，选择适合自己的风格，并通过创意和技巧，打造出独特的个人风格和品牌形象。

2. 写好短视频脚本

（1）写好短视频脚本需要注意以下几点

①确定主题和目标受众：在开始写脚本前，需要先确定视频的主题和目标受众。只有明确了主题和目标受众，才能更好地把握视频内容和风格。

②突出视频亮点：在脚本中要突出视频的亮点，让观众在短时间内能够了解视频的核心内容和亮点。可以使用引人入胜的开场白、精彩的镜头切换、有趣的情节设计等手法。

③简洁明了的语言：短视频时间较短，因此需要用简洁明了的语言表达视频内容，避免冗长和啰唆。可以使用短句和短语，让观众能够快速理解和接受视频内容。

④注意节奏和节奏变化：短视频的节奏感非常重要，需要注意视频的节奏变化和节奏的把握。可以使用音乐、画面切换、字幕等手法，增强视频的节奏感和节奏变化。

⑤突出情感和互动：短视频的互动性非常强，可以通过突出情感和互动，增强观众与视频之间的联系和共鸣。可以使用互动元素、情感化的语言和场景等手法，让观众更加投入和参与。

总之，写好短视频脚本需要注意主题、亮点、语言、节奏和互动等方面，通过巧妙的手法和创意，打造出具有吸引力和感染力的短视频。

（2）短视频脚本设计

短视频脚本的重要性不言而喻。一个好的短视频脚本不仅能够让视频内容更加清晰明了，还能够让观众更加投入和参与。通过一个好的短视频脚本，可以让视频的主题和亮点得到突出，同时还能够让观众更好地理解和接受视频内容。此外，一个好的短视频脚本还能够提高视频的制作效率，让整个视频制作过程更加顺畅和高效。因此，在制作短视频时，一个好的短视频脚本是非常重要的。

表3-1 视频拍摄脚本模板

视频名称： 导演： 拍摄日期：

| 镜头 | 场景 | 脚本/字幕 | 配乐 | 时长 | 拍摄方式 |
|---|---|---|---|---|---|
| 1 | | | | | |
| 2 | | | | | |

表3-2 视频拍摄脚本参考案例

视频名称：一秒教你辨别真假好大米　　导演：×××

| 镜头 | 场景 | 脚本/字幕 | 配乐 | 时长 | 拍摄方式 |
|---|---|---|---|---|---|
| 1 | 超市中买米地方，米袋子前，打开大米袋子 | 一秒教你辨别真假好大米，凡是包装袋上标准号是〈国标：GB/T1354〉都是普通大米，真正的好米只有这四种，好吃到专有国标保护。 | 轻音乐：SCENERY | 5s | 拍摄讲解全景和米袋子特写镜头 |
| 2 | 超市中买米地点，米袋子前，指出标识位置 | 第一种，五常大米，大家都知道五常大米好吃，但是很多包装袋上都标有五常大米，怎么去分辨呢？那就是它的包装袋上的国标号是〈GB/T19266〉，而其他大米的标注是〈GB1354〉。 | 轻音乐：SCENERY | 5s | 拍摄讲解全景和米袋子特写镜头 |

续表

| 镜头 | 场景 | 脚本/字幕 | 配乐 | 时长 | 拍摄方式 |
|---|---|---|---|---|---|
| 3 | 超市中买米地点，米袋子前，用手抓起大米，标识写在屏幕前 | 第二种，真的盘锦大米，它的国标号是〈GB/T18824〉<br>第三种，真的方正大米，它的国标号是〈GB/T20040〉<br>第四种，真的原阳黄晴米，它的国标号是〈GB/T22438〉<br>看看你们家的米是不是真的好大米。 | 轻音乐：SCENERY | 20s | 拍摄讲解全景和米袋子特写镜头 |

## 二、准备拍摄设备和工具

拍摄抖音短视频需要一些基本的拍摄设备和工具，例如手机、相机、三脚架、灯光等等。在拍摄之前需要准备好这些设备和工具，并确保它们的质量和性能都能够满足拍摄的要求。对于视频拍摄新手来说，并不需要购买很高端的摄像机等专业的拍摄器材。现在手机的拍摄功能已经很强大了，特别是苹果、华为的高端机型，基本可以满足新手的拍摄需求。在初期资金紧张的情况下，可以使用手机来代替相机进行拍摄。当然对于专业的视频拍摄，还是需要一些专业器材的。

**1. 拍摄器材**

新手对于一些拍摄基本技巧或摄影知识并不是很了解，而且购买专业的拍摄器材要花费不少资金，所以可以从手机拍摄入手。例如，苹果、华为、OPPO等手机的拍照功能都十分强大，目前市场上主流机型都可以用于拍摄，如图3-3所示。

图3-3 主流手机

如果想进行更专业的拍摄，也可以考虑使用单反相机。用户可以根据经济情况来选择机型，通常8000元左右的机型基本可以满足抖音短视频的拍摄需求，如图3-4所示。

用户如果有特别专业的拍摄需求，可以考虑高端机型。

佳能 EOS 5D4 单机 5D Mark IV 5d4 机身 24-70 II套机 单...　　Olympus/奥林巴斯EM1 Mark III微单数码相机 奥林巴斯em...

图 3-4　单反相机

## 2. 音频器材

音频器材主要是麦克风。录音一般都需要麦克风和声卡，如果使用手机拍摄，只需要再购买一个专业的麦克风。一般的手机都配备了耳机和录音设备。

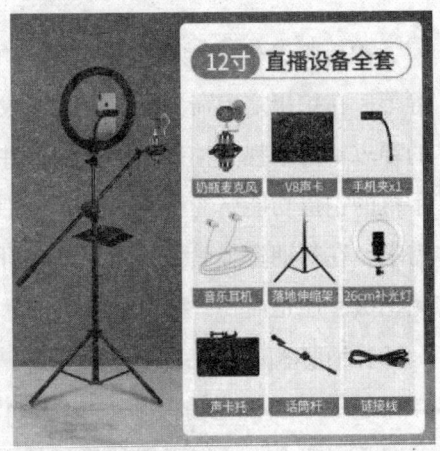

图 3-5　一体设备

## 3. 补光器材

灯光是整个画面质量中的关键因素之一。一般来说，新手刚开始拍摄短视频时，尽量把拍摄画面照亮，做到光线均匀就可以了。

一般情况下，为了保证更好的拍摄效果，需要配光源。普通用户可以选择柔灯箱，价格实惠，网购就可以买到。用户也可以考虑搭配几个LED灯，这样拍出来的视频效果与没有灯光器材拍摄出来的视频效果会有明显的区别。灯光器材如图3-6所示。

图 3-6　补光器材

#### 4. 支架器材

拍摄的时候，往往需要固定镜头，单纯靠手臂来保持稳定是不行的，这时候就需要借助三脚架。三脚架也是拍摄时非常重要的器材，如图3-7所示。

### 三、选择拍摄场景和背景

拍摄场景和背景是影响视频质量和效果的重要因素之一。在选择拍摄场景和背景时，需要考虑场景的美观度、光线的充足度以及背景的简洁性等等。

图3-7 三脚架器材

抖音短视频的拍摄背景和场景布置非常重要，它直接影响到视频的质量和吸引力。以下是一些注意事项：

#### 1. 选择合适的场地

选择一个合适的场地是拍摄成功的关键之一。场地的选择应该考虑到场景的美观度、光线、背景、空间等因素。最好选择一个宽敞明亮的地方，以便拍摄时能够获得更好的效果。例如：如果售卖的是纯天然大米可以选择户外的自然景观，或者根据自身产品场景布置一个更有说服力更生动的场景。

#### 2. 背景的布置

背景的布置应该与主题相匹配，同时也要注意不要过于复杂，以免分散观众的注意力。可以使用简单的道具或背景板来增加场景的层次感和视觉效果。或者也可以使用绿布进行后期的处理。

#### 3. 灯光的运用

灯光对于拍摄的效果至关重要。在拍摄前，应该考虑到光线的方向和强度，并根据需要使用不同的灯光设备。例如，在拍摄室内场景时，可以使用柔和的灯光来创造出温馨的氛围。

#### 4. 道具的使用

道具可以增加场景的趣味性和互动性。在选择道具时应该考虑到主题和场景的需求，并确保道具的质量和安全性。在拍摄时，应该注意道具的摆放位置和角度，以便更好地展示其特点。

#### 5. 拍摄角度的选择

拍摄角度的选择可以影响到观众对场景的感受和视觉效果。应该根据场景的特点和主题需求选择合适的拍摄角度，并注意角度的平衡和协调。

3-8　拍摄设备摆设

**6. 拍摄过程中的注意事项**

在拍摄过程中，应该注意拍摄设备和场景的安全，并确保拍摄过程中不会对他人造成干扰或不便。同时还应该注意拍摄的节奏和时间，以便在规定的时间内完成拍摄任务。

3-9　拍摄现场布置

总之，在拍摄抖音短视频时，场景和背景的选择和布置是非常重要的。只有在合适的场地和背景下，才能获得更好的拍摄效果。同时，注意拍摄的技巧和细节，也可以让拍摄更加出色。

## ❖ 实训活动

**假设你要拍摄一个以"美食制作"为主题的短视频**

一、实训要求

请你完成以下实训任务：

1. 确定拍摄场地：请选择一个宽敞明亮、通风良好的厨房作为拍摄场地，并确保有足够的光线和良好的背景。

2. 准备拍摄器材：请准备一部高清晰度的手机和一个稳定的三脚架，以确保拍摄画面的稳定性和清晰度。

3. 确定拍摄主题：请根据你要制作的美食，确定一个具体的拍摄主题和故事情节，并准备好相应的道具和服装。

4. 策划拍摄流程：请根据拍摄主题和场景，制定详细的拍摄流程和时间安排，并考虑如何突出美食的特点和制作过程中的细节。

5. 进行预拍摄测试：请在正式拍摄前，进行一次预拍摄测试，并对拍摄效果、灯光、音效等进行调整和优化，以确保最终效果符合预期。

6. 完成拍摄和后期制作：请按照拍摄流程和时间安排，完成拍摄和后期制作工作，并在抖音上发布该短视频，并进行宣传和推广。

二、实训成果

请根据以上实训任务，完成一份详细的拍摄前准备计划，并在拍摄过程中认真执行，以确保拍摄效果和质量。

# 工作任务三　短视频拍摄技巧

## ❖ 任务目标

1. 能够正确掌握短视频营销的优势。
2. 能够掌握手机短视频拍摄技巧。
3. 能够掌握相机拍摄短视频技巧。

## ❖ 任务背景

抖音短视频的营销策略可以帮助商品快速蹿红，并带来巨大的经济效益。以薄饼机为例，在一个视频爆火之后，关键字展现量迅速飙升，达到了 1500 万。这种营销策略使得薄饼机成了一个爆品，销售额也随之大幅提升。

通过观察薄饼机的搜索人气值，我们可以看到，在视频爆火之前，薄饼机搜索量并不高，但随着视频的热度提升，搜索量出现了激增的情况。这充分说明了抖音短视频的推动功效非常大，可以让商品迅速走红。

类似的案例在淘宝上也有很多，许多商品都因为抖音短视频的推广而迅速成为爆款。因此，我们可以看出，抖音短视频已经成为一个非常重要的推广渠道。

**请思考** 上面这则案例是否说明了短视频的重要性？我们应该如何做出出色的短视频呢？

## ❖ 任务操作

随着移动互联网的快速发展与普及，短视频营销正在成为新的营销模式。短视频适合在碎片时间观看，信息量集中，越来越吸引用户的关注。抖音是一个帮助广大用户表达自我、记录美好生活的短视频分享平台，为用户创造丰富多样的玩法，让用户可以轻松拍出优质短视频。短视频给予每个创作者非常大的发挥空间。什么是短视频？短视频营销有哪些优势？短视频拍摄器材有哪些？下面将一一进行介绍。

### 一、短视频是什么

短视频是指视频长度通常不超过15分钟，主要依托于移动智能终端实现快速拍摄和美化编辑，可在社交媒体平台上实现实时分享和无缝对接的一种新型视频形式。短视频营销具有以下优势：短视频具有强大的传播能力，可以快速传递品牌信息和产品信息；短视频可以吸引用户的注意力，让用户更容易被吸引和留下深刻印象；短视频可以通过互动和分享，扩大品牌影响力和用户群体。

短视频的出现是对社交媒体现有内容（文字、图片）的一种有益补充。同时，优质的短视频内容亦可借助社交媒体的渠道优势实现传播。当下，短视频是非常受互联网使用人群喜爱的内容形式。与纯文字文本相比，短视频更加生动形象，包含的信息量更大，收看短视频所消耗的注意力更少。

据不完全统计，截至目前，市场上的短视频平台多达上百个，如抖音短视频、火山小视频、快手、泡泡视频、逗拍等，如图3-10所示。

中国互联网络信息中心（China Internet Network Information Center，CINIC）的数据显示，短视频用户规模和网民使用率均超过长视频的用户规模和网民使用率，在互联网娱乐应用中排名第一。

图 3-10　短视频

## 二、短视频营销的优势

短视频营销是指利用短视频平台进行营销推广的一种方式。随着移动互联网的发展和普及，短视频营销已经成为一种非常流行的营销方式。短视频营销具有以下优势：

1. 短视频营销可以提高品牌知名度

短视频营销可以将品牌信息和产品信息通过短视频的形式传递给用户，让用户更加直观地了解品牌和产品。短视频营销的形式多样，可以通过创意、情感、故事等方式吸引用户的注意力，提高品牌知名度。

2. 短视频营销可以提高用户黏性

短视频营销可以通过创意、情感、故事等方式吸引用户的注意力，让用户产生共鸣和情感联系，从而提高用户对品牌的认同感和忠诚度。此外，短视频营销还可以通过社交分享和互动的方式，让用户更加积极地参与品牌活动，提高用户黏性。

3. 短视频营销可以提高转化率

短视频营销可以通过短视频的形式将产品信息和品牌信息传递给用户，让用户更加直观地了解产品和品牌。此外，短视频营销还可以通过创意、情感、故事等方式吸引用户的注意力，提高用户对产品的兴趣和购买欲望，从而提高转化率。

4. 短视频营销可以降低营销成本

短视频营销可以通过社交分享和互动的方式，让用户更加积极地参与品牌活动，提高品牌知名度和用户黏性。此外，短视频营销还可以通过创意、情感、故事等方式吸引用户的注意力，提高用户对品牌的认知度和好感度，从而降低营销成本。

总之，短视频营销具有多种优势，可以提高品牌知名度、用户黏性、转化率和降低营销成本。因此，企业应该充分利用短视频平台，开展短视频营销活动，提高品牌知名度和用户黏性，实现营销目标。

### 三、相机拍摄短视频技巧

1. 选择合适的镜头

单反相机通常配备多种镜头，包括广角、标准、长焦等。在拍摄短视频时，可以选择广角镜头来拍摄更广阔的场景，或者用标准镜头来拍摄更具体的细节。此外，还可以根据拍摄的主题和风格选择合适的镜头。

2. 设置合适的曝光

曝光是影响拍摄画面明暗度的重要因素。在拍摄短视频时，需要根据场景光线的情况调整曝光值，以保证画面的明暗度适宜。一般来说，拍摄室内场景时需要增加曝光值，拍摄室外场景时需要减少曝光值。

3. 控制拍摄稳定性

拍摄单反相机短视频需要注意手持稳定性，避免画面抖动。可以使用三脚架或稳定器等辅助工具来提高拍摄稳定性。

4. 合理运用剪辑技巧

在拍摄完短视频后，可以使用视频剪辑软件来对视频进行剪辑和编辑，以达到更好的视觉效果。可以运用不同的剪辑技巧，如加速、减速、倒放、旋转等，来增强视频的表现力和趣味性。

5. 注意音频的质量

在拍摄单反相机短视频时，音频的质量也很重要。可以使用外接麦克风或录音设备来提高音频质量，并合理运用音频特效来增强视频的音效。

总之，拍摄单反相机短视频需要注意以上几点技巧，并根据实际情况进行灵活运用，才能拍摄出高质量的短视频。

### 四、手机短视频拍摄技巧

1. 采光很重要

由于手机摄像头的镜头很小，因此在拍摄时要注意采光，最好在室外光线好的时候拍摄，避免逆光或反差过大的情况。如果光线不足，可以打开手机的夜间模式或闪光灯，或者靠近光源，如车灯等。手电筒也是一种有效的补光源，可以让光线更加明亮。

2. 拍摄后要稍作停留

手机摄像头的快门时滞表现往往很糟糕，拍摄后要稍作停留，以便捕捉到表情的细节。拍摄时尽量不要移动相机位置，因为即使拍完了，液晶屏上获取到的照片可能与显示的不同步，最终拍摄的照片会比预期的要滞后一些。

### 3. 靠近拍摄时不要使用数字变焦

虽然专业摄影师也遵循"靠近拍摄对象"这一拍摄法则，但是要适度，不要过度接近拍摄对象，否则会影响画面质量。数字变焦只是一种插值放大的功能，通常在拍摄中并不常用。如果需要放大画面，可以使用电脑上的图像处理软件进行处理。

### 4. 制定拍摄主题

生活中可以拍摄的内容非常多，如果没有一个明确的拍摄主题，很容易就会感到困惑和疲惫。因此，可以制定一个主题，如"每天都是笑容"，用影像记录生活中的欢笑瞬间；或者"我爱Lomo"，每天都拍摄Lomo的照片，让生活更加有趣；或者"低视角看人生"，从不同的角度拍摄，会有完全不同的感受。

### 5. 持稳拍摄，避免单手拍摄

由于手机摄像头的镜头较小，所以手持拍摄时容易出现抖动的情况。为了避免这种情况，可以使用双手持机拍摄，或者在夜晚或室内光线不足时使用支撑物支撑手机，以获得更稳定的拍摄效果。此外，手机拍摄时应该采用横屏构图，而不是竖屏构图，这样可以获得更多的画面内容。

### 6. 选择合适的拍摄尺寸，多拍几张备选照片

在拍摄时，尽量选择大尺寸的照片，这样可以为后期裁剪留出足够的空间。此外，黄金分割法是一种常用的构图方法，可以将主体放置在画面的3:4分割线上，这个位置是视觉上的最佳位置。横线和竖线构图也是常见的构图方法。当然，如果想要拍摄出更具冲击力的照片，也可以尝试使用不规则的构图方法。

### 7. 选择合适的入射角度，多拍几张照片

在拍摄玻璃橱窗内的物品时，可以尝试斜45度拍摄，这样可以有效避免玻璃的反光；在逆光拍摄时，可以提高入射角度或转换位置，以减少光线的反射。手机的广角镜头通常具有较大的视野，可以充分利用广角效果。例如，在拍摄低角度的人物时，可以产生腿部修长的效果；在拍摄建筑物时，可以产生雄伟高大的视觉冲击。在特殊场合，比如难得的聚会或以后难再有重游的场所，可以多拍几张照片以备选择。如果需要再次拍摄，可以通过手机屏幕来决定。但是，手机屏幕并不是最可靠的选择，因此多拍几张照片是最有保障的。

### 8. 后期处理可以让照片更加完美

由于手机摄像头的素质一般较低，镜头较小，因此拍出来的照片画质可能不太理想。特别是在光线不足的室内夜间照中，手机屏幕上看起来还算不错，但放到电脑上效果就会大打折扣。因此，这类照片在导入电脑后，一般需要进行一些后期处理，如调节亮度、对比度、调整色彩饱和度、降噪、锐化等。一般使用的软件包括ACDsee或Photoshop，具体

操作可参考其他摄影技巧文章。

## ❖ 实训活动

**假设你要为一个美食品牌设计一条美食拍摄脚本**

一、实训要求

请你完成以下实训任务：

1. 确定拍摄主题：请根据该品牌的特色和目标受众，确定一个具体的拍摄主题，例如"家常菜""创意料理"等。

2. 策划拍摄场景：请根据拍摄主题和场景，设计一个合适的拍摄场景，例如厨房、餐厅、户外等，并考虑如何突出美食的特点和品牌特色。

3. 确定拍摄流程：请根据拍摄场景和主题，制定详细的拍摄流程和时间安排，并考虑如何突出美食的特点和制作过程中的细节。

4. 设计拍摄道具：请根据拍摄主题和场景，设计合适的拍摄道具，例如厨具、餐具、食材等，并考虑如何突出品牌特色和美食特点。

5. 编写拍摄脚本：请根据拍摄场景、主题、道具等，编写一份详细的拍摄脚本，并包括具体的拍摄指导和注意事项。

6. 进行预拍摄测试：请在正式拍摄前，进行一次预拍摄测试，并对拍摄效果、灯光、音效等进行调整和优化，以确保最终效果符合预期。

7. 完成拍摄和后期制作：请按照拍摄流程和时间安排，完成拍摄和后期制作工作，并在抖音上发布该短视频，并进行宣传和推广。

二、实训成果

请根据以上实训任务，完成一份详细的美食拍摄脚本，并在拍摄过程中认真执行，以确保拍摄效果和质量。

# 工作任务四　抖音平台特效运用

## ❖ 任务目标

1. 能够正确掌握抖音短视频拍摄入门教程。
2. 能够掌握短视频抖音特效运用。

## ❖ 任务背景

在一个短视频中，一个女孩在跳舞，她的舞蹈动作非常优美，但是背景音乐比较单调。为了增加视频的趣味性，视频作者使用了抖音平台提供的"慢动作"特效，将女孩的舞蹈动作放慢，同时加入了一些特效，如旋转、闪烁等，使整个视频更加生动有趣。这样的特效运用，不仅增加了视频的趣味性和观赏性，同时也让用户更容易记住视频内容，提高了视频的传播效果。

**请思考** 上面这则案例中特效的作用是什么？如何利用好平台做好短视频特效处理？

## ❖ 任务操作

拍摄令人叫绝的15秒视频。一般情况下，刚刚完成注册的抖音用户只能拍摄和上传15秒钟的视频（粉丝数量达到1000以上的，可以申请开通1分钟长视频的权限）。换句话说，你必须在15秒之内把想要表达的内容展示出来。因此，我们需要拍摄一个令人叫绝的15秒视频，让用户一眼就爱上你。为了达到这一目的，我们必须掌握各种拍摄技巧，如镜头构图、特效制作、背景音乐选择、道具选择和录屏等。

### 一、抖音短视频拍摄入门教程

要想做好抖音运营，首先要了解抖音的基础操作——视频拍摄。

抖音视频拍摄的入门操作如下。

（1）打开抖音，然后在推荐首页中点触"+"号按钮（见图3-11）。

（2）进入拍摄页面。我们可以将镜头对准想要拍摄的场景，然后选择拍摄方式。

（3）选择拍摄速度。例如，如果我们选择"快"，那么拍摄出来的视频在播放时就会呈现快动作的效果。当然，你也可以根据需要选择"极慢""慢""标准"或"极快"。

（4）选择音乐。点触"选择音乐"按钮，就会出现一个选择音乐的页面（见图3-12）。在这里抖音为用户准备了热歌榜、飙升榜以及各种类型的音乐，用户可以根据自己的拍摄内容来选择合适的背景音乐。

（5）镜头翻转。在拍摄视频时，我们可以将镜头翻

图3-11 抖音推荐首页

转。如果你想拍摄自己，就可以切换到前置摄像头进行拍摄；如果你想拍摄其他景物，就可以切换到后置摄像头进行拍摄。

（6）倒计时。在拍摄时，我们还可以使用倒计时的功能，具体操作方法是通过拖动选择暂停位置，然后进行倒计时3秒钟的拍摄（见图3-13）。

图3-12 "选择音乐"页面　　　　图3-13 倒计时拍摄

（7）美化视频。在拍摄视频时，我们还可以使用右上方的"美化"功能。这里有各种滤镜以及磨皮和大眼瘦脸等美化功能，它们可以美化用户拍摄的视频。

（8）选择道具。拍摄抖音视频时，为了让视频更好玩、更有趣，还可以使用"道具"功能，这里有众多热门、美萌、新奇、搞笑、原创的道具。例如，我们点触"控雨"按钮，拍摄屏幕上就会出现雨滴效果，制造出下雨的感觉。

（9）上传视频。在拍摄视频的页面中有一个"上传"按钮，我们只要点触"上传"按钮，就可以把手机拍摄的视频上传到抖音上。

上面就是拍摄抖音视频的基础操作。掌握了这些内容，你就可以轻松拍摄一段视频并将其发布到抖音上。

## 二、抖音特效运用

我们在抖音中经常看到一些非常好玩的视频，如控雨术、花样年华、变老等。这些好玩的抖音视频其实都是使用道具功能来拍摄的。拍摄抖音视频时我们可以使用的道具主要分为两类，一类是抖音自带的道具，另一类是外在的辅助道具。

1. 利用抖音自带道具加强视频创意

上文讲过拍摄抖音视频时可以选择拍摄道具，下面说一下具体的操作方法。举个例子，进入"道具"页面，点触"搞笑"页面中的"AR"选项（即增强现实技术，是一种实时地计算摄影机影像的位置及角度并加上相应图像、视频、3D模型的技术，这种技术的用途是在屏幕上把虚拟世界套在现实世界中并让用户与之互动），就可以使用该道具。抖音有两个AR道具，一个是女性形象，一个是男性形象。我们以女性形象为例，选择这个道具之后，你拍摄的镜头中就会出现一位虚拟的女士，扛着录音机用很夸张的姿态走路。更有意思的，我们的手指划到哪里，这个虚拟人物就会走到哪里。这样我们就可以操纵这个虚拟人物，并按照你的想法来拍摄一段很有意思的视频。

此外，我们还可以自行选择该虚拟人物的脸，屏幕上会出现你手机相册里面的人物照片，你可以点触任意一张，这张照片中的人脸就会成为虚拟人物的脸。利用道具拍摄视频在抖音中很普遍，只要拍得足够有创意，就很容易火起来。

抖音用户"许某怡"曾因为一条视频一夜之间涨粉1.5万。她拍摄的这个视频是"我变脸比翻书还快"（见图3-14）。

依靠变脸道具获得21万点赞。在这个视频中，她利用了抖音中的"变脸"道具。这个道具的作用是，只要用户像变脸艺术表演者那样表演，屏幕上就会展示变脸的特效。这就要求拍摄者根据背景音

图3-14 "许某怡"的抖音视频

乐的节奏做出扭头的动作，以获得完美的变脸效果。这个视频让"许某怡"获得了21万的点赞。巧妙利用外在道具，花小钱拍出大片效果。除了学会使用抖音自带的道具，我们还要巧妙地利用外在的道具。下面我们看一下那些抖音达人是如何巧用小道具拍出大片效果的。

（1）饮料瓶 + 补光灯

饮料瓶最好选择蓝色的，这样瓶子在灯光的照射下会特别好看。我们可以准备一个手电筒，然后用手电筒从瓶底向上照，在水和光的映衬下就会出现类似于海洋或银河等美丽的画面。

抖音用户"贞小鬼"利用饮料瓶和补光灯拍摄了一条短视频，用这两个简单的道具造出了一片"银河"，该视频在抖音上获得了103万的点赞。

此外，组合使用玻璃器皿、水和灯光等道具，也可以拍出别致、有新意的视频。

（2）水果道具

很多生活中常见的东西都可以作为拍摄道具，例如你爱吃的水果。2017年夏天，抖音上出现了一些特别火的视频，就是将水果当衣服。具体做法是：一个人站在镜头远处，一个人站在镜头后，拿一块修整好的水果如西瓜（其他水果也可以）慢慢移动到镜头前，由于水果离镜头较近，所以远处的人就仿佛穿上了一身西瓜装。例如，抖音用户"白羊菇凉"曾拍摄了一条将水果作为道具的短视频，在短时间内就获得了31万的点赞。

（3）水洼、水面等道具

下雨以后，路边经常会出现一些水洼，很多人对此并不会特别注意。但在抖音达人的眼中，这些水洼也是特别好的拍摄道具。我们只要把手机倒过来，将镜头贴近水洼，对焦拍摄，一幅漂亮的水中倒影就拍摄成功了。

没下雨的时候，我们找任意一处水面或者倒一杯水在地上，也能获得类似的效果。只要方便取景，我们就可以利用任何道具打造出富有创意的视频。

（4）保鲜膜+水

拿一块保鲜膜，然后在保鲜膜上洒点水，再将保鲜膜放在脸前。要特别注意，千万不要整张脸贴上去，脸和保鲜膜之间要保持一定的距离，然后摆出自己喜欢的表情，如此一来，一条充满时尚感的视频就诞生了。拍摄视频的道具还有很多，这里不再赘述。只要你用心，就一定能找到生活中触手可及的、物美价廉的道具，让你拍摄出独一无二的创意视频。

**2. 构图九宫格助你打造舒适的镜头感**

在拍摄视频时，我们首先要学会构图。但凡高质量的视频，都是用心拍摄和制作的，而构图就是最基本的技术。下面介绍一下如何借助九宫格来构图。

（1）九宫格模式

把视频调成九宫格模式，找到合适的框架构图。要想获得完美的构图，首先要把拍摄模式设置为九宫格模式。在默认情况下手机拍摄时不会显示九宫格，需要我们手动设置。以iPhone为例，进入"设置"页面，点触"相机"选项，在"相机"页面中点触"网格"按钮将网格功能打开（见图3-15），这样我们就设置好了九宫格模式。再次打开照相机，就会发现拍摄时使用的是九宫格模式了（见图3-16）。九宫格构图法也称"井"字构图法，是摄影构图中最常见、最基本的方法之一。它通过分格的方式，把画面的上、下、左、右四个边三等分，然后用直线把对应的点连接起来，形成一个"井"字，整体画面被分成九个格子，"九宫格"的称呼也由此而来。九宫格交叉线形成的那四个交叉点被称为

"趣味中心"（见图3-17），即我们要表现的主体所处的最合理位置。经过多次试验，人们发现当被拍摄主体处于"趣味中心"附近时最容易抓住观众的眼球。

图3-15　iPhone手机的九宫格（网格）模式开启设置

图3-16　九宫格构图

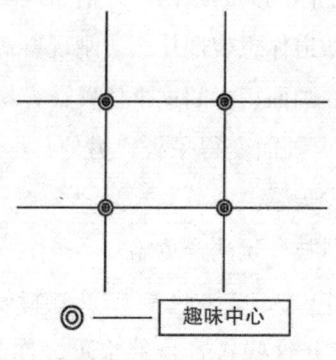

图3-17　九宫格分析

我们在利用九宫格进行拍摄时，可以将拍摄主体放置在九宫格的点或者线上（见图3-18）。

画面中的小玩具占据了右侧的分割线，用户的眼球自然就会被这个小玩具吸引过去。

此时，我们可以在左上角的"趣味中心"附近加入一些文字，在使整体画面保持平衡的同时突出小玩具和文字，让整个画面主次分明。之所以利用九宫格拍摄的作品会在构图和视觉上给人一种舒适感，是因为九宫格构图法实际上运用的就是黄金分割定律。黄金分割定律是古希腊著名数学家、哲学家毕达哥拉斯提出的，是指如果一条线段的某一部分与另一部分之比正好等于另一部分与整个线段的比，即0.618，这样的比例就会给人一种美感。九宫格的三分线接近于黄金分割线，交叉点的位置相当于画面中的黄金分割点。这就是利用九宫格构图法能增强画面吸引力的奥秘所在。

（2）使用九宫格构图的窍门

了解了九宫格构图的原理之后，我们接下来就要运用它进行实际的拍摄。在拍摄时，我们应该注意以下两点。

①寻找主体。你要先问自己，你拍摄的主体是什么？想要表达什么？是色彩还是光影？确定了主体后，

图3-18 九宫格拍摄示意图

下一步就是怎么去表现它了。通常，主体在画面中要占据一定的比例才能引人注目，也就是主体要突出。主体太小，就会让其他元素喧宾夺主；主体太大，就会让人感觉不舒服。

②突出主体。每一个抖音作品都有一个主体或者中心。那么，如何让这个主体更吸引人呢？我们可以舍弃一些与主体无关的东西，并适当地安排一些元素来烘托主体，使画面更具吸引力，让粉丝一看就知道你想表现什么。刚玩抖音的人最容易犯的错误，就是把主体放在镜头的正中间。的确，画面正中间这个位置最容易吸引人们的注意力，但也同样很容易让人只关注这个位置，令画面变得呆板。另外，尽量不要把多余的东西留在画面上，否则会显得构图松散，缺少美感。

（3）滤镜特效：抖音"黑科技"玩法全攻略

很多粉丝过百万的抖音用户，如"黑脸V""疯狂特效师"，他们的短视频都有一个特点，那就是特效很出色。点开这些抖音号的主页，你会发现里面的视频个个与众不同、酷炫十足。"疯狂特效师"在一条抖音视频中制造了一个"告白气球"的惊喜：用特效技术将视频中出现的高楼用五彩斑斓的气球包围起来，然后打一个响指，这些气球就飘散起来，非常浪漫，非常梦幻，也非常"黑科技"，这个视频很快就获得了192万次点赞。另外，该抖音号还发布过一个把汽车"变"为变形金刚的特效视频，获得了

664万次点赞。

图3-19 "疯狂特效师"的特效视频

图3-20 "疯狂特效师"的特效视频

（4）巧用抖音自带的特效

抖音为用户提供了多种视频特效，用户在拍摄视频时可以巧用抖音自带的滤镜和特效来为自己的视频增加吸引力。点触拍摄界面左下角的"特效"按钮，就会出现两个选项，一个是"滤镜特效"，另一个是"时间特效"。

点触"滤镜特效"按钮，就会出现多种特效，如"灵魂出窍""抖动""粒子""线性""幻觉""70S"和"X-Signal"等。我们选择想用的特效之后，就可以制作出与众不同的视频。点触"时间特效"按钮，就会出现三类视频特效，分别为"时光倒流""反复"和"慢动作"。"时光倒流"是以逆向的方式呈现画面；"反复"就是反反复复呈现某一个动作，用于强调和突出；"慢动作"指的是放慢动作，让粉丝可以更清晰地看到视频呈现的内容。我们可以根据视频的内容来选择不同的特效。另外，我们还可以使用"滤镜"功能，如"日系""年华""非凡"或"动人"等，这个功能可以让你拍摄出来的画面更唯美和文艺。

（5）使用手机视频特效

除了抖音自带的视频特效，我们还可以借助一些手机视频特效。

① VUE

VUE 曾多次被 Store 评为十佳手机应用软件。这是一个短视频拍摄和剪辑软件，一上架就被超过 120 个国家和地区的 Store 编辑推荐。VUE 内置的电影级别滤镜可以在很大程度上提升视频的表现力。其中 F1 滤镜尤为出色，给用户一种仿佛自己正在拍摄电影的感觉。VUE 还支持多种视频画幅，除了竖屏全屏画幅，还支持经典、正方形、16:9 以及电影银幕超宽屏，甚至还提供很多经典电影同款特效。虽然这款软件只有 15 款滤镜，但是每一款都非常出色。

② Quik

Quik 的这个软件中有很多视频特效模板，只要按照提示一步步操作就可以制作出精彩的视频。因此，这个视频软件非常适合不太专业的抖音用户使用。

③ 美拍大师

由美图公司出品，与美图秀秀一样简单易用。美拍大师对视频的时长没有要求，而且支持 16:9 的画幅，拍摄人像时可自动美颜，支持剪辑以及加动态文字、转场动画、字幕、滤镜和模板。其最大的优势是背景音乐可以在线搜索。

④ SlowFastSlow

如果你特别喜欢拍摄慢动作视频，想更加精细地控制速度，那么选择 SlowFastSlow 就对了。这个能通过曲线控制点完美地实现变速，制作出"倒放"的效果。

⑤ ActionMovieFX

这是一款电影特效制作工具，用户可以在这款软件里找到各种电影级的特效，如爆炸、烟火、火树银花、导弹攻击和龙卷风等，用户可以利用它们制作出令人惊艳的视频。使用这款软件时要注意一点，只有选择合适的拍摄场景和角度，才能获得比较完美的效果。

⑥ 视 +AR

在这个应用中，我们可以把一些现实中不存在的东西与拍摄内容结合起来，如与恐龙等各类增强现实 3D 角色在真实场景中互动，让我们的视频更加酷炫。

❖ **实训活动**

**实训需要利用抖音 APP 拍摄九宫格视频或者照片。**

一、实训完成背景

实训完成需要有一部安卓或者苹果等智能触屏手机；确保此部手机处于联网状态（移动网络或者 Wi-Fi 均可）；手机安装有 SIM 卡可随时收发短信；尽量选择时间充足且完整的时间来进行操作。

## 二、实训分析

该任务的设计要求学生在 30 分钟内完成抖音 APP 的下载与注册任务。

## 三、实训重点

学生需要重点掌握如何进入抖音中九宫格，并利用九宫格模式拍摄的知识和技能。

## 四、实训操作

步骤 1，把视频调成九宫格模式。

步骤 2，找到合适的框架构图。要想获得完美的构图，首先要把拍摄模式设置为九宫格模式，在默认情况下手机拍摄时不会显示九宫格，需要我们手动设置。

步骤 3，以 iPhone 为例，进入"设置"页面，点触"相机"选项，在"相机"页面中点触"网格"按钮将网格功能打开。

步骤 4，利用九宫格进行拍摄时，将拍摄主体放置在九宫格的点或者线上。

## 五、实训思考

（1）短视频中道具的重要性？

（2）抖音视频特效的功能有哪些？

# 工作任务五　抖音视频制作技巧

## ❖ 任务目标

1. 能够正确掌握短视频音乐与封面添加技巧。
2. 能够掌握录屏拍摄。
3. 能够掌握抖音视频拍摄中常见的问题及其应对技巧。
4. 能够掌握短视频后期制作。

## ❖ 任务背景

在世界杯期间，哈啤借助抖音的高价值广告资源，如开屏、信息流等，以及加强互动参与度的挑战赛活动，成功吸引了大量用户的关注。其中，哈啤的开屏广告 PV 高达 5600 万，点击量超过 295 万，而信息流广告页面浏览量累计超过 257 万。此外，哈啤还推出了"庆祝新姿势"主题挑战赛，吸引了超过 27 万用户参与，视频参与量高达 35.3 万，总播放次数超过 13 亿，总点赞量超过 532.5 万。在挑战赛中，哈啤定制了"喇叭＋足球＋哈啤"组合贴纸道具，使用人数超过 6.9 万，成功扩大了品牌影响力。

请思考　上面这则案例中哈啤借助抖音的高价值广告资源取得的成功是必然吗？在抖音广告推广过程中应该注意什么？

## ❖ 任务操作

### 一、短视频音乐与封面添加技巧

**1. 背景音乐选择适合的 BGM**

抖音之所以这么让人着迷，一半是因为别具一格的内容，另一半则是因为充满魔性的音乐。试一试把手机调成静音模式，平时那些让你哈哈大笑的视频会瞬间变得索然无味。你能想象吗，同一个视频作品，仅仅是因为选择了不同的背景音乐（BGM），播放量就差了成百上千倍？可以说，BGM 就是抖音短视频的灵魂。既然 BGM 的用处这么大，那么平时怎么收集呢？首先，你可以在站内进行收集。

（1）刷抖音时，遇到好玩的 BGM 一定要收藏，然后在拍视频的时候进入"我的收藏"页面，选择该音乐作为 BGM。

（2）在抖音热门音乐排行榜中筛选优秀的 BGM。

（3）关注每天热搜榜和热门视频榜，一般热门视频中都会有热门 BGM。

用好这些火热的音乐，你的视频就会更有热度，也会更容易被粉丝喜欢和转发。其次，你还可以在抖音之外的音乐网站收集。下面列举几个大家比较常用的网站。

（1）音效素材网站，如音效网、音笑网、闪吧音效库和 Soundsnap 等。

（2）网易云音乐中的抖音排行榜。

（3）酷狗音乐中的抖音专栏。

（4）虾米音乐中的抖音热歌榜。

如果不知道选什么音乐作为 BGM 比较合适，那么可以多发布几次相似内容的视频，更换不同的背景音乐，看看粉丝更喜欢哪一个，这样以后再做类似的视频就有经验了。

**2. 封面选择让粉丝看一眼就被吸引**

通常情况下，如果你从零开始打造新抖音号，那么你的视频只有 15 秒。15 秒的时间的确太短，然而，依然有很多用户利用这 15 秒的时间打造了吸睛无数的好视频。原因是什么？因为他们懂得在封面上做文章。在抖音上做旅行视频的用户大有人在，各种新奇好玩的视频层出不穷。其中，有一个名为"大天搞笑配音"的用户。截至 2018 年 8 月 23 日，"大天搞笑配音"作品中有三个作品的点赞数都在 1000 以下，最少的只有 400 多，可以说成绩很一般。但是，他却有一条短视频获得了 16 万的点赞。这几个作品的区别在哪里呢？从内容上来看，这几个作品几乎没什么区别，都是一些好玩、好看的景色。为什么这条短视频却获得了 16 万点赞呢？打开"大天搞笑配音"的抖音主页，你就会发现其中的奥秘。原来这个超过 16 万点赞的视频封面是如此美丽，一片红色的花海和云雾缭绕的天空形成了鲜明的对比,在半空中还漂浮着五彩斑斓的热气球,整个画面给人一种如入仙境的感觉。其他三个作品的封面则非常平淡,很明显是随便选择的(见图3-21)。

很显然,一个好的封面可以让你的作品获得更高的点击率和更多的点赞。下面,我们介绍一下选择封面的一些小技巧。

**3. 封面要展现视频的特色**

抖音短视频的封面是从视频中选择的。想要靠封面吸引粉丝,就要截取一个有创意的画面作为封面。拍摄完一段视频后,点触左下角的"选封面"按钮,然后进入选择封面的页面,你可以拖动画面,选择自己喜欢的视频画面作为封面,然后点触"完成"按钮,封面就选好了,如图3-22所示。

选好封面之后点触"完成"按钮。那么,如何让封面体现视频的特点呢?

(1)要在封面上给粉丝看到视频的主要内容,如产品性能、人物表情等。

(2)还可在封面上加入水印文字,提示粉丝应该关注哪些点。粉丝看到封面之后,如果是自己喜欢的,自然想要点击观看。所以,封面必须结合视频内容展现出自身特点。

**4. 根据短视频风格选择动态或者静态封面**

在抖音中,短视频默认的封面是动态模式,这样的封面比较吸引人,能够让人产生一种想要点开的冲动。那些有趣、搞笑的短视频往往会选择这种封面。

但是,有些粉丝喜欢静态封面,不喜欢满屏都在动的视觉效果,这时我们就要选择一张静态的图片作为封面。下面是静态封面的设置。

(1)点触抖音主页中右下角的"我"按钮,然后进入"我"页面。

(2)点触右上方的"…"按钮,进入"通用设置"页面。

图3-21 "大天搞笑配音"的抖音作品

图3-22 拍摄或者上传视频时点触"选封面"按钮

-127-

在"通用设置"页面中找到"动态封面"按钮,将该功能关闭(见图3-23),此时封面就会变为静态封面。

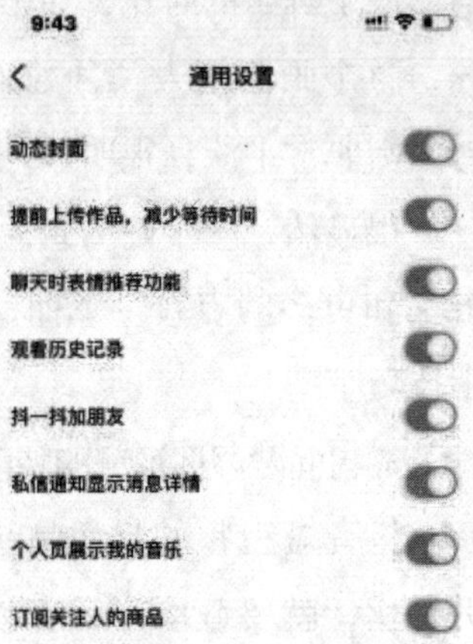

**5. 选择颜色对比强烈的封面**

抖音封面的颜值体现在哪里?很重要的一点就是色彩。我们可以试着采用下列两种技巧,让我们的封面更吸引人:

(1)色彩艳丽,在第一时间抓住粉丝的眼球。

(2)颜色对比强烈,给粉丝强烈的视觉冲击。颜色对比强烈会给人一种艺术感,同时也能体现出你的构图和色彩运用能力,给人一种非常专业的感觉。此外,色彩艳丽、颜色对比强烈的图片也能在第一时间抓住人们的眼球,让你的封面从众多封面中脱颖而出。

图3-23 "显示设置"页面中"动态封面"功能开启和关闭按钮

## 二、录屏拍摄

除了娱乐类内容,励志鸡汤、电影对白、经典语录、书摘等类型的内容也非常适合采用录屏拍摄的制作方式。下面我们介绍一下如何利用录屏模式制作精彩的视频。

**1. iOS系统录屏全攻略**

最简单的录屏方式就是使用手机自带的录屏功能,但并不是所有手机都支持这个功能。iOS系统11以上的版本开启了录屏功能,其设置方式如下。

(1)打开"设置"页面,找到"控制中心"选项(见图3-24)。

(2)进入"控制中心"页面之后,点触"自定控制"选项(见图3-25)。

(3)在"自定控制"页面中找到"屏幕录制"选项,然后添加(见图3-26)。

(4)添加完成之后,我们在"控制中心"页面就可以看到"屏幕录制"按钮了(见图3-27)。

利用录屏功能制作视频的操作步骤如下。

点触"屏幕录制"按钮,系统会提示有3秒钟的准备时间,然后开始录屏;

打开手机相册,点开想要拍摄的照片,并向左滑动,选择下一张;

打开"控制中心"页面,再次点触"屏幕录制"按钮即可结束录屏;

录屏视频已经自动保存在相册里。

**2. 安卓系统录屏全攻略**

很多品牌的安卓手机也支持录屏功能,如华为、vivo等。如果不支持,那么我们可以安装一个录屏软件,如乐秀。安装好录屏软件之后,就可以去手机相册录制视频了,其操作方法与在 iOS 系统中的操作方法一样。

图 3-24　在"设置"页面找到"控制中心"选项

图 3-25　"控制中心"页面中的"自定控制"选项

图 3-26　在"自定控制"页面中找到"屏幕录制"选项

图 3-27　"控制中心"页面中出现了"屏幕录制"按钮

### 三、抖音视频拍摄中常见的问题及其应对技巧

我们在拍摄抖音视频时，总会遇到一些问题，例如，如何倒着拍摄，如何切换场景，如何运镜，如何合拍等。下面我们来学习一些抖音视频的拍摄小技巧。

**1. 怎么倒着录**

抖音上一些有趣的视频都是倒着播放的，其制作方法如下：

（1）正常录完视频，然后点触"完成"按钮（右上角的对钩）。

（2）进入预览界面，选择特效。

（3）在特效里选择"反复"选项。此时，你发布的视频就是倒着播放的。

**2. 怎么切换场景**

很多抖音视频中不断出现切换场景的视觉效果，看起来非常酷炫。其实，这类视频的拍摄方法很简单：在拍摄时，按住录制视频的圆形按钮，在想要停止并且插入新视频的地方松手停止录制，然后换一个场景继续按住按钮录制视频。这里有一个需要注意的地方，我们要长按住按钮才可以录制，而不是短按一下按钮。在切换场景时，我们还可以巧妙地用手或者其他物品遮挡一下镜头，这会让你的视频看起来更加酷炫。

**3. 学跳舞时跟不上音乐节奏怎么办**

在抖音中有很多跳舞的视频，非常有节奏感，但我们自己拍摄时却发现舞蹈动作很难，几乎跟不上节奏。此时，我们可以在录制界面中选择"快"或者"极快"，这样拍摄出来的动作就不会跟不上节奏。当然，前提是你要非常熟悉音乐，知道音乐的节奏点。

**4. 如何呈现忽远忽近的镜头感**

很多抖音用户拍摄的画面忽远忽近，看起来神秘莫测，这种效果是如何实现的呢？实际上，你只需要拿着手机放远再拉近即可。

**5. 如何掌握运镜技巧**

运镜类视频在抖音上比较火，这是一种高超的拍摄手法。例如，有些抖音用户运用这个手法让水倒流，或者利用运镜做出了分身术的特效。那么，我们如何才能掌握运镜技巧呢？首先，这种拍摄手法需要一两个人，或者一个团队进行辅助，在内容制作上必须细致入微。其次，运用运镜类拍摄手法时有以下几个小窍门。

（1）以特效为主，特效要足够炫酷。

（2）镜头画面要非常流畅，可以按照 PGC 的模式来制作。

（3）尽量选择有节奏感的配乐，跟随音乐节拍呈现画面，增加视觉和听觉上的感染力。此外，运用运镜类拍摄手法时还要特别注意图 3-28 所示的几点。

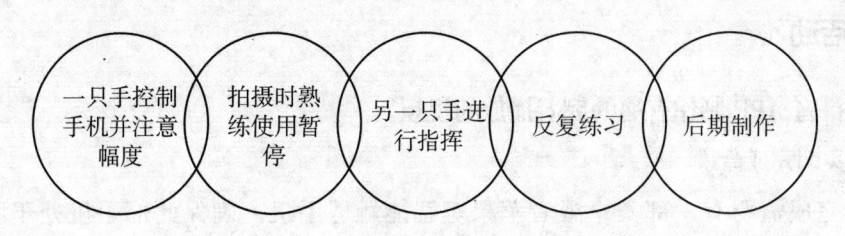

一只手控制手机并注意幅度 → 拍摄时熟练使用暂停 → 另一只手进行指挥 → 反复练习 → 后期制作

图 3-28  运用运镜类拍摄手法时的注意事项

**6. 如何压缩长视频**

我们需要把拍摄好的视频截取 15 秒上传到抖音上，但有时候 15 秒钟并不能展示出我们想要的效果。这时，我们可以选择抖音自带的"极快"模式，这样一来，视频就会包含更多的内容。但是，这并不是唯一的方法，还有一种方法就是借助压缩工具，如 Hyperlapse。Hyperlapse 是由 Instagram 出品的延时及微速摄影，可将长视频压缩到只有十几秒。Hyperlapse 的设计非常简单，无须登录账号，整个操作界面只有一个圆形的拍摄键，没有复杂的滤镜选项。这款软件可以把漫长的日出过程视频压缩为 10 秒视频，也可以在 1 分钟内呈现 5 千米的长跑过程，所以这款软件非常受拍摄达人的欢迎。凭借自行研发的防抖处理技术，Hyperlapse 能够让微速摄影圆润化。拍摄完成后，你可以任意选择变速倍率，按自己的需求决定视频长度。

### 四、后期制作

**1. 视频剪辑和调色**

视频剪辑和调色是后期制作的重要环节。在剪辑和调色时需要注意节奏和效果的平衡，让视频的节奏和效果更加自然流畅。

**2. 音效和配乐的选择**

音效和配乐是视频的重要组成部分。在选择音效和配乐时需要注意与视频内容的匹配度，让视频更加生动有趣。

**3. 文字和字幕的添加**

文字和字幕可以帮助观众更好地理解视频内容。在添加文字和字幕时需要注意文字和字幕的字体大小和颜色，让视频更加生动有趣。

以上是拍摄抖音短视频的一些准备工作和拍摄技巧，希望对大家有所帮助。当然，拍摄好抖音短视频还需要不断地练习和探索，相信只要坚持下去，一定会取得更好的成果。

## ❖ 实训活动

**利用抖音 APP 制作有趣的倒着播放的视频。**

一、实训完成背景

实训完成需要有一部安卓或者苹果等智能触屏手机；确保此部手机处于联网状态（移动网络或者 Wi-Fi 均可）；手机安装有 SIM 卡可随时收发短信；尽量选择时间充足且完整的时间来进行操作。

二、实训题目

完成一次抖音短视频特效拍摄。

三、实训分析

该实训的设计要求学生在 30 分钟内完成抖音 APP 的下载与注册任务。

四、实训重点

学生需要重点掌握如何利用抖音 APP 制作有趣的倒着播放的视频知识和技能。

五、实训操作

步骤 1，正常录完视频，然后点触"完成"按钮（右上角的对钩）；

步骤 2，进入预览界面，选择特效；

步骤 3，在特效里选择"反复"选项。此时，你发布的视频就是倒着播放的。

六、实训思考

（1）运用运镜类拍摄手法时的注意事项？

（2）运用运镜类拍摄手法时有哪几个小窍门？

# 任务测评

一、选择题

1. 短视频制作的核心是什么（　　）

A. 短视频的创意和内容　　　　　　B. 短视频的拍摄和后期制作

C. 短视频的特效和配乐　　　　　　D. 短视频的标题和标签

2. 在短视频拍摄前应做哪些准备（　　）

A. 确定短视频的主题和风格　　　　B. 准备拍摄器材和道具

C. 规划拍摄场景和拍摄路线　　　　D. 确定拍摄时间和拍摄人员

3. 抖音平台特效的运用可以带来什么好处（　　）

A. 提升短视频的观看体验和用户黏性　B. 增加短视频的曝光度和点击率

C. 提升短视频的商业价值和收益　　　D. 以上选项都正确

4. 在短视频拍摄中，如何利用抖音视频制作与技巧来提高视频质量（  ）

A. 使用滤镜和特效来增强视频效果　　B. 合理运用镜头切换和画面构图

C. 注意音频的录制和处理　　　　　　D. 以上选项都正确

5. 在制作短视频时，如何避免过度编辑和修改，保持视频的自然和真实性（  ）

A. 在拍摄时尽量避免过多的修饰和编辑

B. 在后期制作时尽量保留原始素材和素材的自然状态

C. 在编辑过程中尽量避免过度修饰和修改

D. 以上选项都正确

6. 在短视频拍摄中，如何利用音乐来增强视频的氛围和情感（  ）

A. 选择适合视频主题和情感的音乐

B. 合理运用音乐的节奏和节拍来增强视频的节奏感

C. 利用音乐的旋律和歌词来表达视频的主题和情感

D. 以上选项都正确

7. 在制作短视频时，如何利用剪辑来提高视频的节奏和流畅度（  ）

A. 在拍摄时尽量避免过多的镜头切换和画面构图

B. 在后期制作时合理运用剪辑来提高视频的节奏和流畅度

C. 在剪辑过程中尽量保留原始素材和素材的自然状态

D. 以上选项都正确

## 二、案例分析

小明是一名短视频创作者，他的短视频以美食为主题，但是目前的播放量和粉丝互动度不高。请分析小明应该如何调整短视频内容和拍摄手法，提高视频的质量和受众吸引力。

# 任务总结与评价

## ❖ 任务总结

### 任务目标

1. 能以小组形式，对学习过程和实训成果进行汇报总结。

2. 完成对学习过程的综合评价。

### 任务操作

以小组为单位，选择 PPT、图片、海报、视频等形式中的一种或多种，向全班展示、汇报学习成果。汇报的内容应包括：

1. 能够正确理解抖音账号打造高品质内容的价值。
2. 能够通过相关渠道了解短视频拍摄准备。
3. 能够明确抖音视频制作与技巧和抖音短视频抖音平台特效运用。

### ❖ 任务评价

综合评价表

| 评价节点 | 评价指标 | 评价内容 | 评价主体 | 得分 |
| --- | --- | --- | --- | --- |
| 课前评价（10%） | 自学态度（5%） | 课前提问 | 教师 | |
| | | 提出回答问题次数 | 教师 | |
| | 自学行为（5%） | 是否上传学习笔记 | 教师 | |
| | | 是否完成课前测验 | 教师 | |
| | | 课前测验成绩 | 教师 | |
| 课中测评（60%） | 出勤状况（5%） | 是否迟到早退旷课 | 教师 | |
| | 师生互动（15%） | 提出回答问题次数 | 教师 | |
| | | 是否聆听教师和认真总结做好记录 | 教师 | |
| | | 是否参与小组讨论头脑风暴等互动活动 | 教师、学生 | |
| | 小组分工（15%） | 是否有明确合理的分工 | 教师、学生 | |
| | | 是否积极进行讨论探索 | 教师、学生 | |
| | | 是否在规定时间内完成组内任务 | 教师 | |
| | 成果展示（25%） | 内容展示标准全面 | 教师、学生 | |
| | | 表达条理清晰，表达生动 | 教师 | |
| | | 课堂测验成绩 | 教师 | |
| 课后评价（30%） | 方案时效（10%） | 小组方案的实际应用效果 | 教师、学生 | |
| | 实践拓展（20%） | 能够按时完成实践作业 | 教师 | |
| | | 实践作业完成效果完成情况 | 教师 | |

# 工作领域四 吃透抖音特点与规则

## 任务背景

抖音账号变现和突破瓶颈期对于抖音用户和MCN机构都具有重要意义。对于抖音用户而言，变现是实现商业价值和获得更多收益的重要手段。而突破瓶颈期则可以帮助用户持续增长粉丝和影响力，提高用户黏性和忠诚度。对于MCN机构来说，抖音账号的变现和突破瓶颈期是实现商业价值和长期发展的重要手段。因此，抖音账号变现和突破瓶颈期是抖音生态系统中不可或缺的一部分。

## 任务流程

1. 直播间话术引流技巧。
2. 直播间的推广技巧。
3. 粉丝互动与推广。
4. 账号精准流量获取。
5. 任务测评。
6. 任务总结与评价。

## 思政目标

1. 弘扬"敬业诚信"的社会主义核心价值观。
2. 树立正确的抖音直播主播的语言管理与表情沟通素养观念。
3. 培养学生终身学习、不断进取的精神。
4. 培育学生们的工匠精神。
5. 培育积极进取的人生态度。

### 知识目标

1. 掌握抖音直播间话术引流技巧。
2. 掌握直播间的推广技巧。
3. 掌握抖音粉丝互动与推广。
4. 掌握抖音账号精准流量获取。

## 工作任务一　直播间话术引流技巧

### ❖ 任务目标

1. 能够正确掌握直播间话术基本应用场景。
2. 能够正确掌握抖音直播开场白话术。
3. 能够正确掌握抖音直播结束语话术。
4. 能够正确掌握抖音直播间话说的原则和禁忌。

### ❖ 任务背景

直播间话术引流技巧是直播营销中非常重要的一环。它可以帮助主播吸引更多的观众进入直播间，提高直播间的流量和转化率。本文将探讨直播间话术引流技巧的重要性以及一些具体的例子。

首先，直播间话术引流技巧的重要性不言而喻。在直播营销中，主播需要通过各种方式吸引观众进入直播间，提高直播间的流量和转化率。如果主播只是简单地介绍自己或产品，很难引起观众的兴趣和关注。而通过话术引流技巧，主播可以更好地引导观众进入直播间，提高直播间的流量和转化率。

其次，直播间话术引流技巧的具体应用非常广泛。例如，主播可以在直播前通过各种方式预热，如发短视频、发微博等，吸引更多的观众进入直播间；在直播过程中，主播可以通过互动、抽奖等方式引导观众进入直播间，提高观众的参与度和留存率；在直播结束后，主播可以通过私信、评论等方式与观众互动，促进观众的转化和购买意愿。

**请思考**　直播间话术引流应该遵守哪些原则？直播间话术引流有哪些技巧？

## ❖ 任务操作

### 一、直播间话术基本应用场景

1. 直播前预热

主播可以在直播前通过短视频、微博等方式预热，吸引更多的观众进入直播间。

2. 直播中引导

主播可以在直播中通过互动、抽奖等方式引导观众进入直播间，提高观众的参与度和留存率。

3. 直播后互动

主播可以在直播结束后通过私信、评论等方式与观众互动，促进观众的转化和购买意愿。

总之，直播间话术引流技巧对于直播营销来说非常重要。通过巧妙运用话术引流技巧，主播可以更好地引导观众进入直播间，提高直播间的流量和转化率。

直播间是抖音平台上非常重要的一个环节，通过直播间可以吸引更多的用户关注和参与，从而提高账号的曝光度和粉丝数量。在直播间中，话术的运用非常关键，可以帮助主播更好地引导用户参与互动，提高用户的留存率和转化率。本文将介绍一些直播间话术引流技巧，帮助主播更好地引导用户参与互动，提高直播间的效果。

### 二、开场白话术

在直播间中，开场白是非常重要的一个环节。通过开场白，主播可以向用户介绍自己和直播的主题，吸引用户的关注和参与。以下是一些开场白话术的建议：

1. 自我介绍

主播可以先向用户介绍自己的姓名、职业、兴趣等信息，让用户对自己有一个初步的了解。

2. 引入话题

主播可以通过引入话题来吸引用户的注意力，例如分享一个有趣的故事、引用一个有趣的语录等。

3. 介绍直播主题

主播可以介绍直播的主题和内容，让用户对直播有一个初步的了解和期待。

## 三、互动话术

直播间中的互动环节是吸引用户参与的重要途径。以下是一些互动话术的建议：

1. 提问互动

主播可以通过提问的方式来与用户进行互动，例如问用户是否有什么问题或疑惑。

2. 回答问题

主播可以通过回答用户的问题来增强用户的参与感，例如回答用户的疑问、解决用户的问题等。

3. 抽奖互动

主播可以通过抽奖的方式来与用户进行互动，例如抽奖送出一些小礼品或优惠券等。

## 四、结束语话术

在直播结束前，主播可以通过结束语来总结直播内容和感谢用户的参与。以下是一些结束语话术的建议：

图 4-1 抖音直播间红包

1. 总结直播内容

主播可以通过总结直播内容来让用户对直播内容有一个更深入的了解，例如回顾直播中的亮点和重点。

2. 表达感谢

主播可以通过表达感谢的方式来感谢用户的参与和支持，例如感谢用户的观看、点赞、评论等。

3. 预告下一次直播

主播可以通过预告下一次直播的方式来吸引用户的关注和参与，例如预告下一次直播的主题和时间。

综上所述，直播间话术引流技巧是直播成功的关键之一。通过灵活运用开场白、互动、结束语等话术，主播可以更好地引导用户参与互动，提高用户的留存率和转化率。

## 五、直播间话术的原则和禁忌

抖音直播间话术是主播在直播过程中用来引导观众进入直播间的语言技巧。以下是一些抖音直播间话术的原则和禁忌：

1. 真实性原则

抖音直播间话术应该真实自然，不要刻意做作或夸张。主播应该保持真实的态度和语言，让观众更容易接受。

2. 互动原则

抖音直播间话术应该注重互动，与观众进行互动交流。主播可以通过提问、评论等方式与观众互动，增强观众的参与感和黏性。

3. 简洁明了原则

抖音直播间话术应该简洁明了，不要过于冗长。主播应该用简短的语言表达清晰的意思，让观众更容易理解和接受。

4. 有趣幽默原则

抖音直播间话术应该有趣幽默，让观众感到愉快和放松。主播可以通过幽默的语言、搞笑的表情等方式吸引观众的注意力，提高观众的参与度和留存率。

5. 尊重原则

抖音直播间话术应该尊重观众，不要使用粗俗、歧视、挑衅等不当语言。主播应该保持礼貌和尊重，与观众建立良好的互动关系。

6. 避免重复原则

抖音直播间话术应该避免重复，不要反复使用同样的话术。主播应该灵活运用不同的话术，增加直播的趣味性和吸引力。

总之，抖音直播间话术应该注重真实性、互动、简洁明了、有趣幽默、尊重和避免重复等原则。主播应该灵活运用不同的话术，根据观众的反馈和需求进行调整和改进，提高直播的质量和效果。

## 六、做好直播后的复盘工作

表 4-1 直播复盘表

| 直播复盘表 |||||||
|---|---|---|---|---|---|---|
| 数据概览 | 账号 || 开播日期 || 开播时长 | 直播时间段 |
| ^ | 观众总数 || 付款总人数 || 付款订单数 | 销售额 |
| 直播内容质量问题分析 ||||||||
| 直播吸引力指标 | 关联因素 || 问题记录 ||| 复盘结论 |

续表

| 直播复盘表 |||||
|---|---|---|---|---|
| 最高在线人数 | | 关联因素 | | |
| 平均停留时间 | | 流量精准度 | | |
| 新增粉丝量 | | 选品吸引力 | | |
| 增粉率 | | 产品展现力 | | |
| 评论人数 | | 营销活动力 | | |
| 互动率 | | 主播引导力 | | |
| 直播销售效率分析 |||||
| 销售效率指标 | | 关联因素 | 问题记录 | 复盘结论 |
| 转化率 | | 流量精准度 | | |
| 订单转化率 | | 选品吸引力 | | |
| 客单价 | | 产品展现力 | | |
| 客单件 | | 营销活动力 | | |
| UV 价值 | | 主播引导力 | | |
| 直播流量优化分析 |||||
| 流量来源 | 占比 | 人数 | 问题记录 | 复盘结论 |
| 直播推荐 | | | | |
| 视频推荐 | | | | |
| 关注 | | | | |
| 同城 | | | | |
| 其他 | | | | |
| 付费流量 | | | | |

## ❖ 实训活动

假设你是一名小零食售卖抖音直播主播，现在需要设计一段话术来引流观众进入你的直播间。

实训要求

请你根据以下要求，设计出一段话术，并说明你的设计思路和理由：

1. 话术长度不少于 50 字。
2. 你需要在话术中突出直播主题，让观众知道你的直播内容。
3. 你需要在话术中提供直播时间，让观众知道何时可以观看你的直播。
4. 你需要在话术中提供直播间入口，让观众知道如何进入你的直播间。

5. 你需要在话术中加入一些个性化的元素，让观众更容易记住你的直播间。

# 工作任务二　抖音直播间的推广技巧

## ❖ 任务目标

1. 能够正确掌握抖音直播间的运营步骤。
2. 能够正确掌握抖音直播前的准备工作。
3. 能够正确掌握抖音直播间的宣传。
4. 能够正确掌握抖音直播间话题引入技巧。

## ❖ 任务背景

**2024抖音直播机构大会举办：直播机构已进入比拼优质内容新阶段**

10月23日，2024抖音直播机构大会在杭州举办。本次大会以"向上向善同行致远"为主题，行业主管部门、行业协会、平台代表及1500余家机构等多方参会，共议直播行业的新发展与新机遇。

直播机构是直播行业的重要参与者，承担着为主播提供专业服务和支持、携手平台推动优质内容供给的双重角色。抖音直播机构运营负责人左飞介绍，目前直播机构在抖音平台上已经度过依靠主播招募、批量孵化新主播带动增长的阶段，进入深度提升直播能力、强化优质内容运营的新阶段。抖音平台也通过优化流量机制、创新功能玩法、升级运营工具、加强生态治理等方式助力直播机构在规范中发展。

左飞表示，未来，抖音直播将持续助力机构提升运营能力、优化内容质量、规范经营行为，携手机构伙伴同行致远。

（资料来源：https://baijiahao.baidu.com/s?id=1813766731396158489&wfr=spider&for=pc）

**请思考**　如何理解直播机构是直播行业的重要参与者？直播是简单的聊天吗需要那些技巧？

## ❖ 任务操作

随着抖音的不断发展，越来越多的人开始在抖音上进行直播，直播已经成为了抖音的重要内容之一。在抖音直播间中，如何吸引更多的观众，提高直播间的曝光度和粉丝数量，成为了很多主播需要解决的问题。本文将介绍一些抖音直播间的推广技巧，帮助主播更好地推广自己的直播间。

## 一、直播间的运营步骤

### 1. 策划直播内容
根据自己的定位和受众群体，制定直播内容的主题和内容，并确定直播时间和频率。

### 2. 准备直播设备
准备好直播所需要的设备，包括手机、摄像头、话筒等，确保设备的稳定性和画质清晰。

### 3. 开启直播间
在抖音中开启直播间，设置直播间的封面和标题，并添加相关话题和标签，吸引更多的用户进入直播间。

### 4. 与观众互动
在直播过程中，与观众进行互动，回答观众的提问，与观众进行互动交流，提高观众的参与度和忠诚度。

### 5. 推广直播间
在直播前和直播后，通过抖音的社交媒体渠道、微信群、朋友圈等方式，宣传直播间的内容和时间，吸引更多的用户进入直播间。

### 6. 数据分析和优化
在直播结束后，对直播间的数据进行分析，包括观看人数、互动次数、销售额等，根据数据分析结果进行优化，提高直播间的效果和收益。

总之，抖音直播间的运营流程需要主播或博主在直播前充分策划和准备，通过与观众互动、推广直播间、数据分析和优化等方式，提高直播间的效果和收益。同时，需要不断创新和尝试，不断提高自身的直播技能和影响力，吸引更多的用户关注和参与。

## 二、直播前的准备工作

在直播前，主播需要做好充分的准备工作，包括直播的主题、内容、道具、服装等方面。同时，还需要提前准备好直播间的背景音乐、特效等，以提高直播的观赏性和吸引力。尤其要注意做好直播规划表、月份直播排期表、月份直播排期安排表等规划和填写工作。

## 1. 直播规划表

表4-2 直播规划表

| 直播规划表 ||
|---|---|
| 直播日期 | |
| 直播主题 | |
| 达成目标 | |
| 带货的产品和价格 | ①带货金额目标<br>②人气增长目标<br>③订阅增长多少 |
| 设置的互动环节和玩法 | |

## 2. 月份直播排期表

表4-3 月份直播排期表

| _____月份直播排期表 |||||||||
|---|---|---|---|---|---|---|---|---|
| 序号 | 主题/品类 | 采购对接人 | 运营对接人 | 品牌/品类专场/综合 | 销售目标 | 时间 | 备注 |
| 1 | | | | | | | |
| 2 | | | | | | | |
| 3 | | | | | | | |
| 4 | | | | | | | |
| 5 | | | | | | | |

## 3. 月份直播排期安排

表4-4 月份直播排期安排

| _____月份直播排期安排 |||||
|---|---|---|---|---|
| 序号 | 主题 | 对接人 | 销售目标 | 预计时间 |
| 1 | | | | |
| 2 | | | | |
| 3 | | | | |
| 4 | | | | |
| 5 | | | | |
| 合计 | | | | |
| 备注: | | | | |

### 三、直播间的宣传

直播间的宣传是直播成功的关键之一。主播可以通过抖音的官方账号、微信群、QQ群等途径,向更多的用户宣传自己的直播间,并邀请用户前来观看。同时,还可以利用抖音的直播预告功能,提前预告直播内容,吸引更多的用户关注和参与。

虽然抖音直播有巨大的潜力,但是如果没有粉丝,再多机会也不属于你。因此我们要学会宣传,学会通过宣传给自己引流。下面来分享一下抖音直播涨粉的方法:

1. 先设置一个吸引人的封面

封面图一定要高清,不得带有营销性质的文字提示。所以,封面要有视觉冲击,色彩要明亮,找到视频里最夸张、最戏剧化的一帧作为封面。

2. 标题也是必不可少的

标题要尽量从用户最感兴趣的角度入手。例如有明星,有网红。也可以将产品亮点、促销亮点放在标题上,激起用户对产品的好奇心。而且字数不要太多,5—10个字就行。

3. 做好直播预告

可以提前1—3小时发布抖音直播预告视频,这个时间段系统会把我们的视频推荐给不同的用户,把观众引到直播间。所以,视频中可以提前预告为观众准备了哪些惊喜。另外,在抖音账号的主页上添加抖音直播时间,提醒粉丝即将开播,吸引感兴趣的粉丝和路人进入直播间。

预热分为前期预热和播前预热。前期预热是指通过微博、微信、短信及店铺等方式将直播信息传达给顾客。播前预热是指在播放前一个小时内预热。

表4-5　前期预热各方式规划表模板

| 预热渠道 | 预热时间安排 | 预热内容安排 |
| --- | --- | --- |
| 微博 | | |
| 微信 | | |
| 短信 | | |
| 店铺 | | |

4. 制定好直播前脚本

表4-6　直播前脚本

| 直播间脚本方案 ||||
| --- | --- | --- | --- |
| 直播主题 | | 开播时间 | |
| 直播时长 | | 直播目标 | |
| 主播 | 助播 | 场控 | |

续表

| 时间安排 | 内容 | 话术重点 | 产品 | 营销方案 | 演绎道具 | 团队配合 | 短视频预热 | 广告投放 |
|---|---|---|---|---|---|---|---|---|
| 开播前 | 准备工作：筹备直播需要的所有产品/话术/内容/道具等 | | | | | | | |
| 0–5 分钟 | | | | | | | | |
| 5–10 分钟 | | | | | | | | |
| 10–15 分钟 | | | | | | | | |
| 15–20 分钟 | | | | | | | | |
| 20–25 分钟 | | | | | | | | |
| 25–30 分钟 | | | | | | | | |

**5. 注意引导和与观众交流**

不要让直播间冷场，要随时能够找到话题来和粉丝互动分享，提升粉丝的参与度。如果是刚进入直播间的用户，没有关注直播间，可以引导他们点击直播间上方的头像关注。也可以通过抽奖等等小活动让气氛活跃起来。

**6. 做好下一场的直播预告，并且固定直播时间**

不管我们是做短视频还是做直播，都要保证频次，保持更新的时间和规律，才能持续涨粉，不然容易被人忘记。所以，尽量保证每天或者每周2—3次直播，每次直播的时间尽量一致。另外在本场下播之前，也要跟观众说一下下一次的直播时间，让他们留下印象。

## 四、直播间热度提升技巧

目前，抖音直播连线的主要作用就是通过互动来提升直播间人气，有效提升双方直播间观看、互动和停留，主播与主播之间互相增加粉丝。

**1. 提问**

直播时，主播不要一个人光说，要多互动，可以用提问来引导，让用户更加有参与感。可以在开播前准备一些与直播内容相关的问题题干，而且在提问的时候，尽量问一些有选项的题目，不要发问开放性问题，过分开放性的题目无益于提高互动度。

**2. 抽奖**

像很多头部主播也会在直播时举行抽奖，由于直播抽奖只需要观众发发弹幕就有抽奖机会，对用户而言是相对简单的操作，大部分观众都很乐意参与，抽奖对提升直播间活跃度是非常有利的。

**3. 回答弹幕问题**

观众提出的问题是一定要看重的，踊跃回答观众的问题，会让观众觉得自己被看重，这样观众才会更加有参与感，可以进一步热络直播间气氛，增强粉丝观众的黏性。

**4. 限时限量秒杀**

比如在直播间对观众进行价格引导，平时这款产品是多少钱，当下在直播间买，领完优惠券之后又是多少钱。产品只有多少钱，几分钟抢购，限时限量售完即止。

**5. 借助热点**

互联网时代，人们接受信息的速度快、数量多，而热点信息则是广大用户重点关注的话题。因此，直播开场时，主播可以借助热点，拉近与观众之间的心理距离。维护直播互动有助于提升粉丝的体验度、信任度等。

**6. 故事开场**

相较于枯燥的开场白，故事的趣味性，更容易让观众产生兴趣。而且，通过一个小故事开场，带着听众进入直播所需场景，能更好地开展接下来的环节。

直播间互动是需要技巧的，只有直播间有人气有热度，才能积累更多的粉丝，才能有机会进行后续的转化，因此做直播一定要与粉丝积极互动！

首先会让用户觉得你是一个有礼貌的人，其次能让他们感觉到你在关注他们，也能提高他们的参与感，让他们更愿意留在直播间。

## 五、直播间话题引入技巧

在众多的短视频中，抖音无疑是最流行的，而作为一位后来居上者，抖音之所以能做到奋起直追、扛起短视频行业的半壁江山，除了其自身强大的吸粉能力之外，还有一个重要的因素就是它有很强的社交属性，用户间能进行即时互动。但是很多新主播遇到最多的问题——互动不够，容易冷场，导致场面极其尴尬。

**1. 讨论带热度、有争议话题发起粉丝讨论**

在和粉丝的互动中，如果能让粉丝产生激烈的讨论往往更能增加热度，而通常能引发粉丝热烈讨论的话题都是有争议性的话题。

那么，什么样的话题才算有争议呢？可以简单概括为"公说公有理，婆说婆有理"的话题，最典型的特征是从两个或多个方面分析都有其道理。

抖音视频账号在抛出话题后，要能够引起用户的思考，当他们在评论区看到与自己相同的观点时会去交流；当他们看到与自己不同的观点会去反驳。

粉丝与粉丝之间的话题讨论，粉丝与运营者之间的互动，都能带动短视频热度，吸引更多用户加入。

**2. 短视频创作遇到瓶颈，向粉丝征集话题**

个人的能力和精力有限，抖音创作者也可能遇到没有创意的情况。在创作处于瓶颈时，可以向粉丝请教，在抖音账号下发起话题征集活动，让粉丝表达自己的看法以及想要看的内容。

如此不仅是对粉丝做调查，了解他们的兴趣点，促使他们关注下一期视频，还可以让粉丝有认同感和参与感。

3. 由视频转向幕后，巧妙回复评论

抖音视频的运营不只是通过单纯的视频内容吸引粉丝，还要让粉丝了解背后的创作者和团队。为此，抖音短视频运营者要多和粉丝互动，使其在认同视频内容的基础上，逐渐认可幕后工作人员，提升粉丝的忠实度。

运营者可能没有足够的时间和精力一一回复粉丝评论，可以挑选有代表性的言论进行回复。此外，创作者可以拍摄一期视频，专门回复粉丝的问题，增强与粉丝互动的效果。

综上所述，抖音直播间的推广技巧是直播成功的关键之一。主播可以通过提前准备直播内容、宣传直播间、互动观众、奖励机制和营销策略等方式，吸引更多的用户关注和参与，提高直播间的曝光度和粉丝数量，从而实现自己的营销目标。

## ❖ 实训活动

**设计一次卖货变现**

一、实训背景

假设你是一名抖音直播主播，你希望在直播间中实现卖货变现，以提高自己的收入和直播的商业价值。

二、实训要求

请你根据以下要求，设计出一个抖音直播卖货变现计划，并说明你的设计思路和理由。

1. 选品策略：你需要选择一些具有市场需求和潜在利润的产品，例如美妆护肤、服装饰品、数码产品等。

2. 直播策略：你需要制定一些直播策略，例如选择合适的直播时间、展示产品特点和优势、提供优惠和折扣等，以提高产品的销售量和转化率。

3. 营销策略：你需要制定一些营销策略，例如与明星或网红合作推广、组织团购活动、提供赠品和优惠券等，以增加用户的购买欲望和忠诚度。

4. 变现策略：你需要制定一些变现策略，例如与商家合作推广、提供佣金和分成、开设自己的店铺等，以实现卖货变现的目的。

### 三、实训成果

请根据上述要求，设计出一个抖音直播卖货变现计划，并说明你的设计思路和理由。

# 工作任务三　粉丝互动与推广

## ❖ 任务目标

1. 能够正确掌握抖音直播间的互动安排。
2. 能够正确掌握抖音直播推广技巧。
3. 能够正确掌握抖音直播推广策略。
4. 能够正确掌握抖音直播推广效果评价和推广数据分析工具。

## ❖ 任务背景

### 成功案例："小金刚"用大号带小号成功引流

在抖音主页里搜索"小金刚"，进入其主页后，我们可以看到他发布的内容都是与家庭生活息息相关的。由此可见，他的内容定位是"家庭生活"。翻看他的内容列表，几乎每一个视频的点赞量都在5万以上。最重要的是，当我们随意打开"小金刚"的任何一个抖音内容，就会发现他发布每一条抖音内容都@了小号，比如@可爱的金刚嫂、@金刚爸、@金刚妈、@万万学姐（老婆的闺蜜）。

**抖音直播互动技巧**

"小金刚"每一个小号的粉丝都不少。其中"可爱的金刚嫂"粉丝173.3万；"金刚爸"的粉丝150.3万；"万万学姐"的粉丝50.5万："金刚妈"粉丝7.7万。当我们点开"小金刚"@的这四个小号的任意一个抖音视频，会发现其内容与"小金刚"如出一辙，定位仍然是"家庭生活"。很明显，"小金刚"作为大号利用其700多万粉丝来推广自己的小号，来达到引流的目的。

通过"小金刚"的案例，我们可以看出大号推小号的引流方法是十分有效的，不仅可以为小号引流、吸粉，还可以组建自己的抖音号矩阵，扩大影响力，是值得抖商创业者借鉴学习的。

**请思考**　案例中的成功是因为什么？如何在直播间加强与粉丝互动？

## ❖ 任务操作

抖音直播间是一种新型的社交媒体平台，通过直播的方式，主播可以与粉丝进行实时互动，分享自己的生活、经验和技能，吸引更多的用户关注和参与。在抖音直播间中，粉丝互动是非常重要的一部分，可以提高直播间的互动性和用户黏性，同时也是推广自己的品牌和产品的重要手段之一。本文将介绍抖音直播间粉丝互动与推广的相关知识和技巧，帮助主播更好地吸引用户关注和参与，提高直播间的曝光度和粉丝数量。

## 一、直播间的互动安排

直播间的互动是吸引用户关注和参与的重要途径。主播可以通过提问、抽奖等方式，与观众进行互动，增加用户的参与感和互动性。此外，还可以邀请一些明星或网红进行合作直播，吸引更多的用户关注和参与。

1.直播间工作安排

（1）直播人员安排

在直播过程中应该重点展示商品，一般情况下需要2名助理，分别是1名屏幕助理，1名客服助理。

（2）相应工作人员的责任为

①屏幕助理：主要在淘宝直播屏幕提供服务，包括但不限于回复屏幕上顾客的问题、帮助直播发布相关信息、引导粉丝进行关注操作等。

②客服助理：回答顾客对商品的提问，并引导顾客下单。

此外，还需要将商品信息（价格、材质等）发送给客服助理，同时，将客服的信息反馈给主播。屏幕主播必须将直播过程中的每一款都截屏下来发给客服助理。

2.直播间互动形式

（1）利用道具互动

抖音直播平台上有很多虚拟道具，比如贴纸、表情包、用户给主播刷的礼物等等。充分利用这些道具，和粉丝进行互动。

另外，也可以根据自己的直播风格提前准备一些实物道具，增加互动的话题。

（2）游戏互动

在直播间做游戏是最常见的一种抖音直播互动方式，最常玩的游戏有真心话大冒险、你画我猜、词语接龙、接歌词、云霄飞车等。

一般来说，做游戏会有惩罚，主播输了粉丝提出惩罚，用户输了，就会给主播刷礼物，这样既提高了用户的参与感，也能刺激用户刷礼物。

（3）多用感谢话术

在有新用户进入直播间或者是有粉丝刷礼物时，一定要及时对用户进行感谢。

在抖音直播，需要有热度以及人气，直播间热度和人气越高，越容易获得更多的流量推荐。

（4）及时回复弹幕

主播在直播时要多看弹幕，在弹幕中寻找话题，评论，观点，问题等寻找互动话题。可以围绕某个观众、粉丝的留言、评论、所提的问题进行讨论，进行回应。

（5）话术互动

在抖音直播中，在很多时候都需要主播通过话术互动去完成转粉和转化，话术互动玩得好，主播可以很好地控制直播间的节奏。

（6）连麦互动

多选择和高人气的直播间进行主播连麦PK，能够吸引对方直播间的粉丝观看你的直播。

传送门礼物能够让四面八方的观众迅速聚到直播间，实现"一支穿云箭，千军万马来相见"的人气效果。

点击左下角"PK"，即可进行主播连线PK。也可以随机邀请在线的主播连麦PK，进行直播比拼，规定时间内，获取音浪多的一方获胜。

## 二、直播推广技巧

抖音粉丝互动和推广对于品牌和商家来说非常重要，因为它们可以帮助建立品牌形象和提高品牌知名度，同时也可以促进产品销售和增加客户忠诚度。通过互动，品牌可以与粉丝建立更紧密的关系，了解他们的需求和偏好，进而推出更符合市场需求的产品和服务。同时，互动也可以增加粉丝的参与度，让他们更愿意购买和推荐品牌的产品。在推广方面，互动可以让品牌在抖音平台上获得更高的曝光度和流量，从而吸引更多的潜在客户。综上所述，抖音粉丝互动和推广对于品牌和商家来说具有非常重要的意义。

抖音直播是一种基于短视频分享平台的直播形式，它通过直播的方式向观众展示商品、分享经验、与粉丝互动等。抖音直播已成为一种非常流行的营销方式，越来越多的品牌和商家开始将其作为推广的手段。

## 三、抖音直播推广策略

在抖音直播推广中，策略的制定非常关键。本章将介绍一些常用的抖音直播推广策略，包括：

1. 直播主题的选择

选择与品牌定位相符合的主题，吸引目标受众的关注和兴趣。

**2. 直播时间的选择**

选择在受众活跃的时间段进行直播，提高直播的曝光度。

**3. 直播内容的设计**

设计有趣、实用、有价值的内容，吸引观众的注意力和兴趣。

**4. 直播互动的设置**

设置互动环节，增加观众的参与度和忠诚度。

**5. 直播推广的渠道选择**

选择适合品牌和受众的推广渠道，如微博、抖音、微信等。

## 四、抖音直播推广效果评估

在抖音直播推广中，评估效果非常重要。本章将介绍一些常用的抖音直播推广效果评估指标，包括：

1. 直播观看量：直播期间的观众数量。
2. 互动量：观众在直播中的互动量，如点赞、评论、分享等。
3. 转化率：观众在直播后转化为品牌粉丝或购买产品的比例。
4. 粉丝增长量：直播期间新增的品牌粉丝数量。

## 五、抖音直播推广数据分析工具

对于抖音直播间复盘来说，数据分析都是非常重要的工作。正所谓"知己知彼，百战不殆"，通过专业的抖音数据分析，不仅能了解到行业的最新玩法，还能学习到同行的热门"套路"，事半功倍。介绍 5 款抖音数据分析工具，都是亲测好用又简单的小工具，我按照目前市场上用得最多的排序往下介绍。

**1. 蝉妈妈数据**

蝉妈妈是针对抖音、小红书等短视频平台的一站式数据分析服务平台，可以帮你监控数据，包括毫秒级实时直播监控、首发直播转化率、行业首创直播间 UV 价值、行业首创直播间平均停留时长、抖音小店数据分析、率先支持端数据查询等功能，帮助达人和商家更好地进行合作，提高销售额和用户体验。

抖音直播间诊断服务，精细化运营策略，电商行业趋势洞察报告，爆款商品销量 gmv 查询，品牌小店销量排行榜，热门短视频热点趋势判断，短视频素材文案提取，流量结构数据大屏展示，网红达人多维度数据分析，本地生活团购数据。为品牌商家做好抖音直播和短视频电商提供一站式服务解决方案。感兴趣的可以打开上面的链接去看看。

蝉妈妈数据会员分为个人、专业、旗舰，还有定制的品牌版本，同时新手会员可以领取 7 天的免费使用时间；

### 2. 卡思数据

卡思数据是视频全网大数据开放平台，监测的平台不仅是抖音，还包括"抖音""快手""bilibili""美拍""秒拍""西瓜视频""火山小视频"。

卡思数据会员分为免费版、基础版、高级版和超级版，每个级别对应的功能都不一样，免费的几乎看不到什么数据，高级版本的数据是比较多，但是不太够深入。新手用户可以先从免费版用起。

### 3. 飞瓜数据

飞瓜数据是一个专业的短视频数据分析平台。如果你是做专业的抖音营销，或帮客户代运营抖音，那么，飞瓜数据用的人也不少。

不过，飞瓜数据很多功能是要收费，要购买套餐才能使用，一年会员费将近 3000 元，不便宜。

### 4. Toobigdata

Toobigdata 数据功能同样丰富，汇集了抖音各大实用数据功能，包括最新行业资讯、抖音官方平台链接、热门商品、热门数据、账号诊断等等实用工具。

像抖音热门带货数据，在 TooBigdata 上可以免费查看到 TOP100，做淘客抖音号的朋友可以多用一用。

### 5. 抖大大

打开官网链接，微信扫码登录之后，即可进入抖大大数据工作台。抖大大数据工作台分为左侧、顶部导航栏和中间的日常信息展示区三个部分。

左侧和顶部的导航栏是整个抖大大网站的指南针，是创作者们访问更加详细数据页面的快速通道。中间部分则直接展示每天必看的几项重要数据：

运营账号监测、监测数据大盘、服务支持与资讯、热点内容汇总、抖音排行榜。

## 六、抖音直播推广未来展望

随着抖音直播的不断发展和壮大，未来的抖音直播推广将会面临更多的挑战和机遇。本章将对未来的抖音直播推广进行展望，包括：

1. 抖音直播的发展趋势和变化。
2. 抖音直播推广的新趋势和新模式。
3. 抖音直播推广的未来发展方向和策略。

❖ **实训活动**

**设计出一场直播前推广计划**

一、实训背景

假设你是一名抖音直播主播,你的直播间已经有一定数量的粉丝,你希望在直播间中增加粉丝互动的设计,以提高观众的互动和留存率。

二、实训要求

1. 互动形式:你可以设计一个问答环节,让观众在直播间中提出问题,你会在直播中回答这些问题。

2. 互动奖励:你可以设置一些互动奖励,例如送礼物、抽奖等,以激励观众参与互动。

3. 互动规则:你需要制定一些互动规则,例如问题的数量和难度、奖励的数量和类型等,以保证互动的公平性和可持续性。

4. 互动效果:你需要对互动效果进行评估,例如观众的参与度、互动率、留存率等,以确定互动方案的有效性和改进空间。

三、实训成果

请根据上述要求,设计出一个粉丝互动的方案,并说明你的设计思路和理由。

# 工作任务四 账号精准流量获取

❖ **任务目标**

1. 能够正确掌握抖音账号定位与优化。
2. 能够正确掌握抖音账号流量获取。
3. 能够正确掌握抖音平台精准引流。

❖ **任务背景**

某个美妆品牌在抖音上开设了官方账号,并通过数据分析和市场调研确定了目标受众为年轻女性。为了精准获取这些受众的流量,该品牌在抖音上采用了一系列的策略,包括但不限于:

制作优质内容:该品牌在抖音上发布了大量的美妆教程、产品评测、化妆技巧等优质内容,吸引了大量的年轻女性关注和转发。

利用明星效应:该品牌邀请了一些知名的美妆博主和明星合作,让他们在抖音上分享自己的美妆心得和使用心得，吸引了大量年轻女性的关注和转发。

运用数据分析工具：该品牌利用蝉妈妈等数据分析工具，深入了解目标受众的兴趣爱好、消费习惯等信息，针对性地制作内容和投放广告，提高了广告的精准度和效果。

通过以上策略的综合运用，该品牌成功地吸引了大量的年轻女性关注和转发，并在抖音上实现了较高的曝光率和转化率。

**请思考** 抖音账号精准流量获取有哪些途径？需要哪些技巧？

## ❖ 任务操作

抖音是目前全球最受欢迎的短视频分享平台之一，拥有庞大的用户群体和海量的内容资源，成为了许多品牌和商家进行营销推广的重要渠道。在抖音上进行精准流量获取，成为了许多品牌和商家的必修课。本文将介绍抖音账号精准流量获取的方法和技巧，帮助品牌和商家更好地利用抖音平台进行营销推广。

### 一、抖音账号定位与优化

#### 1. 抖音账号定位

在抖音上进行精准流量获取的第一步是确定账号定位。账号定位是指确定账号的主题、风格和目标受众，以便更好地吸引和留住目标用户。品牌和商家在进行账号定位时，需要考虑到自己的产品或服务特点，以及目标用户的需求和兴趣，从而确定适合自己的账号定位。

#### 2. 抖音账号优化

在确定了账号定位之后，品牌和商家需要对账号进行优化，提高账号的曝光度和用户黏性。以下是一些账号优化的技巧：

（1）完善账号信息：品牌和商家需要完善账号信息，包括账号名称、头像、简介等，让用户更好地了解品牌和商家。

（2）制作优质内容：品牌和商家需要制作优质的内容，包括短视频、图片和文字等，让用户更好地了解品牌和商家的产品和服务。

（3）增加互动性：品牌和商家可以增加互动性，例如在视频中加入问题、投票和抽奖等互动元素，吸引用户的参与和关注。

### 二、抖音账号流量获取

在完成账号定位和优化之后，品牌和商家需要通过多种渠道获取抖音账号的流量，提高账号的曝光度和用户黏性。

### 1. 抖音账号流量获取的技巧

（1）利用热门话题和挑战：品牌和商家可以利用热门话题和挑战，制作相关内容，提高账号的曝光度和用户黏性。

（2）利用明星效应：品牌和商家可以利用明星效应，邀请明星代言或参与合作，提高账号的曝光度和用户黏性。

（3）利用广告投放：品牌和商家可以通过广告投放的方式，在抖音平台上进行精准流量获取，提高账号的曝光度和用户黏性。

### 2. 热搜引流

用户可以通过抖音热搜查找当前热词，让自己的短视频高度匹配这些热词，获得更多曝光。

（1）视频标题文案与热词密切相关：如果一个热词的搜索结果只有相关的视频内容，那么视频标题文案的编辑就显得尤为重要，用户可以将其完整地写在文案中。这些关键字增加了搜索匹配的优先级。

（2）视频主题匹配热词：以热词"明星"为例，从视频搜索结果中的热门作品来看，视频标题中不包含"＃星＃""明星"关键词，之所以有这么多点赞，是因为它的话题中包含了热词。

（3）BGM 的视频选择与热词高度相关。

（4）账号命名及关注热词。

### 3. 原创引流

对于有短视频制作能力的用户来说，原创引流是最好的选择。用户可以将制作的原创短视频发布到抖音平台，同时可以在账号信息板块引流，比如在昵称、个人简介等中留下微信等联系方式。

### 4. 评论区引流

抖音短视频的评论区基本上都是抖音的精准受众，都是活跃的粉丝。"抖商"可以先编辑一些引流词，词包括微信等联系方式。在你发布的视频的评论区回复其他人的评论，直接复制粘贴评论的内容。

（1）热评引流法

①直评热评：流量大，竞争激烈。

②同行作品点评：特点是流量小，粉丝量准。

（2）抖音评论区软件引流

用户只需将编辑好的引流词填写到软件中，然后打开开关，软件就会自动在抖音等平台的评论区持续评论，为用户带来很多流量。建议商家一定要将目前流行的云探店种草和田野探店种草两种方式科学结合起来同时经营，节省成本，获取大量流量。

### 5. 矩阵引流

抖音矩阵是指通过同时运营不同账户，打造稳定的粉丝流量池。

抖音矩阵有很多优点。首先，能够充分展示品牌特色，扩大影响力，并且可以形成沟通链进行内部引流，大大增加粉丝数量。

比如，抖音火爆的西安，开通了以西安为中心的一系列子账号，如西安美食、西安攻略、西安旅游、文明西安、西安街拍等，合作引流，结合KOL引流策略，让西安成为"网红"打卡城市。

### 6. 私信引流

抖音支持"发消息"功能，部分粉丝可能会通过此功能给用户发消息，用户可以不定时查看，并使用私信回复引流。

### 7. 跨平台引流

目前，除了那些拥有数百万甚至数千万粉丝的抖音主账号外，拥有数十万粉丝的大号跨平台能力非常薄弱。

### 8. 在线引流

- 微信引流

（1）朋友圈引流

（2）微信群引流

（3）公众号引流

- QQ引流

（1）QQ签名引流

（2）QQ头像和昵称引流

（3）QQ空间引流吸引流量

（4）QQ群吸引流量

（5）QQ兴趣部落吸引流量

- 音乐平台吸引流量

用户可以使用音乐社区和评论功能，让自己的评论发声，进行宣传推广。

### 9. 线下流量

用抖音为线下店铺吸引流量最好的方法是开一个企业账号，使用"申领POI地址"功能，在POI地址上展示店铺的基本信息页面，实现线上访问线下流量转化。

要想成功吸引流量，用户必须持续输出优质内容，保证稳定的更新频率，多与用户互动，打造属于自己的产品。

## 三、抖音平台精准引流

抖音平台上的流量是非常大的，不少用户在平台来推广产品，效果也是非常不错的，但是想要获得更精准引流的话，需要掌握一定的技巧，所以下面来介绍抖音精准引流怎么操作。

1. 硬抖音广告引流法

硬广告引流法是指在短视频中直接进行产品或品牌展示，这种方式最直接，有时恰恰是这种最直接的方式，能更快地吸引受众的眼光。用户可以购买一个摄像棚，将平时朋友圈发的反馈图全部整理出来，然后制作成照片电影来发布视频，如减肥的前后效果对比图、美白的前后效果对比图等。

2. 抖音原创视频引流

有短视频制作能力的用户，原创引流是最好的选择。用户可以把制作好的原创短视频发布到抖音平台，同时在账号资料部分进行引流，如昵称、个人简介等板块，都可以留下微信等联系方式。但要注意的是，不要在其中直接标注"微信"，可以用拼音简写、同音字或其他相关符号来代替。只要用户的原创短视频的播放量越大，曝光率越大，引流的效果也就会越好。

抖音上的年轻用户偏爱热门和创意有趣的内容，同时在抖音官方介绍中，抖音鼓励的视频是：场景、画面清晰；记录自己的日常生活，内容健康向上；多人类、剧情类、才艺类、心得分享、搞笑等多样化内容，不拘于一个风格。用户在制作原创短视频内容时，可以记住这些原则，让作品获得更多推荐。

3. 抖音评论区人工引流

抖音短视频的评论区，基本上都是抖音的精准受众，而且都是活跃用户。用户可以先编辑好一些引流话术，话术中带有联系方式。在自己发布的视频的评论区回复其他人的评论，评论的内容直接复制粘贴引流话术，比如：请关注××公众号等，能做到非常精准地引流，但做到这一点要保证的是，你的短视频内容能引起广泛评论。

通过介绍，了解到抖音精准引流该怎么引流，用户可以通过硬抖音广告引流法、抖音原创视频引流以及评论区人工引流等方面进行操作，能够获得更精准的流量。

综上所述，抖音账号精准流量获取是品牌和商家进行营销推广的重要手段之一。在进行抖音账号精准流量获取时，品牌和商家需要进行账号定位和优化，利用热门话题和挑战、明星效应和广告投放等方式，提高账号的曝光度和用户黏性，从而实现精准流量获取的目的。

## ❖ 实训活动

**设计出一场直播前推广计划**

一、实训背景

假设你是一名直播主播，你将在下周五晚 8 点进行一场直播，主题是分享你的旅行经历。

二、实训要求

1. 推广目标：你希望吸引尽可能多的观众参与直播，并且在直播结束后留下评论或点赞，以增加直播的曝光度和互动性。

2. 推广渠道：你可以选择在社交媒体平台、微信群、微博等平台上宣传直播，并且可以邀请一些旅行博主或者旅行爱好者来宣传你的直播。

3. 推广内容：你可以制作一些海报、短视频或者其他形式的宣传材料，展示你的旅行照片、视频或者文字介绍，并且可以在宣传材料中加入一些互动环节，例如提问、留言等，以吸引观众的关注和参与。

4. 推广时间：你需要提前至少一周开始推广，并且在直播前的几天内保持持续的宣传和互动，以提高观众的期待和参与度。

三、实训成果

请根据上述要求，设计出一场直播前推广计划，并说明你的设计思路和理由。

# 任务测验

## 一、选择题

1. 在注册抖音账号前，应该先了解哪些内容（　　）

    A. 账号类型　　　　　　　　B. 账号名称

    C. 账号头像　　　　　　　　D. 账号简介

2. 在注册抖音账号时，应该注意哪些事项（　　）

    A. 使用真实姓名和头像　　　B. 填写真实手机号码

    C. 填写真实邮箱地址　　　　D. 填写真实地址

3. 注册成功后，应该如何完善账号信息（　　）

    A. 修改账号名称和头像　　　B. 添加个人简介

    C. 填写个人资料　　　　　　D. 添加联系方式

4. 在抖音平台上，如何提高账号的曝光度（　　）

    A. 频繁发布视频内容　　　　B. 发布高质量、有趣的视频内容

C. 与其他用户互动　　　　　　D. 发布有关热门话题的内容

5. 在抖音平台上，如何增加粉丝数量（　　）

A. 发布有价值的内容　　　　　B. 与粉丝互动

C. 定期更新直播内容　　　　　D. 定期举办活动

6. 直播间话术引流技巧包括哪些方面（　　）

A. 介绍商品特点　　　　　　　B. 引导用户参与互动

C. 回答用户问题　　　　　　　D. 介绍自己的经验

7. 在直播间中，如何引导用户参与互动（　　）

A. 提出问题　　　　　　　　　B. 分享趣味话题

C. 展示商品特点　　　　　　　D. 介绍自己的经验

## 二、简答题

1. 直播间推广的核心目的是什么？

2. 直播间推广的常用方法有哪些？

3. 如何提高直播间的曝光度？

# 任务总结与评价

## ❖ 任务总结

### 任务目标

1. 用学习的过程来进行汇报和总结，以小组的形式为单位

2. 完成对学习过程的综合评价

### 任务操作

以小组为单位，选择PPT、图片、海报、视频等形式中的一种或多种，向全班展示、汇报学习成果。汇报的内容应包括：

1. 抖音账号的定位。

2. 抖音账号的流量获取。

3. 抖音平台的精准引流。

## ❖ 任务评价

综合评价表

| 评价节点 | 评价指标 | 评价内容 | 评价主体 | 得分 |
| --- | --- | --- | --- | --- |
| 课前评价（10%） | 自学态度（5%） | 课前提问 | 教师 | |
| | | 提出回答问题次数 | 教师 | |
| | 自学行为（5%） | 是否上传学习笔记 | 教师 | |
| | | 是否完成课前测验 | 教师 | |
| | | 课前测验成绩 | 教师 | |
| 课中测评（60%） | 出勤状况（5%） | 是否迟到早退旷课 | 教师 | |
| | 师生互动（15%） | 提出回答问题次数 | 教师 | |
| | | 是否聆听教师和认真总结做好记录 | 教师 | |
| | | 是否参与小组讨论头脑风暴等互动活动 | 教师、学生 | |
| | 小组分工（15%） | 是否有明确合理的分工 | 教师、学生 | |
| | | 是否积极进行讨论探索 | 教师、学生 | |
| | | 是否在规定时间内完成组内任务 | 教师 | |
| | 成果展示（25%） | 内容展示标准全面 | 教师、学生 | |
| | | 表达条理清晰，表达生动 | 教师 | |
| | | 课堂测验成绩 | 教师 | |
| 课后评价（30%） | 方案时效（10%） | 小组方案的实际应用效果 | 教师、学生 | |
| | 实践拓展（20%） | 能够按时完成实践作业 | 教师 | |
| | | 实践作业完成效果完成情况 | 教师 | |

# 工作领域五　账号变现与瓶颈期突破

## 任务背景

抖音账号变现和突破瓶颈期对于抖音用户和MCN机构都具有重要意义。对于抖音用户而言，变现是实现商业价值和获得更多收益的重要手段。而突破瓶颈期则可以帮助用户持续增长粉丝和影响力，提高用户黏性和忠诚度。对于MCN机构来说，抖音账号的变现和突破瓶颈期是实现商业价值和长期发展的重要手段。因此，抖音账号变现和突破瓶颈期是抖音生态系统中不可或缺的一部分。

## 任务流程

1. 抖音直播变现。
2. 抖音知识类变现。
3. 抖音广告植入变现。
4. 瓶颈期突破与数据提升。
5. 任务测评。
6. 任务总结与评价。

## 思政目标

1. 弘扬"敬业 诚信"的社会主义核心价值观。
2. 树立正确的抖音直播主播的语言管理与表情沟通素养观念。
3. 培养学生终身学习、不断进取的精神。
4. 培育学生们的工匠精神。
5. 培育积极进取的人生态度。

## 知识目标

1. 掌握抖音直播变现、抖音知识类变现、抖音广告植入变现技巧。
2. 掌握抖音账号瓶颈期突破与数据提升的要点。

# 工作任务一　抖音直播变现

### ❖ 任务目标

1. 能够正确掌握抖音直播变现的定义。
2. 能够正确掌握抖音直播变现的优势。
3. 能够正确掌握抖音直播变现的挑战。
4. 能够正确掌握抖音直播变现的方式。

### ❖ 任务背景

抖音直播变现需要主播或博主与品牌或平台合作，将自己的产品和购买链接进行推广，吸引更多的用户观看和购买。同时，需要在直播内容的制作和推广上下功夫，提高用户的参与度和忠诚度，从而实现直播变现的目标。

案例一：某知名网红在抖音上开设了直播间，通过直播向观众介绍自己的生活方式和美妆技巧，并向观众推荐自己的美妆产品。该网红通过与品牌合作，将自己的美妆产品和购买链接进行推广，吸引更多的用户观看和购买。该网红在抖音上的直播变现取得了很好的效果，品牌知名度得到了显著提升。

案例二：某明星在抖音上开设了直播间，通过直播向观众介绍自己的音乐作品和演艺经历，并向观众推荐自己的音乐作品。该明星通过与音乐平台合作，将自己的音乐作品和购买链接进行推广，吸引更多的用户观看和购买。该明星在抖音上的直播变现取得了很好的效果，音乐作品的销售额得到了显著提升。

案例三：某知名美食博主在抖音上开设了直播间，通过直播向观众介绍自己的美食制作过程和食材搭配技巧，并向观众推荐自己的美食产品。该美食博主通过与品牌合作，将自己的美食产品和购买链接进行推广，吸引更多的用户观看和购买。该美食博主在抖音上的直播变现取得了很好的效果，品牌知名度得到了显著提升。

**请思考**　抖音直播变现的重要性？直播变现有哪些技巧？

## ❖ 任务操作

抖音直播变现是近年来备受关注的一个话题，随着抖音用户数量的不断增长和直播功能的不断完善，越来越多的用户开始尝试通过直播来实现变现。本章将从抖音直播变现的定义、方式、优势和挑战等方面进行探讨。

### 一、抖音直播变现的定义

抖音直播变现指的是通过在抖音上进行直播，吸引粉丝观看、打赏、购买商品等方式来实现赢利的过程。抖音直播变现的主要方式包括直播打赏、纯佣金CPS、坑位费+CPS、曝光广告和连麦引流等多种形式。

图5-1 抖音直播现场

### 二、抖音直播变现的优势

1. 流量优势

抖音作为国内最大的短视频平台之一，拥有庞大的用户群体和流量优势，可以有效地提高直播间的曝光度和粉丝数量。

2. 粉丝互动优势

抖音直播具有互动性强的特点，观众可以与主播实时互动，增强了用户黏性，提高了用户参与度和忠诚度。

3. 商品变现优势

抖音直播可以通过展示商品特点、介绍使用心得等方式，吸引用户购买商品，实现变现。

4. 广告变现优势

抖音直播可以通过广告投放、品牌合作等方式，实现广告变现，为直播主播带来稳定的收益。

### 三、抖音直播变现的挑战

**1. 竞争激烈**

抖音直播市场竞争激烈，需要具备一定的实力和资源才能在市场上立足。

**2. 用户需求多样化**

抖音用户需求多样化，不同类型的直播内容和变现方式适用于不同的用户，需要主播具备一定的专业知识和技能。

**3. 直播质量要求高**

直播质量是吸引用户的关键，主播需要具备一定的表演能力和沟通能力，才能吸引观众并实现变现。

### 四、抖音直播变现的方式

**1. 直播打赏**

主播可以通过直播打赏的方式，吸引观众打赏礼物，从而获得礼物的价值，实现变现。

**2. 纯佣金 CPS**

主播可以与平台合作，通过展示商品、推广商品等方式，获得平台给予的佣金，实现变现。

**3. 坑位费 +CPS**

主播可以通过与平台合作，提前预订直播时间和位置，获得平台给予的坑位费，并通过展示商品、推广商品等方式获得佣金，实现变现。

**4. 接广告和连麦引流**

主播可以通过与广告主合作，在直播中展示广告，获得广告费，或者通过连麦引流等方式，吸引用户进入其他直播间或平台，实现变现。

综上所述，抖音直播变现是一种具有潜力和前景的商业模式，主播可以通过多种方式实现变现，并且随着抖音用户数量的不断增长和直播功能的不断完善，抖音直播变现将会成为越来越多主播的选择。

## ❖ 实训活动

### 设计一次直播变现

**一、实训背景**

假设你是一名抖音直播主播，你希望在直播间中实现变现，以提高自己的收入和直播的商业价值。

二、实训要求

1. 变现方式：你可以选择多种变现方式，例如打赏、商品销售、广告投放等。

2. 变现策略：你需要制定一些变现策略，例如在直播中宣传商品、与品牌合作推广、提供定制化服务等，以提高变现的效果和商业价值。

3. 变现收益：你需要对每种变现方式的收益进行估算，例如打赏的收益、商品销售的收益、广告投放的收益等，以确定变现收益和投入产出比。

4. 变现风险：你需要考虑变现过程中可能面临的风险，例如商品质量问题、品牌合作纠纷、用户投诉等，以制定相应的风险控制策略。

三、实训成果

请根据上述要求，设计出一个抖音直播变现计划，并说明你的设计思路和理由。

# 工作任务二　抖音知识类变现

## ❖ 任务目标

1. 能够正确掌握抖音知识类变现的定义。
2. 能够正确掌握抖音知识类变现的优势。
3. 能够正确掌握抖音知识类变现的挑战。
4. 能够正确掌握抖音知识类变现的方式。

## ❖ 任务背景

抖音知识类变现需要知识类账号与抖音达人合作，将自己的知识和经验进行推广，吸引更多的年轻用户观看和学习。同时，需要在知识类账号的内容中，结合抖音的互动功能，增加用户的参与度和忠诚度，从而实现知识类变现的目标。

案例一：某知名教育机构在抖音上开设了知识类账号，分享各种教育知识和经验。该教育机构通过与抖音达人合作，将自己的教育知识和经验进行推广，吸引更多的年轻用户观看和学习。同时，该教育机构还通过抖音直播等方式，与用户进行互动，增强用户的参与度和忠诚度。该教育机构在抖音上的知识类变现取得了很好的效果，品牌知名度得到了显著提升。

案例二：某知名健康专家在抖音上开设了健康类账号，分享各种健康知识和经验。该健康专家通过与抖音达人合作，将自己的健康知识和经验进行推广，吸引更多的年轻用户观看和学习。同时，该健康专家还通过抖音直播等方式，与用户进行互动，增强用户的参与度和忠诚度。该健康专家在抖音上的知识类变现取得了很好的效果，品牌知名度得到了显著提升。

案例三：某知名美食博主在抖音上开设了美食类账号，分享各种美食制作方法和美食推荐。该美食博主通过与抖音达人合作，将自己的美食制作方法和美食推荐进行推广，吸引更多的年轻用户观看和学习。同时，该美食博主还通过抖音直播等方式，与用户进行互动，增强用户的参与度和忠诚度。该美食博主在抖音上的知识类变现取得了很好的效果，品牌知名度得到了显著提升。

**请思考** 抖音直播知识类变现与其他变现有何不同？你知道哪些变现技巧？

## ❖ 任务操作

随着互联网的普及和移动设备的普及，短视频影响广泛。其中，抖音作为国内最受欢迎的短视频应用之一，已经成为知识类变现的重要平台之一。下面将从抖音知识类变现的定义、特点、优势和挑战等方面进行探讨。

### 一、抖音知识类变现的定义

抖音知识类变现指的是通过在抖音上分享知识、经验、技能等内容，吸引粉丝关注、点赞、评论等互动行为，从而实现变现的过程。抖音知识类变现的主要方式包括直播、短视频、图文、问答等多种形式。

### 二、抖音知识类变现的特点

1. 知识性强

抖音知识类变现的内容主要围绕知识、经验、技能等方面展开，具有较强的实用性和指导性。

2. 互动性强

抖音知识类变现的内容可以通过直播、短视频、图文、问答等多种形式进行分享，与粉丝进行互动，增加粉丝黏性和参与度。

3. 个性化强

抖音知识类变现的内容可以根据不同的粉丝需求进行个性化定制，增加粉丝黏性和忠诚度。

## 三、抖音知识类变现的优势

**1. 流量优势**

抖音作为国内最大的短视频平台之一，拥有庞大的用户群体和流量优势，可以有效地提高知识类变现的曝光度和粉丝数量。

**2. 粉丝互动优势**

抖音知识类变现的内容可以通过互动、评论等方式与粉丝进行互动，增强粉丝黏性和参与度。

**3. 变现方式多样化**

抖音知识类变现的方式多样，包括直播、短视频、图文、问答等多种形式，可以根据不同的变现需求进行选择。

## 四、抖音知识类变现的挑战

**1. 竞争激烈**

抖音知识类变现的市场竞争激烈，需要具备一定的专业知识和技能，同时需要不断创新和更新内容，才能保持竞争力。

**2. 粉丝需求多样化**

抖音知识类变现的内容需要根据不同的粉丝需求进行个性化定制，需要具备一定的粉丝分析和营销能力。

**3. 变现效果不稳定**

抖音知识类变现的效果受到多种因素的影响，如粉丝数量、内容质量、推广策略等，需要不断地进行优化和调整。

## 五、抖音知识类变现的方式

**1. 直播**

通过直播的形式分享知识、经验、技能等内容，与粉丝进行互动，增加粉丝黏性和参与度。

**2. 短视频**

通过短视频的形式分享知识、经验、技能等内容，可以增加内容的可视性和吸引力。

**3. 图文**

通过图文的形式分享知识、经验、技能等内容，可以让粉丝更加方便地阅读和学习。

4. 问答

通过问答的形式与粉丝进行互动，解答粉丝的疑问，增加粉丝黏性和参与度。

### 六、抖音知识类变现的策略

1. 个性化定制

根据不同的粉丝需求进行个性化定制，提供符合粉丝需求的知识、经验、技能等内容，增加粉丝的黏性和忠诚度。

2. 粉丝分析

通过粉丝数据分析，了解粉丝的兴趣爱好和需求，提供符合粉丝需求的知识、经验、技能等内容，增加粉丝的黏性和忠诚度。

3. 营销策略

通过营销策略，增加知识类变现的曝光度和粉丝数量，提高变现效果。

4. 创新更新

不断创新和更新知识类变现的内容，保持与时俱进的态度，提高粉丝的黏性和忠诚度。

综上所述，抖音知识类变现是一种具有潜力和前景的商业模式，商家可以通过多种方式进行变现，并且随着抖音用户数量的不断增长和知识类内容的不断丰富，抖音知识类变现将会成为越来越多商家的选择。

### ❖ 实训活动

**设计一次知识类变现**

一、实训背景

假设你是一名抖音知识类主播，你希望在抖音上表现出色，吸引更多观众的关注和认可。

二、实训要求

1. 选题策略：你需要选择一些具有知识性和趣味性的主题，例如历史、文化、科技、健康等。

2. 直播策略：你需要制定一些直播策略，例如选择合适的直播时间、展示主题的深度和广度、与观众互动等，以提高观众的参与度和学习效果。

3. 互动策略：你需要设计一些互动环节，例如答题、抽奖、送礼物等，以增强观众的参与感和互动效果。

4. 推广策略：你需要制定一些推广策略，例如与相关领域的专家、名人合作推广，在社交媒体平台上分享内容、制作宣传片等，以扩大知名度和影响力。

三、实训成果

请根据上述要求，设计出一个抖音知识类变现计划，并说明你的设计思路和理由。

# 工作任务三　抖音广告植入变现

## ❖ 任务目标

1. 能够正确掌握抖音广告植入变现的定义。
2. 能够正确掌握抖音广告植入变现的优势。
3. 能够正确掌握抖音广告植入变现的挑战。
4. 能够正确掌握抖音广告植入变现的方式。

## ❖ 任务背景

抖音广告植入变现需要品牌或商家与抖音达人合作，将自己的品牌和产品植入到抖音视频中，吸引更多的年轻用户观看和购买。同时，需要在广告植入的同时，结合抖音的互动功能，增加用户的参与度和转化率，从而实现广告植入变现的目标。

案例一：某品牌与抖音达人合作，在抖音上进行广告植入。该品牌通过与抖音达人的合作，将品牌的产品和服务植入到抖音视频中，吸引更多的年轻用户观看和购买。该品牌在抖音上的广告植入取得了很好的效果，销售额得到了显著提升。

案例二：某电商平台与抖音达人合作，在抖音上进行广告植入。该电商平台通过与抖音达人的合作，将自己的商品和服务植入到抖音视频中，吸引更多的年轻用户观看和购买。该电商平台在抖音上的广告植入取得了很好的效果，销售额得到了显著提升。

案例三：某化妆品品牌与抖音达人合作，在抖音上进行广告植入。该化妆品品牌通过与抖音达人的合作，将自己的品牌和产品植入到抖音视频中，吸引更多的年轻用户观看和购买。该化妆品品牌在抖音上的广告植入取得了很好的效果，销售额得到了显著提升。

> **请思考**　抖音广告植入变现相比其他变现更难吗？需要哪些技巧？

## ❖ 任务操作

随着抖音用户数量的不断增长和广告植入变现的不断发展，抖音广告植入变现已经成为一种重要的商业模式。下面将从抖音广告植入变现的定义、特点、优势和挑战等方面进行探讨。

## 一、抖音广告植入变现的定义

抖音广告植入变现指的是在抖音上通过将广告植入到视频、直播等内容中，实现广告变现的过程。广告植入可以是品牌方自己制作的广告，也可以是与抖音合作的广告。广告植入的形式可以是在视频中插入品牌标识或者产品展示，也可以是在直播中进行品牌推广。

## 二、抖音广告植入变现的特点

### 1. 精准投放

抖音广告植入变现可以根据用户的兴趣、行为等数据进行精准投放，提高广告的曝光度和转化率。

### 2. 互动性强

抖音广告植入变现可以与用户进行互动，增加用户的参与度和黏性。

### 3. 效果可衡量

抖音广告植入变现可以通过数据分析等方式对广告效果进行实时监控和评估，提高广告投放的效率和效果。

## 三、抖音广告植入变现的优势

### 1. 流量优势

抖音作为国内最火热的短视频平台之一，拥有庞大的用户群体和流量优势，可以有效地提高广告植入变现的曝光度和转化率。

### 2. 品牌效应

广告植入可以让品牌在抖音上获得更高的曝光度和知名度，提高品牌的影响力和认知度。

### 3. 精准投放

抖音广告植入变现可以根据用户的兴趣、行为等数据进行精准投放，提高广告的转化率和效果。

## 四、抖音广告植入变现的挑战

### 1. 用户体验

广告植入可能会影响用户的观看体验，降低用户对视频的兴趣和参与度，需要平衡广告植入和用户体验之间的关系。

**2. 竞争激烈**

抖音广告植入变现市场竞争激烈，需要具备一定的广告创意和技术能力，同时需要不断创新和更新广告内容，才能保持竞争力。

**3. 数据安全**

广告植入需要涉及用户的个人信息和隐私，需要加强数据安全管理，保护用户隐私和权益。

综上所述，抖音广告植入变现已经成为一种重要的商业模式，具有精准投放、互动性强、效果可衡量等优势，同时也需要平衡广告植入和用户体验之间的关系，加强数据安全管理等方面的挑战。

## ❖ 实训活动

### 设计一次广告植入类变现

**一、实训背景**

假设你是一名抖音主播，你希望在抖音上进行广告植入，并实现变现的目的。

**二、实训要求**

1. 广告植入策略：你需要选择适合抖音平台的广告形式，例如短视频、直播、挑战赛等，并确定广告的植入位置和时间。

2. 变现策略：你需要制定一些变现策略，例如提供优惠券、礼品卡、折扣码等，以吸引观众的购买行为。

3. 数据分析策略：你需要对广告植入和变现效果进行数据分析和优化，例如监测广告曝光量、点击率、转化率等指标，并根据数据调整广告策略和变现策略。

**三、实训成果**

请根据上述要求，设计出一个抖音广告植入变现计划，并说明你的设计思路和理由。

# 工作任务四　瓶颈期突破与数据提升

## ❖ 任务目标

1. 能够正确掌握抖音账号瓶颈期突破。
2. 能够正确掌握抖音账号数据提升。
3. 能够正确掌握抖音提升数据分析工具的使用。

## ❖ 任务背景

抖音瓶颈期突破和数据提升需要主播或品牌不断尝试新的营销手段和互动方式,与粉丝建立良好的互动关系,增加粉丝的参与度和转化率,从而实现突破瓶颈期和提升数据的目标。

瓶颈期突破:某美妆博主在抖音上拥有一定的粉丝基础,但是由于内容更新不够及时和创新,导致粉丝数量增长缓慢,出现了瓶颈期。该博主开始尝试与其他美妆博主合作,共同创作内容,并且增加了一些新的元素和互动环节,吸引了更多的观众。最终,该博主成功突破了瓶颈期,粉丝数量得到了显著提升。

数据提升:某服装品牌在抖音上的表现一直不尽如人意,销售额增长缓慢。该品牌开始重新审视自己的营销策略,并且增加了一些新的营销手段和互动方式。例如,该品牌增加了一些有趣的挑战活动,邀请粉丝参与互动,并且通过抽奖等方式增加了粉丝的参与度。最终,该品牌的销售额得到了显著提升。

瓶颈期突破:某旅游博主在抖音上拥有一定的粉丝基础,但是由于内容更新不够及时和创新,导致粉丝数量增长缓慢,出现了瓶颈期。该博主开始尝试与其他旅游博主合作,共同创作内容,并且增加了一些新的元素和互动环节,吸引了更多的观众。最终,该博主成功突破了瓶颈期,粉丝数量得到了显著提升。

数据提升:某餐饮品牌在抖音上的表现一直不尽如人意,曝光率和转化率较低。该品牌开始重新审视自己的营销策略,并且增加了一些新的营销手段和互动方式。例如,该品牌增加了一些有趣的游戏和挑战活动,邀请粉丝参与互动,并且通过赠送优惠券等方式增加了粉丝的转化率。最终,该品牌的曝光率和转化率得到了显著提升。

**请思考** 看到以上成果案例你是否对数据分析有了新的认识?如何利用数据分析摆脱账号的瓶颈期呢?

## ❖ 任务操作

随着抖音用户数量的不断增长和市场竞争的加剧,许多抖音账号都会遇到瓶颈期,即粉丝数量停滞不前,影响账号的变现效果。在这种情况下,如何突破瓶颈期,提升账号的数据,成为抖音用户和运营者们关注的焦点。下面将从抖音账号瓶颈期突破和数据提升两个方面进行探讨。

## 一、抖音账号瓶颈期突破

### 1. 优化内容

抖音是一个以内容为主导的平台,账号的内容质量是吸引粉丝的关键。因此,在突破瓶颈期时,需要对账号的内容进行优化,提高内容的质量和吸引力。

### 2. 拓展受众

除了原有的粉丝群体外,可以通过拓展新的受众群体来提升账号的数据。例如,可以在其他社交媒体平台上宣传账号,吸引更多的用户关注。

### 3. 增加互动

互动是抖音账号的重要属性,可以通过增加互动来提升账号的数据。例如,可以开展互动活动、发布问答等,吸引更多的用户参与。

## 二、抖音账号数据提升

### 1. 数据分析

数据分析是提升抖音账号数据的重要手段之一。可以通过分析账号的粉丝数据、互动数据、内容数据等,找出账号的优势和不足,并针对性地进行优化。

### 2. 广告投放

广告投放是提升抖音账号数据的重要手段之一。可以通过投放广告来吸引更多的用户关注,提高账号的曝光度和转化率。

### 3. 付费推广

付费推广是提升抖音账号数据的重要手段之一。可以通过购买抖音的推广服务,提高账号的曝光度和转化率。

### 4. 合作推广

合作推广是提升抖音账号数据的重要手段之一。可以与其他账号或品牌进行合作推广,扩大账号的受众群体,优化账号的数据。

综上所述,抖音账号瓶颈期突破和数据提升是抖音用户和运营者们需要面对和解决的重要问题。通过优化内容、拓展受众、增加互动、数据分析、广告投放、付费推广和合作推广等手段,可以提升账号的数据,突破瓶颈期,实现账号的变现效果。

## 三、数据分析工具的使用

### 1. 抖音常用的数据分析工具主要包括以下几种

(1) 蝉妈妈:蝉妈妈是一款专业的电商数据分析工具,支持数据采集、清洗、分析和可视化，能够帮助用户快速发现数据中的问题和机会，并提供数据驱动的决策支持。

（2）飞桨数据可视化平台：飞桨数据可视化平台是一款基于飞桨深度学习平台的数据可视化工具，支持多种数据源的数据可视化，包括图表、地图、仪表盘等，能够帮助用户更加直观地了解数据。

（3）DataV：DataV 是一款数据科学平台，提供数据清洗、数据建模、数据可视化等功能，能够帮助用户快速构建数据模型，并提供数据驱动的决策支持。

（4）Tableau：Tableau 是一款数据可视化工具，支持多种数据源的数据可视化和分析，包括图表、地图、仪表盘等，能够帮助用户快速发现数据中的问题和机会，并提供数据驱动的决策支持。

（5）Power BI：Power BI 是基于云的商业数据分析和共享工具，它能把复杂的数据转化成简洁的视图。通过它，可以创建可视化交互式报告，即使在外也能用手机端 APP 随时查看。

以上是抖音常用的数据分析工具，不同的工具适用于不同的数据分析场景和需求。

2. 下面以蝉妈妈为例讲解一下软件的基本用法

（1）首先我们需要登录蝉妈妈官网。

图 5-2　蝉妈妈登录界面

（2）选择"达人"这大类搜索项，并输入想要查找的达人昵称、主页链接或抖音号（这里强烈建议使用抖音号）。

（3）点击想要查看的达人，进入达人详情页，即可查看该达人的详细数据。

（4）以上功能使用需要满足是蝉妈妈高级版、专业版、旗舰版。

3. 下面以蝉妈妈为例讲解一下软件如何使用超级场控数据化运营 / 直播复盘

（1）官网主页点击【超级场控】，选择立即使用进入超级场控页面。

图 5-3 超级场控页面

（2）在超级场控页面中选择【我的抖音号】→点击右上方【添加抖音号】选项，即可开始使用。

（3）抖音号添加完成后，直播时点击【进入】，即可进入工作台查看控制台、商品、流量、投放、短视频、违规、场景增强等内容。

（4）直播结束后，点击【历史】，可查看复盘内容概览分析数据：预估 GMV、实时观看人数、支付转化率、直播间评论、订单量、商品销量、客单价、UV 价值等。可查看直播录屏（需要在直播前开启录制），趋势图中点击任意位置可查看该位置视频。

## ❖ 实训活动

### 利用蝉妈妈软件对公司的数据进行提升和分析

一、实训背景

假设你是一家电商公司的数据分析师，你需要利用蝉妈妈软件对公司的数据进行提升和分析。

二、实训要求

请你根据以下要求，设计出一个利用蝉妈妈软件对数据进行提升的计划，并说明你的设计思路和理由。

1. 数据来源：首先，你需要确定需要分析的数据类型和来源，例如销售数据、用户行为数据、商品信息数据等，以及数据的来源，例如电商平台、CRM 系统等；

2. 数据清洗和整合：接下来，你需要对数据进行清洗和整合，例如去除重复数据、填充缺失数据、转换数据格式等，以确保数据的准确性和一致性；

3. 数据分析和建模：然后，你需要利用蝉妈妈软件对数据进行分析和建模，例如使用数据可视化工具展示数据趋势、使用机器学习算法预测销售额、使用数据挖掘技术发现用户偏好等；

4. 数据应用和优化：最后，你需要将分析结果应用到实际业务中，例如优化产品推荐算法、制定营销策略、改进客户服务等，并根据数据分析结果进行优化和改进。

三、实训成果

请根据上述要求，设计出一个利用蝉妈妈软件对数据进行提升的计划，并说明你的设计思路和理由。

# 任务测验

## 一、选择题

1. 直播间中，如何提高用户参与度？
   A. 提出问题　　　　　　　　　　B. 分享趣味话题
   C. 展示商品特点　　　　　　　　D. 介绍自己得经验

2. 直播间推广技巧包括哪些方面？
   A. 利用直播间礼物功能　　　　　B. 利用直播间打卡功能
   C. 利用直播间抽奖功能　　　　　D. 利用直播间连麦功能

3. 在直播间中，如何利用直播间礼物功能？
   A. 设置礼物价格　　　　　　　　B. 设置礼物数量
   C. 设置礼物名称　　　　　　　　D. 设置礼物描述

4. 如何提高直播间粉丝的互动？
   A. 提供有价值的内容　　　　　　B. 与粉丝互动
   C. 定期更新直播内容　　　　　　D. 定期举办活动

5. 如何利用直播间粉丝进行推广？
   A. 提供折扣或优惠券　　　　　　B. 提供礼品或抽奖活动
   C. 邀请粉丝参与直播　　　　　　D. 邀请粉丝参与其他社交媒体平台的活动

6. 在抖音平台上，如何获取精准流量？
   A. 发布有价值的内容　　　　　　B. 与粉丝互动
   C. 定期更新直播内容　　　　　　D. 定期举办活动

7. 在抖音平台上，如何提高账号的曝光度？
   A. 频繁发布视频　　　　　　　　B. 发布高质量、有趣的视频内容
   C. 与其他用户互动　　　　　　　D. 发布有关热门话题的内容

## 二、简答题

1. 如何在直播间中引导用户参与互动？
2. 如何提高直播间的用户参与度？

# 任务总结与评价

## ❖ 任务总结

### 任务目标

1. 用学习的过程来进行汇报和总结,以小组的形式为单位。
2. 完成对学习过程的综合评价。

### 任务操作

以小组为单位,选择 PPT、图片、海报、视频等形式中的一种或多种,向全班展示、汇报学习成果。汇报的内容应包括:

1. 抖音直播变现技巧。
2. 抖音知识类变现技巧。
3. 抖音广告植入变现技巧。
4. 瓶颈期突破与数据提升。

## ❖ 任务评价

综合评价表

| 评价节点 | 评价指标 | 评价内容 | 评价主体 | 得分 |
|---|---|---|---|---|
| 课前评价（10%） | 自学态度（5%） | 课前提问 | 教师 | |
| | | 提出回答问题次数 | 教师 | |
| | 自学行为（5%） | 是否上传学习笔记 | 教师 | |
| | | 是否完成课前测验 | 教师 | |
| | | 课前测验成绩 | 教师 | |
| 课中测评（60%） | 出勤状况（5%） | 是否迟到早退旷课 | 教师 | |
| | 师生互动（15%） | 提出回答问题次数 | 教师 | |
| | | 是否聆听教师和认真总结做好记录 | 教师 | |
| | | 是否参与小组讨论头脑风暴等互动活动 | 教师、学生 | |
| 课中测评（60%） | 小组分工（15%） | 是否有明确合理的分工 | 教师、学生 | |
| | | 是否积极进行讨论探索 | 教师、学生 | |
| | | 是否在规定时间内完成组内任务 | 教师 | |
| | 成果展示（25%） | 内容展示标准全面 | 教师、学生 | |
| | | 表达条理清晰，表达生动 | 教师 | |
| | | 课堂测验成绩 | 教师 | |
| 课后评价（30%） | 方案时效（10%） | 小组方案的实际应用效果 | 教师、学生 | |
| | 实践拓展（20%） | 能够按时完成实践作业 | 教师 | |
| | | 实践作业完成效果完成情况 | 教师 | |

# 工作领域六　直播主播的形象管理与人设魅力

## 任务背景

直播时主播经常出镜，成功吸引人眼球的主播除了拥有出色的直播技能以外，还需要有出色的人格魅力。人格魅力来源于主播对自己的定义，简单来说就是观众对主播的外貌、穿衣打扮、性格、举止等各方面固有的印象。主播要想让自己的直播被更多人所喜爱和接受，需要进行人设的塑造和形象的打造，持续强化自身的定位。当然，人设的成功塑造少不了形象管理，镜头感的培养和直播画面的构建。人物形象设定（简称"人设"），指一个人的姓名、年龄、背景、家庭、学历、从业经验、擅长领域、职业设定等信息塑造一个形象。主播通过人物形象设定可以让自己的定位更加清晰明了，使粉丝们印象深刻。

大众对陌生人的初次印象往往是不够突出的、具体的，而且还存在一定的差异性，大部分人对陌生人的印象基本是模糊的。所以，个人所体现出的形象、气质等方面，完全可以通过人设经营的操作，改变之前给他人留下的人设形象记忆。在人际交往中，通过利用主观和客观的信息来塑造人设，从而达到预期的传播效果，是"人设经营"的根本目的。人设经营，可以说是在总结他人对我们的看法、态度和意见的基础之上，进行不断的自我调整和改进，这也是一种在社会上生存的手段。学会打造出独特的人物设定，可以使主播拥有与众不同的特点，在人群中脱颖而出。此外，对外输出的传播效果的结果好坏，会直接决定人设经营是否成功。

## 任务流程

1. 主播业务岗位认知。
2. 主播人员职业素养。
3. 知识储备。
4. 交易规则。
5. 任务测评。

6. 任务总结与评价。

## 思政目标

1. 弘扬"敬业 诚信"的社会主义核心价值观。
2. 树立正确的抖音直播运营与主播素养观念。
3. 培养学生终身学习、不断进取的精神。
4. 培育学生们的工匠精神。
5. 培育积极进取的人生态度。

## 知识目标

1. 掌握直播主播的形象管理原则。
2. 掌握直播主播的妆容设计。
3. 了解直播主播的着装设计。
4. 掌握直播主播的形象管理原则。
5. 掌握直播主播的人设塑造。

## 能力目标

1. 能够正确理解抖音直播运营和主播素养的价值。
2. 能够通过相关渠道了解主播素养的需求与现状。
3. 能够明确直播主播素养的知识和技能。

## 工作任务一  直播主播的形象管理原则

### ❖ 任务目标

1. 能够正确认识直播主播的直播定位。
2. 能够打造直播主播的妆容。
3. 能够掌握直播主播形象管理原则的重要性。

## ❖ 任务背景

2022年6月，在抖音直播平台上，一名唱歌功力非常好的罗女士因剪发为寸头而遭到抖音粉丝们的一顿网络炮轰，有的说其失恋了，有的说其被经纪公司解约了，有的说其父母离异了。抖音直播平台粉丝们的留言很多，她的形象改变直接引起了粉丝们的一顿猜疑，直接影响了她的粉丝数量，粉丝人数也随之减少，抖音的推流的频率也随之降低。这令其本来就肥硕的身材配上短短的头发更加让人难以入目了，即使歌声再好听也无法引人在其直播间中停留驻足。所以，直播主播的形象管理尤为重要。

**请思考** 直播主播的形象重要吗？作为直播主播应该遵循哪些形象管理的原则？

## ❖ 任务操作

### 一、直播主播形象管理的原则

有许多新手主播在直播形象认知上存在着误区，那就是不懂得如何注意自身的形象管理，有时会存在过分修饰自己的容貌现象。其实，直播主播不一定要多帅气或多漂亮，而是要大方得体地展示出自身自信的一面，让屏幕前的粉丝们看到其自身的闪光点，通过自身的优势来吸引粉丝们。主播形象是其气质、容貌、谈吐、特点的总和。主播形象包括穿搭、配饰、妆容和背景等。主播要认真对待各个细节，使直播间整体风格保持统一，给人舒适的感觉。

主播形象管理要遵循以下三个原则：

1. 以直播定位为基础

主播是直播间的核心人物，主播的形象是账号的代表，是所销售和宣传品牌的代表。因此，在打造主播形象时要考虑到直播的定位，需要考虑以下几个方面：本场直播的核心目标用户群是什么样的人群？本场直播要向粉丝传递什么样的信息或理念是什么？本场直播销售产品的属性是什么？例如：本场直播的播出内容是年龄在25—45岁的女性能够接受的，那么主播的形象设计应为一位在40岁左右，具备一定社会阅历与经验，形象佳，谈吐、举止皆可展示知识性和独立性一面的女性为最佳。

2. 与直播间的风格相统一

从粉丝们观看的感受来看，主播的形象感觉都要和直播间是一体的。因此，主播的形象和直播间需统一风格和色调。不管是销售哪个品类的产品，主播都需要注意这一点。两者风格的统一体现在如下方面：

（1）主播的形象要与品牌或产品的风格统一。例如，品牌或产品的主要色调是绿色，主播可以选择绿色系的服装和配饰。

（2）主播形象要适应节气和热点。如果在春节期间直播，主播就可以把直播间的主题色彩设置为红色，这样不仅能让粉丝们感受到春季的喜庆氛围，还能让粉丝们一眼感知这场直播的主题是以春节为主题的直播。

### 3.遵守直播间的规则和规范

主播开展直播活动必须遵守相关法律法规和规章制度、规范性文件、行业公约的规定，坚持正确的导向，弘扬社会主义核心价值观，遵循公序良俗，传递社会正能量，内容积极健康，向善向上，保证粉丝们观看的内容和互动内容健康、文明、绿色、有序。

对于违反规定的主播，直播平台也会按照规定进行相应的惩罚。一旦出现了第一条违法行为，就会被平台永远禁止使用该主播的账号，或者永远禁止其开展直播。第一类违法行为主要表现为：穿政府机关制服、军警制服或其他具有政治敏锐感的服装。

如果在直播中出现下列情况，或者在直播中出现下列情况，将会被认定为第二级违法：含有性暗示，性挑逗，低俗情趣，荒诞，惊悚，影响社会和谐。

如果出现了第二级违法行为，那么，直播平台有权按照其违法行为的严重程度，给予警告、断播或禁止上线权限一日到永远的处罚。如果在直播中出现下列情况，则将被认定为第三级违法：衣着暴露，庸俗，化妆夸张；恐怖、粗俗、不雅，甚至会威胁到观众的生命。以展示联系方式、链接等方式、诱导用户进行私人交易，或将用户转移到其他的平台进行交易。穿戴不适合直播的衣服、饰品。

如果出现了第三级违法行为，则直播平台有权视其违法行为的轻重程度，给予警告、停播、封禁开播权限一日至一星期的惩罚。

## 二、如何打造主播的形象

人物形象设定（简称"人设"），指一个人的姓名、年龄、背景、家庭、学历、从业经验、擅长领域、职业设定等信息塑造一个形象。主播通过人物形象设定可以让自己的定位更加清晰明了，使粉丝们印象深刻。

### 1.主播人设定位

对于已经有粉丝基础的主播而言，都有了适合自己的人设。例如：一提到某位主播，很多人的脑海中就会跳出那个主播的形象。她在直播中频繁提及自己的生活经历，分享护肤经验，推荐高性价比产品，给粉丝树立起一个既专业又能干的大姐姐形象。

那么，新手主播应该如何设定自己的人设呢？这主要通过主播的昵称、头像、简介以及直播中常用的口头禅等塑造。

新手主播在开播前就要做好自己的人设定位，并将人设信息通过昵称、头像、个性签名等方式展现出来。

2. 塑造主播的外在形象

在当今的直播营销中，都说对主播的要求比较低，其实要想成为一个名气度高的主播，门槛还是挺高的。比如那些人气高，频繁登上平台热榜的主播，实际上是有依靠背后的经纪公司或者团队的运作，同时，他们都有很高的颜值。

在直播中，主播的表现与产品的销售业绩是分不开的，人人都有爱美之心，都喜欢美好的事物，很多用户更加乐意看颜值高、情商高的主播，这也是颜值高的主播人气很高的原因所在。爱美之心是人之常情，人人都喜欢欣赏美好的事物，所以颜值会成为营销手段的一部分因素也就不难理解了。但需要注意的是，颜值并不是唯一，光有颜值是不够的，将颜值和情商、智商结合起来，才能获得"颜值+直播"的效果。虽然，"颜值+直播"模式的营销效果十分出色，但也要注意主播个人素质的培养，只有高情商、高智商和高颜值的结合，才能获得最佳的直播营销效果。

主播颜值的塑造方法：主播的形象要符合自己塑造的人设性格；主播的服装、妆容造型要干净、靓丽；主播的行为也要得体、大方。

普通人想要在互联网中成名并不是一件简单的事情，如果找不到正确的方法，只是一味地想引人注目是发展不下去的。所以，每个创业者都要根据自己的特点，选择适合自己的内容，包装自己，表现自己，宣传自己，让更多的人看到自己的特色，关心自己。在直播中，选择包装自己的内容，可以从两个方面着手：一个是才艺，丰富自身的才艺；一个是外形，打造让粉丝们眼前一亮的视觉效果。无论是在丰富的内在素养方面还是在呈现最好的妆容方面，下面将从宣传方面详细解说如何包装自己。

首先，在图片方面，一般的直播图片用的是主播个人的照片。要想引人注目，就要找准一个合适的角度，才能更好地把直播主题内容与个人照片相结合，做到相得益彰。虽然主播的长相是天生的，但是主播的宣传图片不同于视频，是可以后期去编辑和修改的。

因此，假如主播的天生条件不是那么引人注目，也可以借用软件来进行后期修整。一些手机自拍应用，可以帮助用户一秒变美，效果非常自然，让照片中人物肤质更白、润、透。一些手机自拍应用的美颜功能要比化妆品还神奇，内置了多种美颜风格，供用户们任意去选择。在里选择"美颜相机"，现场拍摄或从手机相册选择照片，可再进行修图。

其次，在宣传标题上，为直播主题取一个好的标题，再辅以主播的高颜值照片，那么给人的第一印象必然是美好的。可以说，在设置好受众最先接触的两个方面的情况下，吸引受众注意也就不再难了。

### 3. 用 SRIL 法则来判定人设塑造的方向

人设越清晰，粉丝对主播的印象就会越深。例如：甲主播和某某演员长相相近，并且歌声动听；乙主播外貌不是很出众，但歌喉是惊人的好听；丙主播性格爽朗，像个女汉子，衣品很是讨喜；等等。以上都是主播的一些明确的人设，明确了人设会有很多优势。

（1）吸引精准粉丝：主播的人设决定了他能吸引到什么类型的粉丝。例如，让一个看起来弱不禁风的男生或是女生来做美食类主播，就无法营造出食欲满满的感觉，容易被粉丝们认为是在假吃，从而得不到关注与好评。

（2）提升关注度：主播的人设就会越强，越具有吸引力。例如，同样是美妆博主，甲博主化妆前后的效果对比强烈，能快速抓住粉丝的目光，自然会获得更多粉丝的关注。所以，主播要通过人设来体现出自己与其他同类主播的区别，提升被粉丝关注的可能性。

（3）提升互动和停留时间：主播人设越强，粉丝在直播间停留的时间就可能越长。只有在主播的风格受到粉丝们喜欢时，粉丝们才会更愿意和主播进行点赞、评论等互动环节。

提升粉丝转化率和流量：人设是主播自我风格的延伸和拓展，粉丝们喜欢主播的风格才可能会去关注他，经常去看他。一旦人设不明确，则主播的流量也会不确定。

主播在塑造人设时，可以用 SRIL 法则来判定人设塑造的方向。

S 优势分析：在优势分析方面，主播可以从硬件和软件方面去剖析自己。硬件是短时间内很难改变的一些东西、如身高、体重、身材、颜值、所处的地理环境等；软件方面，则指可以通过一定的努力去获得的沉淀优势，如专业知识、技能、才艺等。

R 风险分析：分析直播中可能会遇到的风险，如法律、道德、价值观等。这也要求主播要细读平台规则，不去触犯法律和规则。同时，主播售卖的产品，在不违反交易规则的前提下，还要注重质量，不然会影响到粉丝们对主播的信任。

I 识别度分析：主播在人设确定的过程中，需要分析自己的人设是否有辨识度。辨识度高的主播，更为容易得到粉丝们的关注。主播可以对比自己与专业领域的主播，找到自己和他们的共同点和差异点，如直播场景、风格、形象、声音等。

L 变现能力分析：主播在人设塑造的过程中，要评估自己的带货能力，并根据人设标签来预估变现能力以及后期是否会有商业价值。

## ❖ 实训活动

**思考题** 如何打造主播的形象?

# 工作任务二　直播主播的妆容设计

## ❖ 任务目标

1. 能够正确认识直播主播妆容的重要性。
2. 能够打造直播主播的妆容。

## ❖ 任务背景

2023年6月,在抖音直播平台上,一名唱歌功力非常好的刘女士(原来是位明星)在直播间里戴着黑色口罩,素颜出镜,努力为粉丝们在唱歌,直播间的人也不算少,但是若能将黑色口罩摘掉,化个精致的妆容,我想,直播间的粉丝一定会更多。不可否认,很多人在直播间中能够停留是愿意看到好看的面容,较好的身材,真实的内容,所以直播间主播的妆容对直播效果尤为重要。

**请思考** 直播主播的妆容重要吗?作为直播主播应该如何打造自己的妆容?

## ❖ 任务操作

直播是面向用户的,而在当今高清的直播画面中,人的脸部缺陷会展示得十分清晰,而适当化妆可以修正脸部缺陷,美化自己,使自己显得很有精神,这是对自己和粉丝们的尊重。主播妆容的打造原则有三点:一是可以适度开启美颜功能;二是选择清新简约风格的妆容;三是避免选择过于夸张的妆容,应选择突出自己的特点、适合直播风格的妆容。

### 一、化妆主要包括以下几个步骤

**1.妆前准备**

妆前准备包括束发、洁肤和护肤。束发是指用发带、毛巾等将头发束起或包起,最好再备上一条围巾,以防止在化妆时弄脏头发或衣服,同时避免头发妨碍化妆,这样做可以使脸部轮廓更加清晰和明净,从而有针对地化妆。

洁肤是指清洁肌肤,用清洁露、洗面奶等清洁面

图6-1　化妆准备步骤

部的污垢和油脂,有条件的还可以用洁肤水清除面部皮屑,再涂上滋润的化妆水。

护肤是指妆前的基础护肤,一般是在洗完脸后用化妆棉蘸上爽肤水或柔肤水涂抹在脸上,然后涂抹精华液,接着涂抹乳液或乳霜。由于面部肌肤每日都要经过风吹日晒,因此建议主播每天都要进行护肤,一般早晚各一次。

### 2. 上隔离霜

隔离霜不仅可以在化妆品和皮肤之间形成一层保护层,防止粉底堵住毛孔,伤害皮肤,同时可以保护皮肤不受到空气污染物的伤害,还可以起到防晒、防辐射和调整皮肤颜色的作用。

### 3. 上粉

上粉又称打底,给皮肤上基础底色,目的是调整皮肤的颜色。很多人认为粉底厚一点儿可以掩盖皮肤的很多问题,如皱纹、斑点等瑕疵,但是粉底太厚会让整个人看上去没有血色,面部缺少光泽度,显得不真实、不健康。

主播最好根据自己的肤色选择遮盖度较高的粉底,让肤色自然、无瑕疵。一般来说,深色粉底涂抹额头侧方(太阳穴上)、鼻翼两侧、咬肌处;浅色粉底涂抹于眉骨、眼侧下、鼻梁处。

### 4. 画眉毛

画眉毛又称描眉,是根据原来的眉形用眉笔加深颜色,或者根据脸型对眉毛进行适当修饰。眉笔的颜色要根据自身的发色进行选择,一般会选择灰色、棕色。主播可以根据自己的脸型确定想要的眉形,先用眉笔画出基本的轮廓,然后用眉粉或眉膏进行填充。眉形的长度应尽量使眉毛的尾端与嘴角的连线正好可以经过眼角。

图 6-2 画眉毛

### 5. 画眼影

眼影可以使眼皮显色明显,突出眼球,让眼睛看起来更加明亮和传神,打造出立体效果。画眼影常用三色眼影,步骤如下:眼影由浅到深分为三层,第一层是在眼窝上涂抹眼影色打底,不要过厚、过宽;第二层是在 1/2 上眼皮部分使用第二色过渡色,晕染刚刚涂好的眼影;第三层是在最靠近睫毛部分使用深色眼影。以上三层要过渡自然,模糊界限。

图 6-3 画眼影

眼影的色系大致分为暖色系和冷色系。暖色系的眼影比较适合凹陷眼,即眼皮的皮下脂肪较少的眼睛,因为暖色系是让人感觉膨胀的色系,容易显肿,所以"肿眼泡"的主播不要选择暖色系眼影,但可以选择偏冷色系,如冷粉色、冷橘色等,还可以加强眼影颜色的渲染，也就是加重眼影的颜色。冷色系的眼影比较适合"肿眼泡"的主播，因为冷色系在视觉上有收缩的效果。

### 6. 画眼线

眼线是眼妆的"点睛之笔"，可以让眼睛自然放大，使眼睛变得迷人、有魅力。主播可以用黑色眼线液紧贴睫毛细细地勾画出眼线轮廓，到了眼尾部分，眼线向上提起并稍微超出眼角部分，让眼角瞬间上翘，充满俏皮感，画眼线时，上下眼线不能一样浓，不管眼睛大小和形状，一概描一圈，这样会使小眼睛显得更小，大眼睛会显得生硬，给人不易靠近的感觉。小眼睛的下眼睑的眼线要尽量画得淡一些，或者不画。画眼线的重点要放在眼尾方向，眼线越要画得明显，眼角处的眼线向下延伸一点儿效果会更好。

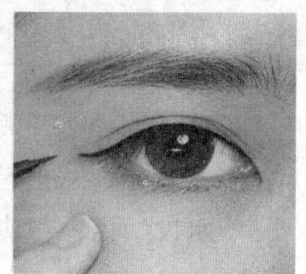

图 6-4　画眼线

### 7. 修饰睫毛

修饰睫毛首先选择适合自己的睫毛膏，因为不同的睫毛膏刷头通常会呈现不同的效果，例如两头粗、中间也粗的刷头有使睫毛变得浓密的效果，适合睫毛本身较长，但比较稀疏的主播使用。

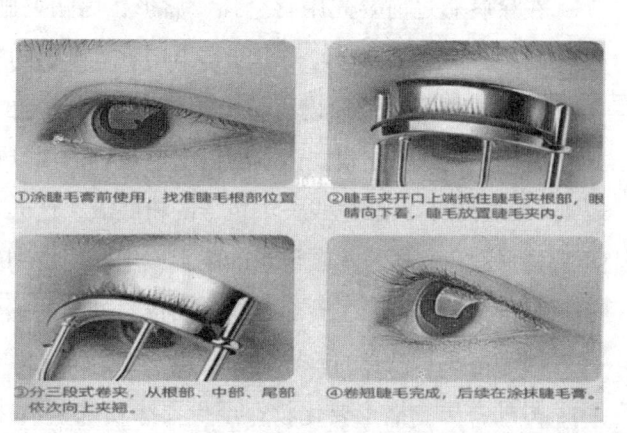

首先要做的是夹睫毛，改善睫毛下塌，使睫毛最大限度地上卷，而上卷的睫毛可以在视觉上减轻眼部浮肿。使用睫毛夹在睫毛根部、45度角、90度的三个位置各夹一次，用力时夹头不能移动，不要夹完之后立刻松开，而要停留几秒，使睫毛的卷翘感维持得更持久。

图 6-5　夹睫毛

接下来是上睫毛打底膏。现在市面上出售的睫毛打底膏大多含有纤维，可以瞬时增长睫毛。睫毛打底膏可以延长睫毛膏的带妆时间，避免出现"熊猫眼"的情况，而且其中含有的睫毛养护成分可以最大限度地避免脆弱的睫毛

图 6-6　刷睫毛

受伤害。等到睫毛打底膏干透之后，主播可以再用睫毛夹轻轻夹一下睫毛，为卷翘的睫毛加上"双保险"。下一步是刷睫毛，取适量睫毛膏，由睫毛根部开始向上重复刷，睫毛根部要多刷几次，以使基底更稳固，创造出如眼线般自然的内眼线，让双眼轮廓更突出。等睫毛膏干透之后，再次拿出睫毛夹轻轻夹一下睫毛。至此，睫毛修饰工作就完成了。

### 8. 上腮红

又称胭脂，是指涂敷于面颊颧骨部位，以呈现健康红润气色及突出面部立体感的化妆品。腮红一般分为粉状、膏状、水状。人们一般使用粉状腮红，其更易掌握。最简单的画法是在笑肌处扫上腮红，由外向内以打圈的方式涂抹。粉色系的腮红适合皮肤白皙的人，橘色系的腮红适合皮肤偏黄的人，棕色系的腮红适合皮肤暗沉的人。

图 6-7　涂唇彩

### 9. 涂唇彩

唇彩是唇部用化妆品，直接涂抹于唇上或涂抹于口红上，可以赋予嘴唇光泽。唇彩通常是液体状或柔软的固体状，具有磨砂、闪光光泽或金属质感。

在涂唇彩之前要先用唇笔描出唇形，唇角要画得细一些，画出唇峰，然后从唇两边往中间涂，注意涂抹均匀，不能超出用唇笔画出的唇形。

当然，主播上镜的妆容与日常妆容是有一定的区别的。上镜之后，人的五官会被压缩，整体上显得不是很立体，所以上镜妆容的重点在于打造妆容的立体感。主播可以在底妆部分选择比自己肤色浅一个色号的粉底液，这样会让皮肤在镜头面前显得更白皙；尽量不要选择红色、橘色等暖色系的眼影或饱和度特别高的眼影，因为这些颜色会让眼睛在上镜后显得很臃肿；除了脸部之外，出镜时露出的颈部和肩膀的肤色要尽量和脸部的肤色一致，因为镜头对色彩的差异是非常敏感的。

另外，男主播也要化妆，至少要涂粉底，不然一打光，在镜头前的整张脸都会显得没有气色。男主播要选择比自己的肤色深半个色号或一个色号的粉底液，还要修眉、画眉，让自己显得更有精神。

如果直播时间较长，而且天气过热或过于干燥，体力消耗大，容易疲劳、出汗，妆面容易出问题，就要选择防水化妆品，不然直播久了面部容易显脏。

## 二、主播的外修形体的重要性

很多人的气质不体现在语言中，而是体现在形体上。例如，一些知名模特站在那里，即使不说话，也是一道风景线。主播也是一样的，有的主播即使不善言辞，就安静地坐在镜头前，也会给人留下深刻印象。特别是娱乐类的主播，在提升自己才艺的同时，也要注意修炼形体。

常见的形体训练多种多样，如瑜伽、舞蹈等。

瑜伽：是目前较为热门的一种有氧运动方式，注重塑形和心灵的修炼。瑜伽塑形的效果很好，能起到紧致肌肉的作用，让身体曲线更美感，体型也能够得到改善。

舞蹈：种类繁多，也是提升气质的有效方式。例如：芭蕾舞就是众多女星喜爱的热门舞蹈。

即使主播没有舞蹈细胞，在尝试学习舞蹈但没有效果的情况下，也可以通过游戏、跑步等方式来运动，在塑造形体的同时也保持身体健康。

## ❖ 实训活动

**思考题** 以下的主播妆容打造步骤有无缺少？

步骤1：涂上隔离和防晒霜。
步骤2：修饰自身的眉形、用适合的眉笔画眉毛，用睫毛夹夹睫毛，涂上睫毛膏。
步骤3：结合自身的唇形画唇膏，根据直播间的类型判断妆容的浓淡程度。
步骤4：画上腮红。

# 工作任务三　直播主播的着装设计

## ❖ 任务目标

1. 能够正确了解直播主播着装设计的知识点。
2. 能够正确打造直播主播的着装。
3. 能够掌握直播主播着装的重要性。

## ❖ 任务背景

2023年6月，在抖音直播平台上，一名唱歌功力非常好的男士在卖力演唱，他几乎每一日每一场的直播服饰都不同，有演出服装、有草裙装、有绅士服装、有正装、有休闲服装等，本身演唱功力了得，加之服饰搭配得体，服装适合他的演唱风格，为其在直播时增加了许多的粉丝，粉丝们在欣赏其歌声的同时也欣赏了其独特的着装设计造型。

**请思考** 直播主播的着装重要吗？作为直播主播应该注意到的着装的重要性？

## ❖ 任务操作

### 一、直播主播着装的设计

着装的关键在于搭配得好。如果适当利用时尚的颜色，不仅可以修正和遮盖身体的缺点，还可以强调和突出主播的优点。主播服装的颜色分为同种颜色、近似颜色、强烈的对比颜色、补色等。

（1）同样颜色的配合，深浅明暗，两个不同种类的相同颜色的配合，青色和天蓝色，浓烈的绿色和浅绿色，咖啡色和米色，深红色和浅红色，相同的颜色的配合显得柔美。

（2）相似颜色的搭配，两种比较相似颜色的搭配，红、橙或紫红色的搭配等。

黄色和绿色和橙色很相配，绿色和黄色形成协调的话，给人一种春天的感觉，整体感觉很清爽。

（3）强烈对比颜色的搭配，黑、白、红与其他颜色的搭配，白称为无色系，搭配任何颜色都不成大问题。同样颜色与白色搭配显亮，与黑色搭配显暗。

（4）补色搭配，两种不同的颜色搭配，红色与绿色，青色与橙色，黑色与白色等搭配，补色搭配能形成鲜明的对比，可以收到很好的效果。黑白搭配是永远的经典，庄重大气。

服装颜色搭配可以分为以下几种情况。

- 褐色上衣：搭配颜色偏向于亮色和暖色的衣裙，以白色为最佳。
- 黑色上衣：搭配白色衣裙。
- 米色上衣：下身的搭配要点亮肤色，如白色衣裙等。

### 二、直播间合理的服饰搭配

说到衣服颜色这里就是重点了。首先注意服饰一定要以浅色系的衣服为主，因为黑灰色系的衣服会稍显压抑，而纯白色的服饰又太吃光，上镜容易曝光，出镜的效果会大打折扣，在挑选浅色衣服的时候，不妨选择偏米色的白色。其次，直播间不是出门的街拍，比起那些醒目的撞色搭配，我更建议大家选择同色系的搭配，用同一颜色的深浅、明暗营造层次感。因为一般一场直播的时间，长则七八个小时，短一点也要两三个小时，观众们长时间停留在你的直播间，五颜六色盯久了眼睛会疲劳，所以在选择色系搭配的时候，还是选择简单一点的色彩，不仅更加耐看还舒适。我比较推荐的是鹅黄、米色、藕粉、蜜桃粉、婴儿蓝等色彩，上镜会显得柔和，非常提升气质。如果是走可爱风的主播们，也可以选择一些底色为浅色，但是选择有少量彩色小装饰的上衣，同样能给可爱加分。

直播间里的衣服一定要上镜都试穿过，可以在某宝买便宜的，上镜一天一套一个月不重样,而且隔一段时间就会淘汰一批,尽量选择实惠上镜又好看的。

### 1. 注意的问题

有的衣服在日常生活中穿很好看,但是上镜就显得平平无奇,在穿搭这方面一定要注意三个问题:

第一:直播间尽量选择浅色系的,因为黑色会让脸部曝光,穿黑色就会显得面部很亮特别爆,如果实在喜欢深色系的,就可以选择深咖色、深灰色;但是浅色衣服一定是更显身材的,而且显得人干净温柔阳光不压抑。

第二:直播间没有季节的分别,在直播间穿得要有一定的露肤度,不能穿大高领毛衣,穿大棉袄上去直播,会让人感觉不专业而且压抑,还要避免穿太休闲的衣服,比如大宽T恤,松松垮垮的,展示不出来自身的优势和气质,而且最好是方便的;也要搭配得好,很多姐妹们冬天的时候,上面穿得好好的,下面穿个大睡裤,做惩罚的时候往后一站,上半身人模人样,下半身大萝卜腿真的很不雅,而且会给直播间粉丝一种很敷衍的感觉。

第三:尽量选择一些设计款的衣服,可以是泡泡袖、一字肩、复古方领或者改良旗袍,V领能够拉长脖子的线条,会让人看得更舒展;衣服不要太暴露了,太夸张的衣服不但不能给自己上镜加分,还觉得很LOW很廉价,同时官方也会格外地关照,所以一定要注意上镜穿着的尺度。

### 2. 注重大众取向+设计感

在直播间基本都是展现上半身在画面中,那么上半身的衣服必然是要有点儿设计元素在其中,才能更加吸睛,如果不是特定风格:洛丽塔、汉服、古装或者是运动风(瑜伽、健身教练)等,尽可能选择受众喜爱的衣服+设计感,但是最大的禁忌是避免过于暴露。

这里就有点小心机了,比较仙仙的衣服更符合大众取向,可以选择一字肩、纱质露肩设计。其次,服装颜色尽量选择浅色系,深沉的颜色不太讨喜,除非是定位需要,关于颜色也不可太五颜六色,不然粉丝们看久了眼睛会不舒服,鹅黄、米色、藕粉、蜜桃粉等颜色就会比较合适,上镜柔和,给气质加分。

### 3. 整体呈现效果

选择了风格和合适的衣服,一定要注意一个核心要点就是穿搭最终的呈现效果。

第一:不可以穿太多。

不管天气如何,在镜头前都要轻薄穿搭,不可以太过于臃肿,绝大多数主播都不要因为天气

图6-8 合理的服饰搭配

冷就穿着羽绒服就开播哦，户外主播则需要根据天气穿搭了。

第二：穿搭也要考虑到直播间布置。

即便穿搭好看了，也要考虑场景，如果直播间布置的颜色与穿搭的颜色相冲，搭配起来反而很突兀，那么就要进行调整。这一块可以自己打开前置摄像头进行测试。

第三：配饰不可喧宾夺主。

穿搭不是越多越好，而是要考虑整体效果，尽可能让画面和谐、简洁。

如果衣服已经有很多设计元素了，发型就可以稍微简单地造型一下，无需过多的配饰修饰。

第四：要有妆容搭配。

万事俱备，只欠东风，就是上镜妆，不同风格服饰可以不同的妆容搭配，偶尔可以学习一些新的妆容风格，让粉丝们夸夸你，给粉丝们一种新鲜的感觉。

### 三、直播主播着装的重要性

着装在直播中具有很重要的位置，是一门礼仪课程，在不同的直播场合中应该穿着不同服装，是一门实用性直播主播的礼仪常识。服装首要的作用是为了保护身体，如保暖、防雨、防晒等等。随着社会的进步，服装美化人、美化生活的作用越来越重要，成为衬托一个人自然美的最重要的修饰手段，也是给别人"第一印象"的重要组成部分。

每一位主播都有自己特定的风格，在确定主播着装风格的情况下，可以关注同类风格取向的一些摄影师，看看他们经常发布的写真照片里面的着装穿搭，为自己搭配时提供一些想法。譬如，在服饰确定的情况下，如何通过头饰、首饰搭配，甚至是如何将直播间的摆件、背景进行融合，提升整体画面感，风格当然也不要一成不变，撇开自己的定位之外，如果有自己特别喜欢并且合适自己的风格，也可以偶尔作为"惊喜"展现给粉丝们。

图 6-9　穿搭主播

# 工作任务四　直播主播的气质培养

## ❖ 任务目标

1. 能够正确了解直播主播的气质培养的知识点。
2. 直播主播气质培养的重要性。

## ❖ 任务背景

抖音平台上的主播有很多类型，万种模样，千般姿态，当你刷抖音直播间停留很久时就会突然被一个主播的气质所吸引，谈吐优雅，长相可人，语言柔和，具有丰富的内涵，有这样主播在的直播间会给人一种安静、平和的感觉，会很想放下手中的一切去聆听她的声音，非常治愈，非常耐看，这样的气质主播一定不是光靠颜值去俘获人心的，一定是通过内在修炼的气质去影响和感染她的粉丝们的。

**请思考**　作为直播主播要深刻体会气质培养的重要性。

## ❖ 任务操作

### 一、主播的气质培养

气质，与平时常说的"脾气""禀性"相似，指一个人相对稳当的个性特点，如活泼、直爽、浮躁等。粉丝进入直播间，可能首先会关注主播的外在形象或是技能，但时间一长必定也关注主播的气质。甚至有的主播气质佳，长相方面略差也有可能吸引到很多粉丝。对于主播而言，外在形象固然重要，但比外形更重要的是气质，气质可以提升魅力，有气质的人更懂得如何收放自如，更懂得进退有度。是有自信、有内涵、有宽容胸怀、有理智头脑的人才具备的。提升自己的气质，做一个精致的主播。有的气质是天生的，也有的气质是后天培养的。作为主播，想要有良好的气质，必须做到内外兼修。主播要想获得更多粉丝的喜欢，提升内在修养也是关键点。观察热度较高的主播，都有着过硬的专业能力、良好的表达能力以及灵活的应变能力。也有很多主播会凭借自己的幽默感，获得众多忠实的粉丝。

**1. 内修学识**

在"谁都想成为网红"这个时代，直播平台提供了机会。但并非每个主播都能够红起来，主播必须要有自己的特色，才能脱颖而出，而要想在直播的道路上长期发展，还得提升自己的内涵，做一个"有范儿"的主播。但凡有气质的主播都会阅览不少优秀的文学艺术作品，看书不在多，贵在精，古今中外的文学名著，中西方音乐绘画方面的经典作品等。

作为主播，才学体现在良好的个人形象上，而才能和学问则来自学习和积累，只有不断学习，才能提高自身的素质和修养。只有具有深厚文化知识、高尚情操、良好修养的人才会在语言和表情上自然流露出独特的人格魅力。

直播是一项创造性很强的工作，主播的语音语言创造能力和直播技巧取决于主播对直播内容的理解程度。主播对直播内容的理解程度取决于文化素养的高低。

### 2. 人格魅力

在打造任务IP的过程中，主播需要培养自身的正能量和亲和力，可以将一些正面、时尚的内容以比较温暖的形式第一时间传递给粉丝，让他们信任你，在他们心中产生一种具备人格化的偶像气质。在过分追求"形象"的年代，"主要看气质"的流行蕴含着"正能量"。不过，对于互联网创业者来说，要想达到气质偶像的级别首先还是要培养人格化的魅力。俗话说："小胜在于技巧，中胜在于实力，大胜在于人格。"那些超级IP之所以能受到粉丝们的欢迎，也从侧面说明他们具备了一定的人格魅力。主播要吸收和掌握交流沟通的基本礼节。坐姿站姿，说话的语气和声调，眼睛看人的姿态，化妆服饰、色彩搭配、随身物件、女主播房间布置、环境装饰等，无一处不体现主播的修养和品位。主播要保持一份快乐和宽容的心，面对不同素质的粉丝要有宽容度，不去理睬评论中的恶语，不要用他人的低素质能量来影响自己，保持平和正常的微笑状态，你就赢得了粉丝们的信赖与欣赏。培养人格化魅力的技巧，独特，不平凡，不肤浅，对自己的人格真诚，搞清楚粉丝们的喜好是什么。

### 3. 过硬的专业能力

无论是什么类型的主播，都一定要有过硬的专业能力，这样才能在众多同类主播中脱颖而出。如，从主播转型为歌手的冯提莫为什么能从众多娱乐主播中脱颖而出呢？这与她的专业能力息息相关，她不仅能唱出动人的歌曲，也有能力出专辑、开演唱会、做评审老师。所以，主播们应该提升自己的专业能力，成为同类中的佼佼者，这样才能被更多人关注。

### 4. 良好的表达能力

语言表达能力，指人把自己的思想、情感、想法和意图等，通过语言、文字、图形、表情和动作等方式清晰明了地表达出来。主播常用到的表达能力主要体现在语言表达能力上。无论是什么类型的主播内容，都必然要与粉丝聊天和互动。为什么有的主播随意聊聊就能卖货，还能获得打赏；而有的主播随意聊聊，却招来骂声一片呢？排除三观有问题外，还有可能是表达能力太差而引起粉丝误解。例如，知名美食博主"浪胃仙"曾在一场抖音直播里被粉丝提问："对什么（食物）过敏吗？"她直言说道："现在好像没有对什么过敏，小时候会对某某过敏。"当时直播间正好有粉丝出言不逊，她看到后淡然地说道："哦，我可能对黑粉过敏，所以黑粉请你不要惹我。"既淡定地回应了黑粉，也对黑粉给出警示，其他粉丝听到后也纷纷刷弹幕怒骂黑粉。同样是面对黑粉，有的主播表达能力过差，在骂黑粉的同时也得罪了其他粉丝，把自己置身于谩骂声之中。那么，如何来解决这一系列问题呢？

　　人类最基本的交流工具是语言，主播需要随时运用语言和粉丝交流对话。语言可以说是主播最基本的业务技能，是衡量主播水平高低的重要尺度。主播应具备的语言表达能力有：

　　（1）要通顺流畅

　　主播说话要口齿伶俐，表达清楚。如吞吞吐吐，前言不搭后语，会导致粉丝无法明白你要表达的意思。主播们想要达到语言表达流畅，需要勤于练习自己的语言上的基本功，要用心对待语言，加强训练自己吐字发音的基本功。

　　（2）要有严密清晰的逻辑思维

　　直播时主播在言语表达方面最忌讳生搬硬套、张冠李戴。主播在说话时一定要做到心中有数不能乱说，要刻意培养自己缜密的逻辑思维，让自己思路清晰、条理清楚，可以很好地表达，并且能与粉丝沟通与交流，特别是在回答粉丝弹幕中提到的问题时，不要前言不搭后语，一句认同 A，后一句又来否定 A。长此以往，必然会给粉丝们留下不好的印象。

　　（3）要富有感染力

　　主播与粉丝的交流主要是一种情感上的沟通与交流，因此主播的语言一定要富有感染力，这样才能吸引和打动粉丝们。那么，该怎么样使语言富有感染力呢？首先，语言要朴实自然，接着在此基础上，根据当时情况下所需要的语言表达，可以适当使用夸张、含蓄等语言表达方式。

　　（4）要注意分寸和节奏

　　主播通过有分寸的语言表达和粉丝像朋友一样平和交流。不能去居高临下地说教，这样会使主播和粉丝之间的心理距离拉得太远；也不能和粉丝的心理距离太近，要不无法起到引导者的作用。部分主播在粉丝数量增加后，言语间透露出傲慢，容易得罪忠实的粉丝。作为主播，语言表达要亲切自然、随和真诚。如果语言表达得分寸得当，就会出现主播与粉丝间情绪的相互激发、感染、交流与共鸣。如若需要增进自己与粉丝之间的联系就要把握得体，反之分寸如果没有把握好，可能会出现情感沟通的阻隔，所以主播们一定要把自己摆在一个对的位置上，让自己能够很好地掌握语言表达的分寸。主播在语言表达上除了要注意分寸还应注意把握语言表达的节奏。当语言表达的节奏掌握得恰到好处时，会收到提高粉丝们期待的效果。语言表达的节奏如果掌握不好，会让粉丝们觉得主播的语言干涩而毫无生机，自然无法引起观众的兴趣。例如，在推荐产品时要看粉丝对产品的热情度。如果粉丝通过弹幕纷纷表示这款产品质量有问题，价格过高，不愿意接受等情况，主播应懂得适可而止，转换其他话题。

（5）灵活的应变能力

应变能力是指人在外界事物发生改变时所做出的反应。主播在直播参与过程中要充分调动自己的主观能动性，使大脑思维处于高速运转状态，能做出迅速快捷的反应，用语言扭转局势，使变故向好的方向转化。

（6）锦上添花的幽默感

幽默感是一种以亲切感为基础的情绪表现。富有幽默感的主播，充满了对于粉丝的理解和共鸣，常常被粉丝所喜欢。幽默也是一种生活的调味品，是人际关系的润滑剂。不难发现，生活中有幽默感的人十分健谈，人缘也特别好，走到哪里都充满着欢笑和笑语。

## 二、直播主播气质培养的重要性

1. 较佳的气质能够让人觉得很舒服，为你加分，也更能拉近你与粉丝之间的距离。

2. 好的气质是你区别于其他普通主播的很重要的方面，而且能给你带来更多的粉丝，更多的关注。

3. 一场直播最低也要有 2 个小时，时间是非常长的，主播能不能张弛有度地把握好直播间的节奏感，能不能掌控全场，对一个成熟的主播来说气质也是非常重要的。

4. 来到你的直播间，就是来为你捧场，希望在你的直播间里得到自由轻松和快乐，无论是跟你聊天也好，还是唱歌也罢，只要能让粉丝们得到放松愉悦的心情，这样的主播，虽然现在还没火，但是成为大主播是早晚的事。

5. 记得自己的那一份从容，调整好自己的心态，这样拥有强大内心的主播，才不会被各类中伤击倒。

6. 主播要保持一份快乐与宽容的爱心，施展亲和力可以提升人格魅力。

# 工作任务五　直播主播的人设塑造

## ❖ 任务目标

1. 能够正确了解直播主播的人设塑造的知识点。
2. 直播主播人设塑造的重要性。

工作领域六　直播主播的形象管理与人设魅力

### ❖ 任务背景

直播平台上的主播人设有许多类型，有吃播、美妆主播、健身主播、跳舞主播、卖货主播、知识类型主播等，唯有根据个人特点将人设设定好，直播的效果才会更佳，主播才能更大限度地将自己的特长与特点发挥出来。直播平台上有许多的特定包装人设，如农村类型的人设、洗浴中心经理讲套餐的人设、大学教师讲产品知识的人设、导游讲历史段子的人设等等。人设的确定与选择是直播带货的关键之所在。

**请思考**　作为直播主播要深刻理解人设塑造的重要性。

### ❖ 任务操作

#### 一、什么是主播人设

打个比方，在娱乐圈中，好多明星身上都捆绑着各种各样的人设，例如：仙女人设——刘亦菲、学霸人设——易烊千玺、国民闺女人设——关晓彤、霸道总裁人设——张翰。这些人设标签大多是刻意经营出来的，当通过精心的运作后，都能转化为流量。

#### 二、设计好自己的直播名片

**1. 设定好主播的昵称**

起一个好听好记的主播昵称代表了一个账号的身份，例如前面提到的"农村会姐"简明扼要地表达了这一定是一个与农村相关的账号。所以，昵称对于主播而言，起着至关重要的作用。有的主播为了凸显自己的独特个性，喜欢在昵称中加入生僻字、特殊符号。实际上，这不仅不利于粉丝记忆和搜索，还容易给粉丝留下负面印象。也有的主播在起名时，选择简单的文字进行组合。但当粉丝有意了解主播时，搜索引擎中就会出现多个重名情况。例如，某主播名称为"小冰"，当粉丝在百度搜索引擎中搜索"小冰"时，出现诸如"微软小冰""虎牙小冰人""小冰冰"等网页信息，粉丝很难分辨哪个才是自己想要了解的"小冰"。那么，主播应该如何起名呢？建议用简短的文字阐述清

图 6-10　网络中最好听的昵称

楚该账号的定位。

#### 2. 头像要符合人设

头像是一个账号的门面，且要与人设相符合。直播头像的质量，特色的头像，能吸引粉丝注意并进入直播间。那么，如何设定头像呢？无论哪个平台，哪个分类，都有众多同质化直播间。各个平台对于头像尺寸有硬性规定。平台对头像大小、尺寸及格式的规定，除了硬性要求外，头像还要具有很强的吸引力，主播不仅要展示出最好看的一面，还要展示出直播类型及风格，这样才能吸引精准粉丝进入直播间。一般用艺术照作为主播头像的情况比较常见，艺术照加上适当的文字，整体感觉简洁、大方又美观。主播可以去线下实体店找专业摄影师拍摄一组简洁的艺术照，或者自己用手机和摄影软件拍摄干净、大方的照片来做头像。另外，主播在制作头像时，应考虑到人设问题。例如，一名教育类型的主播在制作头像时应尽量身着正装，神情严肃，给人留下一个专业导师的形象。主播在设计头像时，要注意图片的清晰度，不要为了营造朦胧感，使得头像模糊不清。背景也不能太杂，色调简单明暗适度。部分主播为了头像有更好的效果，会选择PS，但必须注意适可而止，避免出现头像与真人差距太大的情况。

#### 3. 签名应体现个性或目的

个性签名是除昵称以外的重要营销形象布局要素，具有很高的营销价值。签名可以用一句话来告诉粉丝，能为他带来什么价值，或者表明自己的身份。在快手平台某手机摄影达人的主页信息上，该个性签名提到学习手机制作视频……报名即可学习，制作容易，简单上手，介绍了自己是个手机摄影方面的达人，也表明了自己能为广大网友带来更多手机摄影方面的技巧，并提醒喜欢手机摄影的用户可购买学习教程。另外，主播在设置个性签名时，要注意是否与人设定位相契合。通常表明自己是个宝妈，却在个性签名中直言想尝试初恋，出现前后不一的尴尬情况，引发粉丝的谩骂。

#### 4. 打造个人特色标签

当主播具备特色标签后，更有辨识度。

（1）塑造出身背景：很多直播间文案会写到"放弃高薪职业返乡创业""厂长表妹福利大放送"等信息，透露着主播的背景，如"创业者""厂长表妹"等。这有利于粉丝联想直播内容及主播人设。例如，"厂长表妹"的直播间，则明显是工厂背景，是以卖货为主题的直播间。而且"表妹"人设，说明她与厂长关系熟络，能拿到低折扣。所以，主播要根据自己的直播人设和直播内容塑造出身和背景。为了获得更广泛的关注，这个背景最好面向多个人群。

（2）标签联想：一个成功的标签，能让粉丝看到标签时，就会联想到更多的信息。例如：锤子科技创始人罗永浩，在抖音开启第一场直播时，很多人由他的个人标签联想到他的自媒体和电子产品，主动去观看他的直播。其他主播在开播初期，没办法做到罗永浩这样的高人气，但仍然可以用标签引发粉丝的联想。例如，某主播昵称为"××水冰月"，水冰来自美少女战士中的一个卡通形象，是很多"80后""90后"粉丝的童年记忆。所以，很多粉丝在看到主播这个昵称时就会主动点进直播间。

（3）相貌妆容：主播还可以根据个人外形特征或妆容来给自己贴标签。例如，一名为"混血儿艾薇儿"的主播，很容易让人联想到混血儿，使得很多人想点进直播间看看，从而增加直播间人气。如果主播本身或通过妆容能让上述两个标签得到认可，那就会有更多人关注主播。

### 三、直播主播人设塑造的重要性

直播主播的人设设立是为了让这个人更加有记忆点，有话题度，能够让人记住，吸引更多粉丝的关注。主播有了人设的加持后，可以让自己的特色发挥最大优化，完成主播在粉丝们心中的形象建立，因此会吸引更多的粉丝关注。当有了足够的粉丝基础，得到了粉丝的信任后，才能够达到变现的目的。

1. 竞争扩展价值

表现力、情商、控场能力、气氛活跃、语言表达能力、观察能力和共情能力。在拍摄视频以及直播之前将这些个人能力一一写出，哪些是自身具备，哪些是有意向发展的，当一一写出之后，那么人设就构建完成。之后再将标签具象化表现出来，优化优势，弱化弱势，同时客观看待组合的人设是否矛盾，市场是否还有空间，再进行细微调整。

2. 展示人设

人设最终的目的是强化你在粉丝用户中的记忆和印象。主播人设是直播的核心基础构架，人设不仅在直播中体现，还包含短视频以及朋友圈，线下的互动。人设不是单一的，如高冷、活泼、温柔、高情商，而是一个整体性，全方位地展示自己是谁。包含但不限于个人信息、个人才艺、特长、兴趣爱好、内涵、外在、穿着等。人设出发点要么以吸引用户的特质展开，要么以充分展示自我特质开始，前者收集用户信息，后者了解自身的优势与弱势。确定核心吸引特质之后，等同于确定了吸引用户群体，那么就可以更加精准展示。个人基础信息是很有必要的便于用户直接看到有效价值昵称，性别，年龄，居住地，学历，过往履历，颜值，身材，穿衣风格，声音性格，兴趣，爱好，特长，才艺。

3. 建立人设的七个要素和五个维度

没有人设就不能让别人记住你，给别人留下深刻的印象，那么我们作为主播到这个平台上，首先需要人设的定位，包括客户群体、内容输出和作品的定位等等，那么关于人设定位请记住以下七个要素。

（1）让粉丝找到你身上的记忆点。为什么我们会记住《乡村爱情》里面的赵某、刘某，因为从他们的说话、表情、肢体动作都能给观众留下深刻的印象，那么试问你，在直播的过程当中，有没有给粉丝留下深刻的记忆点，你可以笑得好看，你可以表情夸张，你说你没有才艺，你说你不会聊天，那么你是否有想过利用直播道具让别人记住你，比如说特殊的头饰、装饰、发卡、摆件等。

（2）找到和同类别主播的差异化。怎么才能让粉丝觉得你和别的主播不一样？就是要找到和他们的差异化，比如说，同样是一个唱歌的主播，我们也要找到自己不同的玩法，韩九日玩的是变装，富贵玩的是神秘感，空巢老人让其他的主播上麦唱歌直接有了直播内容，从你的直播环境到穿着打扮都要形成差异化，而你从头唱到尾，只是让观众听到了唱歌而已。又比如说，你在唱歌的同时，能讲出作词作曲的人，能说出这首歌背后的故事，你就超越了 90% 唱歌的主播。

（3）学会利用身边的资源。我们身边的资源一定要学会为我所用，首先在我们想做直播的时候，有哪些人能够来帮我们互动，有哪些人能帮助我们送音浪，有哪个工会哪个运营能帮我解决我直播路上各种问题，你在做直播间的时候要把身边可利用的资源都想到都利用起来，一个主播播到最后播不下去的重要原因就是不会利用资源。

（4）做一个有梦想的主播。让粉丝在每次支持你的时候觉得这个主播不是在圈票，而是粉丝的每一票都是在帮助你实现梦想，你的梦想是买车也好买房也好，或者是需要为了解决生活中的困难，因为只有努力勤奋的人才能吸引更多的人去支持你。

（5）用内容传递价值。在这个世界上没有人会在乎你是谁，但别人会在乎你给他带来什么价值，内容传递情绪价值，娱乐主播就是要给粉丝提供精神上的情绪价值，那么我们的责任就是让粉丝在直播间玩得开心，玩得快乐，传递正确的价值观，打造健康绿色的榜单。

（6）正确的价值观。做主播赚钱不丢人，但如果你因为挣钱失去了自己的道德底线，失去了自己的原则，失去了自己的三观，跟大哥去搞暧昧，这样的主播才丢人，我们应该像相声演员一样，小品演员一样，脱口秀演员一样，给粉丝们传递快乐，让我们做的每一件事都更有意义。因为没有一个搞暧昧经济的主播把自己做成一线主播，只有三观正的主播，才能越做越好。

（7）感恩的主播才能走得更远。在我们直播的时候，我们有亲戚有朋友有同事，但是你回想一下，他们有没有来你直播间送过礼物，送了多少，也许他们也会来看你，但是看见你没火，他们就放心了，但是在浩瀚的互联网当中，不相识的人走进了我们的直播间，给我们送礼物送音浪，那么直播间里面的粉丝就是我们的衣食父母，所以不管我们直播间的大哥去或留，我们都要抱着一颗感恩的心。你是什么样的主播，你就会吸引什么样的人。

# 任务测评

**一、案例分析题**

小华（19岁）今年做了抖音主播，从在学校里直播，半夜不睡觉地在寝室里与寝室女同学跳舞直播，到暑假回到了农村的家后继续直播，从最初的清纯女孩到后期的浓妆艳抹直播，直播间中的人越来越少，请分析这是什么原因？

**二、名词解释**

表达能力。

**三、简答题**

1. 直播主播形象管理的原则是什么？
2. 如何打造主播的形象？
3. 化妆主要包括几个步骤？
4. 直播主播气质培养的重要性。

# 任务总结与评价

## ❖ 任务总结

### 任务目标

1. 以小组形式，对学习过程和实训成果进行汇报总结。
2. 完成对学习过程的综合评价。

### 任务操作

以小组为单位，选择PPT、图片、海报、视频等形式中的一种或多种，向全班展示、汇报学习成果。汇报的内容应包括：

1. 掌握直播主播的妆容设计。
2. 掌握直播主播的着装设计。
3. 掌握直播主播的形象管理原则。

## ❖ 任务评价

### 综合评价表

| 评价节点 | 评价指标 | 评价内容 | 评价主体 | 得分 |
|---|---|---|---|---|
| 课前评价（10%） | 自学态度（5%） | 课前提问 | 教师 | |
| | | 提出回答问题次数 | 教师 | |
| | 自学行为（5%） | 是否上传学习笔记 | 教师 | |
| | | 是否完成课前测验 | 教师 | |
| | | 课前测验成绩 | 教师 | |
| 课中测评（60%） | 出勤状况（5%） | 是否迟到早退旷课 | 教师 | |
| | 师生互动（15%） | 提出回答问题次数 | 教师 | |
| | | 是否聆听教师和认真总结做好记录 | 教师 | |
| | | 是否参与小组讨论头脑风暴等互动活动 | 教师、学生 | |
| | 小组分工（15%） | 是否有明确合理的分工 | 教师、学生 | |
| | | 是否积极进行讨论探索 | 教师、学生 | |
| | | 是否在规定时间内完成组内任务 | 教师 | |
| | 成果展示（25%） | 内容展示标准全面 | 教师、学生 | |
| | | 表达条理清晰，表达生动 | 教师 | |
| | | 课堂测验成绩 | 教师 | |
| 课后评价（30%） | 方案时效（10%） | 小组方案的实际应用效果 | 教师、学生 | |
| | 实践拓展（20%） | 能够按时完成实践作业 | 教师 | |
| | | 实践作业完成效果完成情况 | 教师 | |

# 工作领域七　直播主播的心态管理与情绪管理

## 任务背景

随着新媒体技术的飞速发展，越来越多的人开始进入直播行业，做一名主播，看到直播红利。然而，在日新月异的直播行业，由于流量的起伏，部分主播很容易忘记直播的初心，网络的所有动作其实都是对个人性格的暗示，主播的心态管理和情绪管理尤为重要。它不仅需要丰富的生活经验和深入的知识，还需要稳定的情绪管理能力和强大的内部直播支持。因此，要培养强大的心理素质，这是主播必备的技能。

## 任务流程

1. 主播心态管理与情绪管理的认知。
2. 主播人员职业素养。
3. 知识储备。
4. 交易规则。
5. 任务测评。
6. 任务总结与评价。

## 思政目标

1. 弘扬"敬业诚信"的社会主义核心价值观。
2. 树立正确的抖音直播运营与主播素养观念。
3. 培养学生终身学习、不断进取的精神。
4. 培育学生们的工匠精神。
5. 培育积极进取的人生态度。

## 知识目标

1. 掌握直播主播必备的心理素质。
2. 掌握直播主播增强心理素质的策略。
3. 了解直播主播管理压力的策略。
4. 掌握直播主播的压力来源和主播进行压力自我诊断的方法。
5. 掌握直播主播管理情绪的策略。

## 能力目标

1. 能够正确理解抖音直播运营和主播素养的价值。
2. 能够通过相关渠道了解主播素养的需求与现状。
3. 能够明确直播主播素养的知识和技巧。

## 工作任务一　直播主播的必备心理素质

### ❖ 任务目标

1. 能够正确掌握直播主播的心理素质应具备的内容。
2. 能够掌握直播主播具备心理素质的重要性。

### ❖ 任务背景

2023年7月，抖音直播平台上，一个在大专读书的女生利用暑假在抖音直播间聊天跳舞，虽然舞姿不是很专业，但她时不时跳一小段。皮肤白皙，不算可爱也不算漂亮，但身材很好。每次她在直播间里，大约有20个人为她停下来观看，有时是4—5人。这个女孩每次在直播间系统都会推给我，但直播的内容还是肤浅，没有实质性的聊天内容，和粉丝聊天很有意思，时不时表演一些现代舞动作。但今天我给她点了关注和很多小心心，因为我发现她是如此可怜。这种努力源于这样一个事实，即她必须通过自己的辛勤舞蹈和与粉丝互动来赚取学费，且没有其他不适当的来源的支持，因为她知道在十几岁的时候，减轻家庭负担并自己赚取学费并不容易。但也许我们仍然不知道如何处理直播，并且有不经意翻白眼的镜头。因此，现场直播的心理质量控制和情绪管理尤为重要。

**请思考**　直播主播的心理素质对直播而言重要吗？作为直播主播应该具备哪些心

理素质？

## ❖ 任务操作

### 一、直播主播应具备的心理素质

主播是直播间的掌控人，可以决定直播的内容和直播间的发展趋势，通过与粉丝互动来定制直播间的氛围，促进直播的顺利进行。一个人要成为一名合格的主播，必须具备较强的心理素质。主播必备的心理素质主要体现在以下几个方面：

**1. 充满自信**

如果主播对自己没有信心，就很难获得粉丝的信任，很难演绎出完美的直播。如果主播缺乏信心，就会有很多问题，会引起自己的恐慌，害怕直播效果不好或者观看人不喜欢，引起各种恐惧，成为主播直播时的"绊脚石"。主播在直播过程中不要有太多顾虑，只能要求自己减少错误，如果出现错误，可以冷静地找到解决方案，而不会惊慌失措。在直播过程中，不仅要有积极的心态，还要保持自信的状态，保证直播的不断进步。从长远来看，如果在直播过程中出现紧张情绪，就会出现焦虑问题，甚至精神抑郁，直播间可能会出现问题，甚至向粉丝传达负面情绪。作为一个优秀的主播，我们要相信自己的技能和水平完全能胜任直播，这样才能给观众留下更好的印象，呈现更丰富的直播效果，同时，在这个过程中，我们也能享受到直播带给我们的快乐，并享受这一成功的喜悦。

**2. 态度平和**

冷静的态度是主播维持直播所需的心理特征。作为新兴行业，直播往往会营造出各种冲动的氛围。在流量和数据瞬息万变的直播行业，主播也容易出现心理失衡。主播在直播时要有正常的心态，不怕比较，不怕批评，不怕否定。培养平常心。

**3. 切记好高骛远**

加入直播行业后，不能马上就想要高底薪和提成，不管他们作为新手主播是否具有这样的价值，很多主播只看到了其他主播吸引人的一面，看到他们光鲜亮丽，不知道主播行业需要学习积累和实践，在辉煌背后，还有长久的坚韧和努力。

**4. 莫要急于求成**

主播第一次开直播的时候，流量并不多，每天都是同一时间直播，如果有适合自己才华和粉丝的直播内容，直播间里可能会有越来越多的粉丝，但这需要一个过程，一个漫长而具有挑战性的过程。如果你对直播不够了解就开始直播，想要在短时间内收到礼物、卖货，肯定会遇到内心挫折。

### 5. 切莫安于现状

有的主播抱着"破罐子破摔"的心态，害怕粉丝增加后产生更多的八卦，不想被批评否定，不想坚持继续做主播，愿意直播给少数粉丝或者只拿直播的基本工资。在竞争激烈的直播行业中没有出人头地，你就会落后，如果你做主播没有动力，不努力提高你的技能和才能，最终你的粉丝会失望。

### 6. 学会尊重

直播的本质可以说是粉丝经济，主播需要得到粉丝们的支持才有可能成功，但有很多主播并没有对粉丝们做到一视同仁，在他们眼里只有高消费的粉丝，并不重视那些不消费的粉丝，在言语中只会关注消费高的粉丝们的需求，而忽略消费低的粉丝们的要求，其实，学会尊重每名粉丝是优秀主播的必备心态，只有尊重到每一位粉丝，粉丝们才会尽可能地持续支持主播。在与粉丝沟通时，主播要十分重视并尊重各类粉丝，尽量满足粉丝们的合理合规的需求，让粉丝们受益。

图 7-1　赠人玫瑰，手留余香

### 7. 学会宽容

所有主播都希望粉丝有包容的精神，主播也要对粉丝有一颗宽容的心，即使粉丝说了不开心或不着边际的话，主播也能一笑置之。如果粉丝说的话很过分，主播可通过将其扔出直播间等方式解决问题，不会因为一些不起眼的粉丝的干扰而大惊小怪、争吵，影响直播间其他粉丝的观看体验。

### 8 持续保持乐观的心态

所有媒体初学者在直播开始时说"没有人在看"或"很少有观众"是正常的。此时，没有经验的主播需要保持乐观的态度，恪尽职守，认真直播。哪怕是自娱自乐，哪怕整个直播间只有你一个人，就算没有人进直播间观看，主播也要认真完成直播的内容。初级主播对专业直播没有太多经验，但要有专业的直播精神，时刻牢记即使直播间里只有你一个人，也需要保持良好的状态，认真愉快地完成每一次直播。在直播过程中，主播给自己积极的心理暗示，对自己说"来吧，我能做到"和"太好了，有救"，你可以克服直播过程中出现的各种困难。

图 7-2　乐观的人生态度

### 9. 保持耐心与平和

一个好的主播不仅要有较强的销售技巧和与人沟通的能力，还要对粉丝有充分的耐心。在直播中，商品是卖的，但服务是为消费者服务的，商品质量再好，情感服务都很重要。主播提供良好情感服务的前提是时刻调节自己的情绪。不要因为今天的身体状况或与恋人和朋友的矛盾干扰直播间的直播效果。

**10. 具有社会适应性**

一个直播公司可能会在电视屏幕上留下非常迷人的形象，但它的背后是非常沉重的工作和非常大的工作压力。如果在快节奏社会的影响下不能很好地适应，这很容易引起负面的心理情绪，如紧张、焦虑甚至痛苦和沮丧，如果长期不纠正，会对主播心理健康的发展产生不利影响。因此，主播必须保持健康、进步的心理状态，融入社会，提高社会适应能力，从容面对社会、工作、生活的种种约束，才能全身心地投入到当下的工作中。

**11. 具有较强的情绪自控能力**

主播在直播时情绪的控制还是很重要的，要求主播保持稳定的情绪。如果你受到直播间的影响和刺激，需要及

图7-3 掌握好自控力

时控制自己的情绪波动，调整自己的状态，全身心投入到直播中。积极的情绪有利于主播在直播间的正常表现，提高直播效率。如果你有非常强烈的负面情绪，会影响你的直播的质量。

**12. 具备较强的创新能力**

直播行业也要有创新精神，只有不断创新，才能让整个直播行业不断前进。同时，创新是必须具备的基本素质，现场主播也必须具有强大的创新思维。作为主播，要时刻打破常规，灵活运用直播中学到的知识，在紧急情况下智慧反应，保证直播的正常进行。主播必须有很好的思维能力来缓解它。

## 二、直播主播具备心理素质的重要性

随着电商直播的成熟，人们对服务越来越重视，尤其是情感服务，有时候主播和粉丝之间耐心细致地沟通会导致情感的再现，久而久之，粉丝对直播的内容也变得有耐心。这样，如果主播调节了情绪，粉丝的情绪就可以被充分调动和改变。因此，主播在直播过程中要重视人，耐心地与粉丝沟通，以最大化情感服务的益处。直播间的主播控制者必须具备过硬的心理素质，这样主播才能引导与粉丝的互动，调动粉丝的情绪，但这种经历让很多主播忘记了保持含蓄，开口直言不讳，指指点点地指点直播间，仿佛自己真的拥有了"霸道者"的地位。这么强大的主播即使一开始能吸引到一定数量的粉丝，最终粉丝也会逐渐离开。主播有意识地纠正缺点，即使不能，也需要小心隐藏，以免破坏你在粉丝心

目中的形象。然而，许多主播在不知不觉中都有各种弱点，但我认为粉丝们喜欢这样。所以，主播应该多和粉丝沟通，多问问粉丝有什么不足，尽可能提高。为了满足粉丝的需求，主播可以在电商业务中继续生存。心理素质在直播中的重要性是显而易见的。

## ❖ 实训活动

**思考题**　主播应具备的心理素质有哪些？

# 工作任务二　增强直播主播的心理素质策略

## ❖ 任务目标

能够正确认识增强直播主播心理素质的策略

## ❖ 任务背景

2023年6月，知名女明星前夫现身抖音直播平台，在直播间大声叫骂，最终直播成员立即关闭直播间。一个控制不住内心的主播不配在直播间进行直播，直播间属于公共领域，很多人进入直播间，控制不住自己的情绪，如果在直播间里咆哮，那么咆哮的人不配进入直播间。即使心中有千种抑郁和不幸，但不要给直播间的粉丝带来不好的情绪，这样的情况迫切需要改善和调整，所以直播间主播的心理素质尤为重要。

**请思考**　直播主播的心理素质重要吗？如何增强直播主播的心理素质呢？

## ❖ 任务操作

提高心理素质主要有以下几种策略：

### 一、培养主播的职业意识

主播是一个需要专业技能和良好素养技能的职业，良好的职业习惯可以加深主播对直播的理解，鼓励主播以积极的状态进入直播间，直播的马虎随意处理降低了对职业的认可度。因此，培养主播的专业意识尤为重要，让主播真诚地重视直播的职业，感受到它的重要性，增强直播的仪式感，增加行动的价值。

### 二、找准方向

"选择不对，努力白费"，朝着错误的方向努力比不尝试更糟糕。每个人都必须为自己的未来设定自己的方向，包括直播。每个主播都应该有自己的风格，专注于表达田园生活，专注于展示绘画艺术或专注于讨论娱乐和有趣的事实。初学主播需要找到正确的方向，为自己找到一两个发光点，让自己的定位更清晰、更立体，慢慢练习以完善自己。找到正确的方向后，主播需要建立信心并学习如何改进直播。

### 三、努力积极学习

知识就是力量。不断学习新知识，接触新知识，不仅扩大了主播的知识储备，而且使主播时刻保持敏锐和良好的状态，让他面对所有的直播。人曝光越多，视野越开辟，心理素质越好，接受新事物的能力越强，对未知的恐惧越少，越有信心。

图 7-4 调动自身的学习能力

### 四、积极与人进行沟通

主播要学会建立和谐的人际关系，积极主动地与人沟通，及时与家人朋友沟通，寻求家人的理解、宽容和鼓励，尤其是有负面情绪的时候。任何时候，家庭中的宽容和鼓励，都是人最强的精神滋养。主播必须学会通过建立更多维持生命的措施来提高心理素质。

### 五、保证规律作息

心理素质是基于身体素质的，规律的生活不仅对主播的身体有益，而且对他的心理健康也有好处。主播不仅需要健康的身体来做直播工作，还需要强大的心理素质作为支撑。特别是对于直播初学者来说，高强度的直播工作对身心都提出了极大的挑战。因此，确保能够避免神经衰弱和思维能力、因过度大脑劳损而导致的记忆力减退、平和的姿势以及减少焦虑的规律生活尤为重要，例如适当的运动、早睡早起、劳逸结合。

图 7-5 保证良好的作息

### 六、正视现实

主播需要学会面对现实，正确看待自己的处境，做好应对挫折的心理准备，不要盲目乐观或消极。当你在直播中体现自己的价值，意识到自己可以为粉丝提供正向价值时，你就能掌控自己的生活，相信自己可以改变自己的人生，为自己的成长铺平道路，掌控自己的命运。这样，即使直播过程失败，销售数据不理想，主播也可以冷静下来，稳定情绪，从容地找到解决问题的方法。

### 七、缓解主播的心理压力

主播要掌握不同的缓解心理压力的方法，包括以下方式：主动走出让你沮丧的处境，通过运动和户外活动放松和摆脱它。发泄法：通过大声说话或尖叫等来发泄被压抑的情绪。升华法：将能量用于更有意义的事，努力将注意力从挫折等上转移开来。

### 八、解放天性

直播是一种必须在镜头前练习并专注于公众目光的职业，因此主播必须能够在公众面前表演。主播必须放下形象，克服紧张，放开自己，这样才能自然地出现在镜头前。主播可以通过以下方式进行训练：调节呼吸，缓解紧张，放松心灵，增加音量，练习说话灵活性和语言清晰度，练习语气，练习与陌生人说话，训练在公共场合说话的能力。

### 九、掌握心理健康知识

学习和掌握心理健康具体知识的主播，不仅可以加深自己的理解，更能成为调节情绪的理论武器。因此，通过书籍、杂志、节目、网络、视频等渠道开展心理健康教育，掌握了解心理问题原因、消除心理障碍、实现心理平衡、提高心理素质的方法和技巧。

### ❖ 实训活动

**思考题** 直播主播应具备的心理素质有哪些？

## 工作任务三　直播主播的情绪管理

### ❖ 任务目标

1. 能够正确了解直播主播情绪管理的知识点。
2. 能够掌握直播主播情绪管理的重要性。

### ❖ 任务背景

2023年6月，在直播平台抖音上，明星李某某经不住直播间的弹幕，他无法承受情绪的负担，在直播间哭泣，并离开直播间。

> **请思考** 直播主播的情绪管理都有哪些？作为直播主播管理好情绪真的重要吗？

## ❖ 任务操作

### 一、直播主播的情绪管理

一场直播下来，主播的情绪管理起着至关重要的作用，成熟的主播将情绪管理得非常适度，将直播间的氛围调动得非常好。主播在直播中的情绪管理尤为重要。

1. 关注需求，对症下药

要了解粉丝的需求，比如聊天介绍产品，推广你卖的产品，只有不断倾听粉丝的需求，才能在直播空间里增加产品的销量。在倾听粉丝需求的时候，主播需要充分听取粉丝的意见，以表明他们是认真的。比如抖音平台的歌手开始说送礼物主播会唱歌，因为粉丝在直播时弹幕中打出了某些歌曲的名字，在没有任何反应之后，主播在直播间满足了粉丝的要求。

2. 重视粉丝，积极参与

无论是直播商品、直播 PK、直播聊天还是现场唱歌，直播过程中的一个重要部分就是倾听粉丝的声音。只有倾听粉丝的声音，让他们参与进来，在参与的过程中创造积极的情绪，粉丝给主播留下好印象，粉丝才会购买产品或给主播点赞和打赏。

如何提高粉丝们的存在感呢？最直接的一种方法就是重视粉丝，与粉丝们产生互动。主播站在粉丝的角度去思考、行动、联想，与粉丝交流产生话题，进而缩短主播和粉丝之间的距离，让粉丝感觉受到充分的尊重，从而拉动粉丝对产品进行购买。例如，抖音主播"熙文的妈妈叫兰兰"在直播间对粉丝说：粉丝不要挑我的刺，我每天下直播以后就开始翻评论，你们说的我都看一看。有的粉丝是正面的互动，有的是恶意中伤，无论如何都要重视他们，这样才会拥有持久稳定的粉丝。

3. 粉丝不满，安抚情绪

直播过程中，主播要学会调动粉丝的情绪并且要平息自己的情绪。

让粉丝放心的正确方法是说："活动结束了！""欢迎家人们下次再来！""下次折扣会更大！"这样一来，不仅粉丝得不到折扣，很多人都觉得自己没有得到折扣，这是自己的问题，很期待主播的下一次直播。

某明星主播在直播间售卖物品，并承诺购买物品会送签名卡片。粉丝们十分热情，有粉丝直接送抖币，在直播界面上打出了一个"买"字，活动结束后，有些粉丝没抢到主播的签名，主播对没有抢到签名的粉丝们进行了安抚，承诺还会再有这样的福利。

#### 4. 表达通俗，平易近人

主播的表达要力求通俗化，通俗化的语言可以使所有的粉丝都能理解主播所表达的内容，并且给用户一种亲切感。主播要尽量少用书面语和方言，多用口语词汇。

夸奖粉丝时要具体，当主播想夸奖一个粉丝"有趣、开朗"的时候，不要用简单的词汇，要用一些具体的话来表达，让粉丝感觉更加深刻。在直播过程中，主播要源源不断地制造话题，与粉丝们聊天，去接近粉丝们。只有让直播间热闹起来，才会有越来越多的人关注了解主播。

例如，抖音主播"陈小姐在大连"就擅长用通俗的语言和粉丝聊家长里短，用东北的方言与粉丝互动，"×××好久没见你来我直播间了。""你要上班了啊，你快去吧，祝你工作顺顺利利哈。""我是一个全能主播，我啥都会。"让粉丝们感觉到主播非常平易近人，直播间里4000多粉丝就愿意听到唠家常，这也是个人的魅力所在。

#### 5. 表达质量，情感沟通

主播如何将自己想表达的东西准确地传达给粉丝们呢？有很多主播，虽然直播时间长，但是反响平平，很大的原因是无法和粉丝们产生共鸣。

表达不在于多而在于精，在于有多少粉丝愿意听你的话。在直播过程中，主播必须学会提高表达质量。直播间是主播与粉丝沟通互动的重要桥梁，美女主播不仅要调动现场气氛，还要尽可能加强与粉丝的沟通，提高粉丝的参与感。

#### 6. 学会夸赞和感恩粉丝

主播要时刻心存感激，如果有粉丝送你礼物，就需要感谢直播间的粉丝。例如："谢谢×××为我刷的小火箭"，"感谢×××经常到我的直播间"，"谢谢你的支持×××"。主播的语言是情感表达的窗口，主播用这种语言让粉丝觉得满意，愿意继续支持主播。成功的主播与粉丝的持续支持密不可分。

例如，一些主播凭借出色的游戏技术和幽默的直播风格获得了很多粉丝。通常，他不仅感谢他的粉丝，而且经常回馈他们。他们经常在直播间分发福袋和现金，也为支持他们的粉丝购买礼物。主播对粉丝的关心也赢得了良好的声誉。

#### 7. 情绪稳定，注意肢体动作

主播总是怀着稳定的心态，用比心、剪刀手等动作给粉丝感官刺激，让粉丝感受到主播的激情和热情，也更容易让他们对你产生好印象，让他们更心甘情愿地消费。

图 7-6 做情绪的主人

### 8. 让粉丝与你感同身受

主播要想提高表达质量，不仅要学会倾听，还要营造积极热情的氛围。粉丝只想听听他们喜欢什么和他们感兴趣的内容。主播可以聊聊生活中的一些事情，让直播间充满生机。此外，主播可以通过语言传达自己的亲身经历，所以主播要更接地气，前提要情绪稳定。

### 9. 平时多积累一些段子

主播必须表现出说话的能力，无论有多少人在观看，都必须保持良好的状态。即使只有一个粉丝，你也必须尽你所能来活跃直播空间，让你的粉丝开心。所以试着积累一些笑话和有趣的故事，并保持稳定的情绪。

### 10. 找到直播间内属于自己的表达风格

对于主播来讲，一个好的表达要比好的外在形象更加吸引用户。此外，有趣和娱乐的表达风格更有可能吸引粉丝的持续关注。作为主播，你需要能够完全控制整个游戏的节奏。

### 11. 态势语言，表达情绪

"态势语言"是你口头语言以外的表达，例如语调、语气、表达和行为。小动作和小面部表情，让你知道此时的心情和个性。同样的"我爱你"，如果你用深情的语气说出来，会给人一种庄严的感觉。

### 12. 保持稳定和感恩的心态

有句话说得好"细节决定成败"，作为主播，如果你在直播中没有足够注意每一个细节，你的粉丝会认为你有点敷衍。在这种情况下，账户的关注者可能立即流失。相反，如果主播足够注意细节，用户会觉得你在用心运营。而粉丝在察觉到你的用心之后，会更愿意成为你的永久粉丝。

### 13. 与起争执的粉丝私聊

如果能确认和自己争论的粉丝是"真粉丝"，只是某个特定问题造成的摩擦，那么在平台道歉之后，他可能想和情绪激动的粉丝私下聊聊，说明当时的情况，这是为了避免粉丝们还在生气，晒出各种关于抖音的负面信息，玷污自己的形象。

### 14. 让自己有一颗强大的心脏

在正式走进直播间之前，我们就要想到：作为主播，受到外界的质疑和非议是很正常的事。在互联网上，某些素质低的网友

图 7-7 强大内心，方能成就自己

就喜欢惹是生非，他们最爱做的事情就是挑刺。马东曾经说过：被误解是表达者的宿命，每一个曝光在公众下的角色都逃不开外界的指点干扰。所以，我们必须要有一颗强大的心脏，无视那些莫名其妙的攻击，将其当作一个笑话，不被情绪所左右，这也是主播高情商的体现。如果总是纠结于粉丝的留言，频繁与粉丝开启"互怼模式"，那么我们的直播活动该如何展开？想要成为高手主播，一定要学会控制自己的情绪；如果情绪没有得到控制，那么必须及时作出道歉，让公众看到自己的态度。否则，自己的主播之路会因此戛然而止。

## 二、保持直播间主播情绪稳定的要素

### 1. 积极乐观，保持良好心态

在现实生活中，有一些人喜欢抬杠，而在网络上，许多人直接变身为"畅所欲言"的键盘侠，但是却忽略了自身的随性讲话会为直播间中的粉丝带来不悦。面对这些喜欢吐槽甚至语言中带有恶意的人，主播一定要保持良好的心态。千万不能因为这些人的不善而与其互喷，否则，许多用户可能会成为你的黑粉，以寻求其自身的存在感，会在你身上发泄自己的不满。面对个别用户恶意弹幕，不要喷他们，而是保持良好的态度去对付他们，这其实是一种高质量的表现。这种特质可以让你成功地获得其他粉丝的关注和赞赏。那么当粉丝抱怨时，你如何处理呢？

（1）用幽默的回复面对吐槽，回应粉丝弹幕评论，同时给用户幽默感。我们以美妆主播为例：视频中的女人长得不太好看，所以很多粉丝在评论区吐槽，让出现的女人戴面纱遮脸。看到这些评论时，主播不仅不会生气，反而用比较幽默的方式积极进行回复。许多原本带有恶意的粉丝在看到其回复之后也会不禁对其产生了一些好感。

（2）对于恶意的吐槽，主播可直接选择不回复，以避免产生语言上的冲突。在直播的弹幕界面，偶尔会出现部分用户的带有恶意的评论，主播在看到这些评论之后，并未理会，而是继续直播。比如某位主播在直播唱歌时，有用户发弹幕吐槽她的英文水平为乡村英文，但是这位主播依然在继续唱歌，保持着微笑，陶醉于自己的英文歌曲中。

### 2. 注意保持冷静心态

（1）避免心直口快。主播在与粉丝互动时，应避免心直口快，避免因为自己的言论伤害粉丝或引起粉丝的愤怒。

（2）把握说话情绪。在进行意见表述之前，主播需要了解此时说话的情境，站在对方的角度考虑问题，选择合适的时机以及话语进行沟通。

（3）进行有效沟通。当粉丝让主播感到不适的时候，主播应仔细思考造成这一现象的原因；对粉丝的关心表示感谢，但是同时也要站在粉丝的角度进行思考。

### 3. 保持低调直播，保持谦虚谨慎的态度

面对粉丝的夸奖以及批评，主播都需要保持谦虚平和的态度，即使成为热门的主播也需要保持态度和蔼，不骄不躁。谦虚耐心会让主播获得更多粉丝的喜爱，保持谦虚低调也能让主播的直播生涯更加顺畅，并且获得更多的粉丝人缘。有的主播一直在努力直播，即使被抨击也并不会反击而是欣然接受，谦虚的态度使得他的粉丝人缘很好。

### 4. 把握尺度，懂得适可而止

在直播聊天期间，主播需要知道规模以及如何停止。如果你不明白讲笑话的度，后果可能会很严重。例如有的主播就因为开玩笑过度而遭到封杀。还有一些主播为了火，故意蹭热度，例如在地震的时候"玩梗"或者发表一些负能量的话题，以引起粉丝们的热议，从而提高自身的热度，结果反而引起粉丝们的愤怒，最后遭到禁播。如果在直播中，主播不小心说错了话，激怒了粉丝，主播应该及时向粉丝道歉。

## 工作任务四　直播主播的压力管理

### ❖ 任务目标

1. 能够正确了解直播主播的压力管理的知识点。
2. 直播主播压力管理的重要性。

### ❖ 任务背景

抖音平台上的主播在直播时一定会存在着这样或那样的压力，不仅仅是抖音平台，人活着就会有压力，面对压力要学会释放和减弱，压力往往来源于要强的心，想做好的决心，一定要做好压力管理，将压力及时释放，以免带给直播间粉丝们不好的压力效应。

请思考　作为直播主播要深刻体会直播主播的压力管理内容。

### ❖ 任务操作

#### 一、直播主播的压力管理内容

压力是由心理压力源和心理压力反应组成的认知和行为体验过程，具有"紧张，压力"的含义。压力影响人们身心健康的观点早已被社会所接受。每名主播都要正确认知压力，都要知道存在压力是很正常的。随着直播行业的迅速发展，主播高强度的工作状态难

免会产生各种各样的压力，所以压力管理是每一名主播的必修课。

**1. 直播主播的压力来源**

心理压力是个体的综合心理状态，表现为认知、情绪和行为三个基本心理组成部分的有机结合。这种心理状态在主播的直播过程中始终存在，看起来很直观，对直播效果有非常重要的影响。

压力分为外部压力和内部压力。

（1）外部压力

外部压力有工作压力、家庭压力、社会压力和环境压力。

工作压力主要来自业绩考核、客户的高要求及职业发展的不顺心等，每一场直播的数据变动也会给主播带来心理压力。例如，某主播坦言"弹幕助手"成了她每天最大的压力来源。在直播的时候，她面前有两块显示屏，其中一块实时显示直播间的人数，当她看到直播间的人数一直下降时，内心的焦虑感就会持续增加。

主播在生活中也担任着不同的家庭角色，所以家庭压力也在所难免。例如某主播正处于人生中的重要阶段（如结婚、生子等），面临经济负担、处理家里的一些突发情况等压力。

社会压力主要来源于自己的职业是否得到大众认可，是否能得到大家的尊重，自己会不会太落后以至于被时代淘汰等。尽管"互联网营销师""直播销售员"已经被正式认定为新职业，但成长空间小、容易被替代的弊端仍然存在，所以对未来的不确定性也导致主播们产生很强的焦虑心理。

环境压力主要是指当前居住环境是否过于恶劣和拥挤，失去安全感。主播的工作特点决定了很多主播作息不规律，在室内度过的时间很多，与社会有些脱节，这些问题累积起来，总是在某个时间集体发生，压抑了主播的心情。

（2）内部压力

第一种是不能自我肯定。尤其是新手主播，在开始直播的时候，由于直播间数据可能不是特别理想，而在几场直播之后仍没有明显的改善，由此产生的自我价值感会非常低，再加上有的人非常在意其他人的看法，对别人的评论很敏感，从而会导致厌恶自身状态，觉得自己做得不够好，这些都是不能自我肯定的表现。

很多新手主播认为直播很容易，如果能说得好，就会获得高收入，所以一开始对直播的了解还不够，但现实残酷造成的巨大差距会给他们带来很大的心理压力，他们会质疑当初的选择，如果工作状况没有改善，他们更有可能放弃。

第二种是追求完美。为了追求完美。有些主播常常觉得时间不够用，会选择牺牲休息时间，从而导致长期失眠，也会减少和家人相处的时间，长时期处于紧张的状态。压力带来的影响不同，压力可以分为积极压力和消极压力，不同的压力带来的结果截然不同。

积极压力可以带来动力，使人们更好地工作，更积极主动地解决一些问题。积极压力常出现的场合有在重要期限前完成工作、为团队工作作出贡献、控制局面、开始新的工作、提出激动人心的建议、学习新的技能、解决新的问题、处理危机等。

消极压力则会造成精力的消耗，降低工作效率，长此以往会影响身体健康，使自己的脾气变得很糟糕，从而破坏人际关系。压力在不同时期是有变化的，压力管理的目的是让我们的压力处于曲线的最佳区域，即曲线的最高点。工作压力不能过多，人不能过于追求完美，一旦压力过大则会带来反作用。

2. 直播主播压力的自我诊断

要想管理压力，主播首先要了解自己正在承受的压力情况，具体可以通过测试题来进行自我诊析。浏览下面17道题，结合自身状态打分。

（1）觉得手上工作太多，无法应付。

（2）觉得时间不够用，所以要分秒必争。

（3）觉得没有时间消遣，终日想着工作。

（4）遇到挫折就很容易发脾气。

（5）担心别人对自己工作表现的评价。

（6）觉得上司和家人都不欣赏自己。

（7）担心自己的经济状况。

（8）有头痛、胃痛、背痛的毛病，难以治愈。

（9）要借烟酒、药物、零食等抑制不安的情绪。

（10）需要借助安眠药入睡。

（11）与家人、朋友、同事相处时，会发脾气。

（12）与人倾谈时，会打断对方的话题。

（13）上床后觉得思潮起伏，还有很多事情牵挂。

（14）有太多工作，不能每件事都做到尽善尽美。

（15）在空闲时轻松一下也会觉得内疚。

（16）做事急躁、任性，事后会感到内疚。

（17）觉得自己不应该享乐。

计分方式：从未发生计0分，偶尔发生计1分，经常发生计2分，最后计算总分。

结果解析：

0~10分：精神压力小，但可能生活缺乏刺激，比较简单沉闷，动力不大。

11~15分：精神压力中等，虽然某些时候感到压力较大，但仍可应付。

16分或以上：精神压力偏大，应找出压力来源并寻求解决方法。

## 二、直播主播管理压力的策略

### 1.提升个人应对压力的能力

（1）进行建设性的评估，包括检查自己下意识的想法，认知是否合理等。主播要纠正逻辑上的错误，做出其他的假设，重新考虑对于自己和工作的基本假设，不要盲目焦虑。

（2）合理地制订计划。主播要设定合理的目标，分出优先次序，细化目标，采取直接行动，行动起来压力就没有那么大了。

例如，明确本场直播的主要目的是"吸粉"，还是增加粉丝的停留时长，还是提高转化率。主播要在不同的阶段提出符合相应阶段的合理要求，并把这个目标进行细化。如果本场直播的目的确实是"吸粉"，那就应该考虑这场直播应该如何策划，应该做哪些活动。随着直播场次的增加，主播越来越熟练，可能直播的主要目的就成了提高转化率。

（3）进行及时的补救。发现问题后迅速进行补救，开始行动的时候就会减弱脆弱感，把所有的精力集中在这项工作中，自然也能缓解焦虑的情绪。

### 2.调节来自外界和内在的要求

在调节外界要求时，主播要提前规划，早做准备。提早进行规划后，主播可以适当减弱对这件事情的未知感，缓解不能掌控的焦虑情绪。很多引起压力的事件是难以预料的，但对于那些可以事先预估到的情况，应当尽早作出相应的应对措施。

在调节内在要求时，主播要制定合理的目标，不要期望太高；做好情绪管理，提高情商；做好时间管理，让生活井井有条；养成好习惯，发挥习惯的"减压阀"作用；培养自己的意志力，不断发掘自身潜能。

### 3.时常保持与自己交流

主播在直播中存在较大压力，可能是因为缺乏经验、仓促上阵、预期准备时间超时。主播要尝试与自己交流，分析这些压力出现的原因是什么。

如果是因为缺乏经验，那么主播可以多加练习，或者观摩其他主播的直播，多学习他人身上的优点；如果是因为仓促上阵而导致直播效果不尽如人意，那么主播在下一次直播时就要注意提前准备；如果是因为预期准备时间超时，这时的主播可能是新手主播，前期花费的时间是成熟主播的2—4倍，这其实是一个很正常的现象，那么主播要思考在做直播准备时是否可以考虑一些流程，并将这些流程制度化，从而高效地做好直播前的准备工作。

### 4. 保持多运动

人在运动时，大脑中会分泌一些可以支配心理和行为的肽类物质，其中内啡肽被科学家称为"快乐素"，作用于人体可以使人产生愉悦感。主播可以在闲暇时培养一些运动爱好丰富生活，调节心情。

### 5. 主动与他人交流

主播可以尝试主动与他人交流，不要把想法憋在心里，以免越想越复杂。主播可以与助理运营人员等团队里的其他人分享，交流现阶段的问题和想法，听听他人的意见。团队里的其他人可能拥有更多的直播经验，他们给出的调整方法可能会让主播非常受用，而且他们的鼓励对主播来说也是非常重要的。同时，主播还可以和同行或者和自己差不多级别的新手主播交流，分享经验，相互鼓励，抱团取暖。

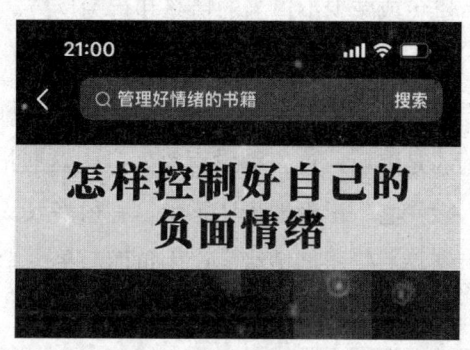

图 7-8 情绪管理的书籍

## 工作任务五　增强直播主播的情绪管理策略

### ❖ 任务目标

1. 能够正确了解直播主播的情绪管理策略的知识点。
2. 影响情绪的因素。

### ❖ 任务背景

直播平台上的主播的情绪管理尤为重要，管理好情绪直播就成功一半了，将情绪调整成平和的状态，不论自己今日的状态是否开心，在直播开播的那一刻要注意管理好情绪。

请思考　作为直播主播要深刻理解情绪管理策略。

### ❖ 任务操作

#### 一、直播主播的情绪管理策略

如今直播行业发展十分迅速，市场要求日益增高，竞争压力越来越大，主播们不得不努力提升自己,时刻保持一种高强度的工作状态,时间一长难免会有各种各样的情绪问题,如果不及时处理,随着情绪问题的积累和转化,它们可能会在意想不到的情况下爆发出来。因此,情绪管理不是盲目压抑情绪,而是引导和化解情绪。情绪管理直接影响直播的效果,并间接影响转化率、流量和关注者。主播可以使用以下策略来处理情绪:情绪管理是指利用心理技巧有意识地调节、削弱和刺激情绪,维持适当的情绪体验和行为反应,避免或减少不适当的情绪和行为反应。

### 1. 察觉情绪

主播要察觉自己的情绪,知道自己现在的情绪是什么,不管是难过、悲伤、愤怒,还是委屈,这些都没有错,产生这些情绪也不是自己的错,不需要压抑它,而要正视它、接受它,正确地表达感受。有很多人认为人不应该有情绪,所以不愿意承认自己有负面情绪,一味压抑情绪会产生负面后果。学会识别自己的情绪是情绪管理的第一步。

### 2. 分析情绪

分析情绪产生的原因,问自己"我为什么会有这样的情绪"。例如,直播间没有人,主播觉得很委屈、失落,认为自己做的这件事没有价值,那么主播为什么会有这样的情绪?这件事情的问题到底出在哪里?这时,主播可以和团队其他成员一起查看后台数据并进行分析:有观众进入直播间,但留存率很低,这可能是因为内容质量不行、互动太少、画面不太好看、背景音嘈杂、与观众打招呼不够热情、直播动作僵硬、语速太快、节奏拖沓,给观众留下不专业的印象。

假设自己是一名观众,在进入自己的直播间后,会不会想要马上划走?自己能在这个直播间停留多长时间,划走的原因是什么?主播可以按照这种方式来倒推分析问题,从而找出原因。

再比如,直播一段时间后,主播觉得天天累,对直播不感兴趣。让我们分析一下造成这种情况的原因:可能是因为你太累了,也许是因为数据变化不大,主播开始焦虑,缺乏价值。

很多主播喜欢隐藏自己的真实想法,有时甚至习惯于欺骗自己,反问让自己无法隐藏自己的思想,这促使他们积极主动地解决情绪问题。只有主播确切地知道情绪的起源和深层原因,他才能更快地消除负面情绪。

### 3. 调整情绪

针对情绪产生的原因,如果只是太累,那么可以给自己放一天假,或者好好地睡一觉,通过放松的方式缓解自己的情绪;如果是觉得缺乏价值感,可以这样暗示自己:直播后台数据有变化是正常的,这个阶段我必须熬过去,我的直播内容没有问题,我的表达没有问题,只是时间问题。或者可以给自己创造价值感,激励自己,如奖励自己礼物等。

主播还可以通过与团队成员的复盘和沟通发现问题，营造出"拨开云雾见天日"的感觉，可以在一定程度上有效调整情绪。

深呼吸也是调整情绪的有效方法。当负面情绪产生时，用手感受紊乱的气息，深吸一口气冲散紊乱的气息，使其自然有序，然后深呼一口气，循环几次，情绪就能变得平静下来。

主播可以静下心来，重新审视自己，调整自己的心态，将对抗的逆反心理转变成虚心接受的态度，倾听多方的意见，这样才更容易明辨是非，做出理性的判断。主播不会向质疑者提问，不会检查重要信息的准确性或理解力，不会弄清楚自己想说什么或为什么，也不会依赖"是否有利于直播的目标"，也不会偷偷猜测他们是否针对自己。评估的起点因人而异，主播可能会尝试从新的角度看待问题，以便他可以有不同的情绪。如果你确定对方的批评是正确的和有帮助的，不要犹豫。

图7-9　运动可以调节心情，强大体魄

### 4. 情绪的基础认知

情绪是一组主观认知体验的统称，是人们对客观事物的态度及其相应的行为反应。人们普遍认为，情绪是受个人欲望和需求影响的心理活动。情绪构成理论认为，在情绪产生的时候，有5个基本元素必须在短时间内协调、同步进行，它们分别为认知评估、身体反应、主观感受、情感表达及行动倾向。

（1）认知评估：当认知系统注意到外界的事件或人时，它会自动评估这些事物的情绪色彩，并触发随后的情绪反应。例如，新手主播在一开始直播时，直播间人数很少，有的新手主播就会认为这是一件没有价值的事情，然后会觉得很伤心，这就是认知评估。

（2）身体反应：身体反应是指情绪的生理构成、身体的自动反应使主体适应突发状况。身体出汗、心跳加速、呼吸局促等就是新手主播对上述认知产生的身体反应。

（3）主观感受：主观感受是指人们体验到的主观感情。主播的主观意识察觉到主播的身体、心理上的变化并把这一反应系统称为失落或难过，这就叫主观感受。

（4）情感表达：情感表达是指通过面部表情、手势、声音变化等表达的情绪，是将情感主体的观点和为这个事件行动的意图传递给周围的人。上述情形下的主播会抱怨，会很难过，露出一筹莫展的表情，这就是情感表达。主播在直播过程中要注意肢体表达和语调上的差别，因为这些外部表现会直接传递给粉丝。情绪会"说话"，它能直接影响主播在直播中的发挥，也能感染屏幕之外的粉丝。

（5）行动倾向：情绪会产生动力，例如当人们悲伤时，当他们想与某人交谈时等。当人们生气时，他们会做他们通常不会做的事情。情绪没有好坏之分，但情绪造成的行为和后果有好有坏。因此，情绪也可分为积极情绪和消极情绪。积极情绪能够帮助我们建立和谐的人际关系，有助于工作开展和身心健康；消极情绪会导致我们产生一些冲动的行为，造成一些不可挽回的后果，或者产生连锁反应。

## 二、影响情绪的因素

情绪是人们对各种情感、思想、动作、外界刺激以及伴随的生理反应，如喜、怒等心理反应的综合心理生理状态。情绪是个体的主观体验和感受，一般与感情、气质、个性有关。

情绪的变化受到多种因素的制约，常见的影响因素有认知因素、气质类型和环境刺激等。

### 1.认知因素

认知因素是情绪体验的一个非常重要的因素。当面对同样的情况时，会做出不同的认知评估，人们会有不同的情绪体验。

客观事件是人类无法控制的，不是由人的意志传递的，而是可以控制主观信念的。我们无法避免所有非理性的信念，但我们必须充分意识到它们的存在，并尽量减少它们对我们生活的负面影响。

不合理信念具有以下3个特征。

（1）绝对化要求：绝对化要求是指人们常常以自己的意愿为出发点，认为某事物必定发生或不发生的想法，常常表现为将"希望""想要"等绝对化为"必须""应该""一定要"等。

例如，"今晚直播我必须要销售额达到5万元""今晚直播间人数一定要比昨天多"等。这种绝对化的要求之所以荒谬，就在于每一个客观事物都有自己的发展规律，不能由个人的意志传递，一个人不可能万事俱全，身边的人和事物的表现和发展是不会按照自己的意志改变的。因此，当事物的发展违背事物的绝对化要求时，个体就难以接受和适应，因此容易陷入情绪困扰。

（2）过分概括化：过度概括是非理性思维与部分概括的表现，体现在对人对自己或他人的非理性评估，在某些或几个方面评估自己或他人的总价值。例如。有的主播在遭受失败后认为自己一文不值，这种片面的自我否定往往会导致自我抛弃、自责等不良情绪。我们必须清楚，"金无足赤，人无完人"，每个人都可能犯错误。

（3）糟糕至极：有糟糕至极这种观念的人认为，如果一件不好的事情发生，自己将会迎来最糟糕的结局和后果。这种想法是非理性的，因为对任何一件事情来说，都会有更坏的情况发生，所以没有一件事情可被定义为糟糕至极。如果一个人坚持这种"这太可怕"的信念，那么如果发生不好的事情，他就会陷入糟糕的情绪体验并变得低迷。的确，当一切都成为现实时，人们必须接受现实，并尽可能多地改变这种状况，如果真的无法改变，就必须学会在这种情况下生活。

### 2.气质类型

气质是一种非常典型和稳定的心理特征，主要表现为情绪体验的强度、速度和缓慢，明显地表现和行为的敏感或迟钝，是高度神经活动的外在表现。人类的气质有四种类型，不同气质的人有不同的情绪表现特征。

（1）胆汁质：胆汁质的特点是开放热情，精力活跃，举止一致，性格坚强，但易怒，脾气暴躁，情绪激动，容易心烦意乱。这种气质类型的人情绪强烈，情绪体验波动较大。

（2）多血质：多血质的特点是活跃主动，反应敏捷，爱交际，言语能力好，适应能力强，但稳定性低，缺乏耐心，外向倾向明显，粗枝大叶。这种气质型的人情绪丰富，敏感乐观，对他人热情，情绪多变，但在面对各种激情情境时具有很强的自我调节能力。

（3）黏液质：黏液质的特点是敏感性低，耐受性高，内向性明显，外在表现差，反应不自主，情绪兴奋性低，反应速度和稳定性慢，日常生活中从容，不易激动，不暴露，行为缓慢，沉稳稳重，自制力强，易固执。

图7-10 气质的四种类型

（4）抑郁质：抑郁质的气质特点为具有较高的感受性和较低的敏捷性，容易形成思想敏锐、细心、想象力丰富等品质，但也容易形成多疑、孤僻、忧闷、怯懦等特点。这种气质类型的人心理反应速度慢、情绪压抑、多愁善感、感情脆弱、内心深层情感体验强烈。

气质对情绪的影响不是一成不变的，每个人都可以塑造自己的个性，磨砺自己的意志，充分展现气质的积极方面，克服自己的弱点，不断进步。

### 3.环境刺激

环境刺激对人类情感的影响不容忽视。你的生物钟、自然变化、颜色刺激、月经周期、饮食、音乐、服装等，都会影响情绪。

在企业雇员的十大激励因素排名中，良好的工作环境排在第五位。多项研究表明，良好的工作环境应该包含的要素有开阔通风的空间设计、色彩丰富的艺术品、丰富的植物和宽大的窗户等。尤其是绿色植物和花朵，观看它们有助于从压力状态中恢复。

## 任务测评

### 一、名词解释

1. 心理压力。
2. 情绪管理。
3. 情绪。

### 二、简答题

1. 简述直播主播的情绪管理策略。
2. 能够正确掌握直播主播的心理素质应具备的内容是什么？
3. 直播主播的气质类型有哪些？

## 任务总结与评价

### ❖ 任务总结

#### 任务目标

1. 能以小组形式，对学习过程和实训成果进行汇报总结。
2. 完成对学习过程的综合评价。

#### 任务操作

以小组为单位，选择PPT、图片、海报、视频等形式中的一种或多种，向全班展示、汇报学习成果。汇报的内容应包括：

1. 掌握直播主播的心理素质有哪些。
2. 掌握直播主播管理压力的策略。
3. 掌握影响直播主播情绪的因素。

## ❖ 任务评价

### 综合评价表

| 评价节点 | 评价指标 | 评价内容 | 评价主体 | 得分 |
| --- | --- | --- | --- | --- |
| 课前评价（10%） | 自学态度（5%） | 课前提问 | 教师 | |
| | | 提出回答问题次数 | 教师 | |
| | 自学行为（5%） | 是否上传学习笔记 | 教师 | |
| | | 是否完成课前测验 | 教师 | |
| | | 课前测验成绩 | 教师 | |
| 课中测评（60%） | 出勤状况（5%） | 是否迟到早退旷课 | 教师 | |
| | 师生互动（15%） | 提出回答问题次数 | 教师 | |
| | | 是否聆听教师和认真总结做好记录 | 教师 | |
| | | 是否参与小组讨论头脑风暴等互动活动 | 教师、学生 | |
| | 小组分工（15%） | 是否有明确合理的分工 | 教师、学生 | |
| | | 是否积极进行讨论探索 | 教师、学生 | |
| | | 是否在规定时间内完成组内任务 | 教师 | |
| | 成果展示（25%） | 内容展示标准全面 | 教师、学生 | |
| | | 表达条理清晰，表达生动 | 教师 | |
| | | 课堂测验成绩 | 教师 | |
| 课后评价（30%） | 方案时效（10%） | 小组方案的实际应用效果 | 教师、学生 | |
| | 实践拓展（20%） | 能够按时完成实践作业 | 教师 | |
| | | 实践作业完成效果完成情况 | 教师 | |

# 工作领域八　直播主播的语言管理与表情沟通

## 任务背景

在直播过程中，主播的语音管理和表达性传播的掌握尤为重要，对演讲的控制能力直接影响直播流量和粉丝在直播间的停留时间，语音管理技巧应由每个主播逐步提高并在直播练习过程中掌握，主播的表情在直播空间尤为重要，微表达也很重要。影响粉丝的直接印象和后续关注度。

## 任务流程

1. 主播的语言管理与表情沟通的认知。
2. 主播人员职业素养。
3. 知识储备。
4. 交易规则。
5. 任务测评。
6. 任务总结与评价。

## 思政目标

1. 弘扬"敬业诚信"的社会主义核心价值观。
2. 树立正确的抖音直播主播的语言管理与表情沟通素养观念。
3. 培养学生终身学习、不断进取的精神。
4. 培育学生们的工匠精神。
5. 培育积极进取的人生态度。

## 知识目标

1. 掌握直播主播必备的语言管理技巧。
2. 掌握直播主播表情沟通的要点。

# 工作任务一　直播主播语言表达的原则

## ❖ 任务目标

1. 能够正确掌握直播主播语言表达的原则内容。
2. 能够掌握直播主播语言表达的重要性。

## ❖ 任务背景

2023年7月，在抖音直播平台上，一位态度和蔼、心态平和、有着多年电视台主持经验的主播在她的直播间里与粉丝们进行流畅的语言沟通，她的语言表达流利，语言声调适中，语言的内容饱满，充满了一种向上平和的力量，这些状态的体现其实都需要一个漫长的积累过程，是内在能量和外在表现的综合体现，这样的直播间虽然受众粉丝不是很多，但却是精准的，一定是对生活有追求且欣赏主播的粉丝才会驻足停留，并且是持久性很高的停留。

**请思考**　直播主播的语言表达能力对直播而言重要吗？

## ❖ 任务操作

### 一、如何提升语言表达能力

**1. 较好的语言表达能力可以确保粉丝们的观看体验**

一个人的语言表达能力在一定程度上体现了这个人的情商和智商，可以从以下几点提高个人的语言表达能力。

（1）注意语句表达

主播在表达句子时，首先要注意话语中的停顿，把握节奏。其次，演讲要连贯、自然、流利。如果文字不够清晰，粉丝在接收信息时可能会产生误解。此外，主播能够在规范性语言中发展个人特征，从而形成语言表达个性化和标准化的统一。

一般来说，主播的语言表达应该具有以下特征：规范性、分寸感、感染性、亲切感。

规范性：音调、词汇、语法等符合普通话的要求和规范；

分寸感：注意内容的主次，感情的浓淡，避免"过犹不及"；

感染性：适当运用夸张的手法，注意语言的节奏和停顿；

亲切感：给予粉丝们温暖舒适的感觉，符合他们的心理期待。

（2）结合肢体语言

有时一个词不足以产生表达效果，因此主播必须使用动作、表情和眼神交流来支持表达。

（3）自身的知识积累

主播在线下重视提高自己的修养，增加知识的积累，多社交和阅读会提高一个人的逻辑能力和组织演讲的能力，帮助主播更好地表达语言。

（4）进行有效倾听

主播不仅必须能够发言，而且还必须能够专心倾听。在主播与用户互动的过程中，倾听是一个人最美的品质之一，也是主播必须具备的品质。表面上看，主播看似占主导地位，但实际上却是粉丝主导的。粉丝之所以愿意看直播，是因为可以和感兴趣的人互动，主播如果想了解粉丝关心什么，想讨论什么话题，就应该认真倾听他们的声音和反馈。

图 8-1　通过读书提升自身文化水平

（5）注意把握时机

良好的语言技能需要主播在正确的时间说话。如果主播不在乎粉丝心里怎么想，不知道什么时候说话，主播只会付出一半的努力，甚至浪费功劳。但只要你选择了正确的时间，就很容易让你的粉丝接受你的意见。例如，如果电商主播承诺在购物节期间向粉丝销售产品并向用户提供折扣，那么此时粉丝会对产品感兴趣，并利用购物节的热潮毫不犹豫地买卖。简而言之，把握时机是培养演示者语言技能的关键因素之一。只有在适当的时候，粉丝才能接受你的意见，并对你要说的话感兴趣。

图 8-2　聆听可以增进人与人之间的感情

（6）制造轻松的直播氛围

想要成为直播行业的大咖级人物，光靠脸和身材是不够的。有人说，语言的最佳状态是幽默。口才幽默的人，不仅让人觉得很好笑，更体现了一个人的内涵和修养。因此，专业主播的发展对于幽默技能的训练至关重要。幽默的第一步是收集幽默材料，明智地使用它，先模仿，然后创新。主播可以通过使用他们在生活中收集的幽默材料来发展自己的幽默感。首先，欣赏别人的幽默笑话和流行的"表情包"，然后模仿它们或用故事来讲述它们，让粉丝别无选择，只能笑。粉丝们喜欢听故事，幽默一点让他们更加专心，身心都参与到主播的故事中。幽默也是一门艺术，艺术来源于生活，高于生活，幽默也是如此。生活中有很多幽默的故事改编自生活和情节的片段。

（7）抓住事物的主要矛盾焦点

如果主播已经有一定的经验，熟悉粉丝，知道粉丝喜欢什么，不喜欢什么，他就能适当地表达自己不喜欢的东西，以达到幽默的效果。比如粉丝讨厌公司食堂，觉得那里的食物太难下咽，主播可以说："那天我买了面包，吃完后，从嘴里掏出一根两米长的绳子。"抓住事物的主要矛盾，擦出另一个火花。当引导者抓住矛盾，培养幽默技巧时，可以遵循六个要点：积极乐观、善待他人、平等待人、宽容大方、机智谦虚、把握分寸。在提升幽默技巧的同时，主播不应忘记自己应该遵循的相关原则，以更好地引导粉丝，为他们提供高质量的直播。

（8）灵活运用幽默段子

"段子"本身就是相声表演的艺术名词。它的含义随着时间的流逝不断扩大，有许多独特的内涵："红段子、冷段子、黑段子"。近年来，网络段子在互联网上尤其是社交平台上层出不穷。作为粉丝中最受欢迎的幽默类型之一，幽默笑话也被广泛使用。使用幽默段子的人比比皆是，幽默笑话获得了许多粉丝。幽默的段子是吸引粉丝注意力的好方法。主播要想掌握幽默技巧，就需要仔细研究段子，用段子征服粉丝。

（9）懂得自我嘲讽

最有效的讽刺方法是自我黑化和自嘲。粉丝不是亲密的朋友，如果他们讽刺或吐槽，很容易引起厌恶和愤怒。在很多直播中，主播用这种自嘲的方式"文明"自己，让粉丝开心。如果使用得当，这种自嘲方法非常好。当然，主播也应该有正确的心态，把自嘲当成一种娱乐形式，不要太当回事。

（10）直播前要策划内容以此保证直播过程的流畅性

对于那些想直播但不知道如何去做的人，可以参考以下做法：带货过程，要通过直播捕捉产品的特性，让粉丝了解产品，用最简单的方式设计产品的特性。主要特点是传达好产品的作用和产品的好处。比如在母婴用品直播中，主播在介绍纸尿裤时，讲纸尿裤的弹性和用途，在直播间演示假宝宝，对产品价格的详细说明，主播要讲产品的价格，在呈现产品的特点之后，这个时候可以在直播间突出这个产品的优势，也可以借助手势来突出。主播点评时，直播间底部的产品信息栏也会显示产品的价格，描述产品数量，包括直播间货架上的产品数量和剩余产品数量。主播可以限制直播产品的数量，或者将一批批的产品放在货架上，营造紧张的气氛。如果产品被移除，主播还必须通知直播间的粉丝。例如，库存中只剩下10件，付款以先到先得的方式进行。在服装直播过程中，主播可以试穿服装或让模特试穿，向粉丝展示效果。

有时候粉丝会让主播回答一些热点问题，在这种时候，粉丝们往往想知道主播对这些热门话题的看法，他们会特别关注热门话题。很多主播利用热点事件，让主播的口碑在短时间内迅速上升，但如果只是揉搓热度，说出违背三观的话，效果就会消极不健康，粉丝会迅速流失，更糟糕的是，很难吸引新的粉丝加入。那么主播应该如何正确评价热点事件呢？客观公正，不违反三观。当粉丝向主播提问时，主播必须积极回应。这不仅仅是态度问题，这是赢得粉丝喜爱的有效方法。那么如何以积极的方式回答粉丝的问题呢？首先，粉丝提问后，我们要尽快回复，让他们觉得自己在关注直播间的情况。二是尽量多回答粉丝的问题，让被评论的短视频用户觉得你很欣赏他或她。主播回答的弹幕越多，他们获得的粉丝就越多。

图8-3 来自抖音直播间介绍服饰的直播内容

## 二、掌握直播主播语言表达的重要性

作为主播，语言表达非常重要，良好的语言表达可以帮助你在直播中更自由地表达自己，吸引更多的粉丝，帮助主播改善与粉丝的沟通，吸引更多的粉丝，提高直播的效果和质量。良好的口头表达可以提高粉丝的满意度和忠诚度，并帮助主播形成自己的形象和风格。语言表达有助于主播更清晰地表达他们想要表达的内容，避免出现歧义。口头表达可以帮助主播更好地控制直播的节奏和进度，避免无话可说的情况。口头表达还可以帮助主播更好地引导粉丝参与互动，也有助于确定具有商业价值的直播收入，提高粉丝参与度和留存率，带来更多收入。简而言之，主播的语言对于提高直播质量和观看体验至关重要。

### ❖ 实训活动

**思考题：** 提升直播主播语言表达的原则有哪些？

# 工作任务二　直播主播声音训练重点

## ❖ 任务目标

1. 能够正确掌握直播主播声音训练内容。
2. 能够掌握直播主播的语速修炼内容。

## ❖ 任务背景

2023年7月，抖音直播平台上，一位声音与年龄相符的妇女在直播平台上谈到了自己的前夫，其实一个人的声音可以反映自己的经历和感受、大概的年龄，让一个人的声音能听到自己内心的声音，而听着这个声音，就能看到自己内心的转变。另一方面，在另一个直播间，闭着眼睛听就能感受到主播的美，他的声音柔和吸引了不少路过直播间的粉丝。

**请思考**　直播主播的声音训练对直播而言真的重要吗？

## ❖ 任务操作

### 一、直播主播的声音训练内容

主播的嗓音好不好也关系到直播的成功，那么如何才能充分提升直播主播的语音状态呢？主播需要提高自己的声音发展，以便他们能够继续提高，更多地适应直播空间，并为主播加分。

**1. 认识问题**

在开始语音修炼之前，主播应清楚个人发音有无问题。语音方面常见的问题主要在于"咬字"和"吐字"两方面。前者主要是"咬字不准"，后者则较为复杂。

常见的四大语音问题：发音不准、吐字无力、吐字含混、吐字不圆润。

①发音不准。方言地区的主播往往也有类似的问题。有些主播只说普通话发声系统，与汉字的具体发音没有明确对应。因此，很容易在发音上出错。随时查阅字典是解决发音不准确的最简单方法。

②吐字无力。新主播往往唇舌无力，吐字不清晰，使整个字音松散，导致粉丝经常无法准确听清楚主播在说什么。注意发音，提高唇舌力量和气息力度。

③吐字含混。吐字含混不清的问题，往往是韵母发音不准造成的。适当扩大i、a、u音，

可改善这一状况。

④吐字不圆润。当发音具有更广泛舌头活动的复合元音时，可以增加发音的圆度。即使发音只有一个元音，舌头也必须在音素区域进行足够的活动。此外，音调和振幅的不一致或者太小，这也影响发音。

2. 练习方法——语音

（1）掌握要领

不断练习应从音节入手进行，即掌握"正音"的要领。

"正"，即掌握音节正确的发音方法，从静态的声母、韵母、声调分解练习开始，找到正确的发音部位和方法。随后，再进行音节的综合练习。

①练习舌尖前音 z、c、s 和舌尖后音 zh、ch、sh、r 时，首先要掌握声母的发音要领。

②舌尖前音发音时舌尖应平伸，顶住或接近上齿背。

③舌尖后音发音时，需舌尖翘起，接触或接近硬腭前端。

这样，才能矫正发音部位不准的问题，避免在直播沟通中出现明显的错读和混读。

（2）听音练习

发音需要耳朵的参与。如果主播的听力不够敏锐，也会影响个人交流和发音准确。同时，由于骨传导在听觉反馈中的作用，主观声音感知与客观声音感知之间存在一定差距，这使得主播容易错觉自己的声音特征，导致自我评估错误。通过提高听力能力和提高声音的自我评估能力，主播可以通过音高、音色和音量逐步清晰地区分声音的细微差别，具备区分声音的能力，获得学习发音的基本要求。

①可以使用录音设备，反复调整和审听自己的语音，也可以采用互助方式请团队成员或热心粉丝，指正自己的错误发音。

②主播还可以进行朗读短文的练习。在练习中，首先多听标准的示范读音材料并反复跟读，形成标准的听觉感受。随后，主播再播放本人的朗读录音，并与示范材料进行对照，找出其中存在的错误和缺陷，加以有效改正。

（3）方言矫正

在移动互联网的直播平台上，使用东北话、四川话等方言为直播内容添加功能是很常见的。然而，大多数主播（尤其是新主播）缺乏控制方言的能力。

方言矫正需要认识和比较方言与普通话发音的异同，要想改善这一状况，就需要进行方言矫正。掌握发音对应关系，使方言近似于普通话的标准语音。在方言纠正中，主播必须正确识别发音中存在的错误和不足，自觉练习正确的发音，才能纠正错误，克服错误。

（4）强化训练

语音训练不仅需要记忆声音，还需要有意识地体验和记忆发音行为。同时音量适中，通过反复练习，您可以达到模糊的能力水平。如果主播在直播中不花时间练习，走自己的路，会影响训练效果。特别是那些说方言有困难的主播，在开口时应该养成说普通话的习惯，并不断增加训练强度。音量决定了主播的声音是否被粉丝听到，直播间的音量控制会影响移动粉丝观看直播的体验。如果我们希望我们的粉丝沉浸在我们的直播中，我们首先需要确保他们在听我们说话。

## 二、主播的音量控制有以下几个层面

### 1. 如何修正话音颤抖

声音震颤是直播中的禁忌，声音震颤的原因主要是因为紧张。很多主播第一次直播，情绪变得更加紧张和激动。当这种紧张感通过声音的颤抖表现出来时，易被粉丝们认为是不专业的，对整个直播的质量失去了希望。针对因紧张而声音颤抖，主播只能通过不断练习来纠正，放松情绪和声音，以更自信的神态面对观众。由于呼吸或姿势不当，声音也会颤抖，必须根据情况进行纠正。

①调整姿势。主播大多采用坐姿，所以一定要找到一个舒适的坐姿，否则，长时间绷紧的身体肌肉会影响到发音器官，导致话音颤抖。

②调整呼吸。当发现话音颤抖时，主播可以借助讲话的间歇期调整呼吸，使用半哈欠的姿势放松发音器官，或采用一些辅助词语。放松下巴和喉咙，并用手指轻轻按摩喉咙肌肉，消除紧绷感。

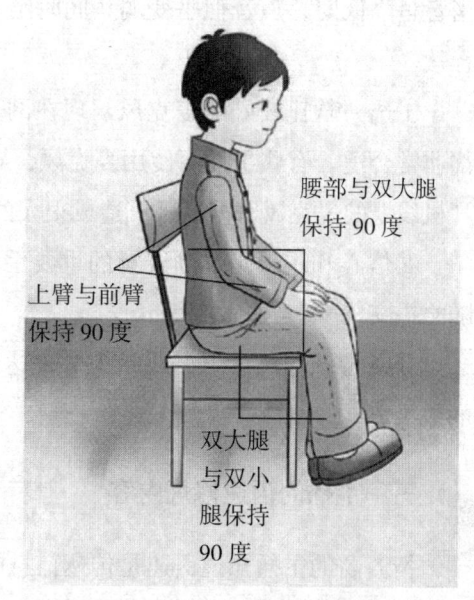

图 8-4 直播坐姿训练

③语言暗示。在直播之前，通过语言暗示为自己打气，可以在一定程度上缓解紧张情绪。训练这种方法的语言如："今天的粉丝都是陌生人，我没必要紧张。""我准备得很充分了，试讲效果也不错，我能行！"

### 2. 如何修正过高音量

很多主播天生大声喧哗。去淘宝直播、抖音直播、快手直播，很多主播的嗓门都特别响亮，如果进入直播间时手机音量控制不好，就变得吓人了。我有过这样的经历，第一次打开直播的时候，我傻眼了，手机差点摔在地上。但对于粉丝来说，大声喧哗并不总是一件好事。随着响亮的轰击，粉丝们可能会感到沮丧，即使将手机的音量调低到最低水平，也会感到非常不舒服。

主播们必须通过修正过高的音量，给予粉丝更佳的体验。

①试讲训练。在直播前先试播，比如可先在微信群里做试讲，不断寻求合适的直播音量，一旦觉得音量合适，就要多次进行练习，固定下来。

②空间调整。如果在小空间里直播，比如卧室、小房间，则需要视情况稍微降低音量。

3. 如何修正过低音量

有些人天生声音微弱，而另一些人则有意识地调节音量以节省体力。但无论如何，当音量降低时，声音似乎变弱，同时给人一种无助的感觉。您可以按照以下步骤修正低音量。

①选一款比较好的麦克风。现在网上有很多直播设备可以让你选择，让音量和音色都非常合适。有些主播不使用麦克风，导致噪音大而深沉。有的主播直接戴着耳机直播，耳机线上的麦克风摩擦衣服，造成很大的噪音。

②信心和呼吸是控制音量的重要手段，当主播信心满满、呼吸正确时，音量自然会随之提高。

③在特殊的场合下，或是为了表达的需要，主播可以有意地提高音量，以提升直播的效果。

### 三、主播的语速修炼内容

情商高的主播知道语速是传达信息的关键。只有粉丝听了你的话，你才能顺利沟通。为此，主播应尽量说清楚，发音清晰，说话速度适中。太快或太慢都不是最好的表达方式。如果太快，就像一台全功率机器，粉丝很难跟上，粉丝也会感到沮丧，主播本身也很容易疲惫。如果演讲速度太慢，直播间就会显得毫无生气，粉丝们会不耐烦。语速慢的最大问题是主播缺乏粉丝群。有些主播习惯了个人的说话方式，一旦改变，就很难接受。实际上，这仅说明主播没有找到问题的原因。众所周知，说得太快或太慢，不仅会破坏粉丝的视听体验，还会浪费主播和整个团队的努力。

此外，说话太快或太慢的问题往往与演示者的信心有关。我指导过很多说话太快的主播，但经过协商和理解，他们共同的问题是缺乏信心和紧张，也就是脑子里闪过什么，怕耽误直播进程，造成冷场面，脑子里有就马上说出来，一时不慎就成了问题。

为了获得正确的语速，主播需要考虑粉丝的理解和接受程度。同时，我们还要树立心中该有的信心，不担心冷场面的尴尬，也不怕说错话敢说出来。相反，您要相信无论使用什么速度,您都可以控制直播的节奏。

1. 标准练习

科学研究表明,粉丝认为每分钟 300 个单词的速度说话感觉最舒服。这种语速既不太快也不太慢,当然可以保证粉丝的理解和接受。

主播可以从一个简单的测试开始,即录制常规的现场演讲。直播结束后,以 1 分钟为时间限制,记录你 1 分钟说了多少字,以及你正常语速的差距。计算结果后,进行有针对性的训练。

意识到自身的语速问题后,主播在日常与他人进行交谈时,也可以尽量提醒自己放慢或者加快语速,并加快或放慢思维运转。这样,主播说话速度也就自然而然地发生改变。

2. 调整心态

您可以回忆起您目睹的有趣场景,或者想象您在直播中可能遇到的有趣事情。如果主播总是说得很快,问问内心的问题,问问自己为什么说话太快。无论是因为你总是急于给出答案,还是因为你担心你的粉丝会对你的话题不感兴趣。根据发现的主要原因,今后有必要有意识地改进。

3. 朗读训练

如果你想尽快调整你的说话习惯,大声朗读是一个很好的方法。还记得我们在学校的时候,老师教我们大声朗读吗?你可以找到一本你喜欢的书,从中选择最好的段落,然后教自己如何大声朗读。训练时,需要发音准确,字正腔圆,确保没有停顿,充分传递每个词语的声音,避免歧义句子。在阅读过程中,应时刻注意语速的状态。需要注意的是,说话太快的人应该尽可能慢,说话太慢的人应该加快速度。此外,语速还应根据文字的内容进行调整,对于比较激动的部分应加快速度,对于比较和缓的部分则应放慢速度,从而保证语速与情绪的变化要紧密配合。

❖ 实训活动

思考题:主播的语速修炼内容有哪些?

# 工作任务三 直播主播语言能力提升要点

❖ 任务目标

1. 能够正确掌握直播主播语言能力提升要点。
2. 能够掌握直播主播的嗓音修炼内容。

## ❖ 任务背景

在直播过程中,专业学习播音主持的人,不仅在直播间里可以非常灵活方式进行直播,也能避免对主播语言表达能力的考验。提高主播的语言表达能力,有赖于积累的实践练习和每天阅读更多的书籍,可以增强更多的表达能力,而主播的言语表达能力在直播过程中尤为重要。

**请思考** 直播主播的语言能力提升的要点是什么?

## ❖ 任务操作

### 一、直播主播语言能力提升要点

主播的语言能力提升要注意侧重点的练习。

1. 语言表达可以侧重搞笑类型

搞笑型是目前直播行业最火的类型,这类主播几乎不受形象的约束。如果你想创造一种有趣的说话方式,你需要提高你的幽默技巧,首先要注意以下两点:①巧妙的语气。说笑话、讲段子不是朗诵,没有巧妙的语气做辅助,听起来就会非常"尬",让粉丝摸不着头脑。什么时候停顿留下伏笔、什么时候突然加快语速,会直接关系到包袱能不能炸响。多去看看搞笑型主播的视频,寻找其中的诀窍吧。②丰富的段子。讲段子是搞笑型主播的基本功,没有丰富的段子做支撑,仅靠语气上的幽默很容易让人觉得乏味。在日常生活中,主播必须学会积累段子,在微博、微信群中搜集有趣好玩的段子并将之记录下来,以备直播时随时调用。

2. 语言表达可以侧重聊天型

女神类型说,生活方式要求我们有一个骄傲的"女神之都"。基于快速思维和大量训练的有趣演讲不可能在一夜之间完成。我们看到,没有经验的主播先和成熟的主播互动,结果是不可理解、效果不好,弹幕几乎完全基于负面反馈,这显然是某种言语失败。对于直播新手,若是特殊才艺不足的主播,不妨采取以聊天型说话方式起步。所谓聊天,其实就是"说大白话"。打个比方,夜间多数粉丝都有些孤独,这个时候,我们可以这样说:讲一个有温度的故事,哪怕这个故事不是自己的亲身经历,但最重要的是让粉丝们体会到故事背后的感动,愿意与你聊天,这同样会获得他们的认可和支持。

3. 语言表达可以侧重可爱型

当然,如果你的外表看起来纯洁年轻,那么最适合你的说话方式就是可爱的类型。

萌萌萌的说话方式，有着"二次元女神"可能还不成熟的特质，却让眼神像动漫少女一样飘飘荡荡，"哇"的声音融化了粉丝的心。为了形成一种可爱的说话方式，不仅要在语言上下功夫，还要有可爱的衣服和适合它的可爱环境，比如每天穿不同的可爱衣服，在直播间养可爱的小动物等。

**4. 主播表达的内容要引起粉丝们的讨论**

许多粉丝对直播发表评论，主要是因为他或她对直播的内容有话要说。因此，在创建直播时，直播公司可以选择尽可能多的内容来引发粉丝辩论。由此产生的直播当然会引起粉丝的兴趣，粉丝参与评论的意愿也会增加。例如，很多人都有闭口、长痘痘、黑眼圈、眼袋等问题，我们可以制作相关的短视频内容，让正在为这些皮肤问题而苦苦挣扎的粉丝点击评论。再如，爱情是自古以来就受到广泛关注的话题，每个人都有自己的爱情观，同时每个人都想收获自己梦想中的爱情。然而，现实与梦想之间有一定的差距，现实中很多人的爱情并没有那么美好。因此，一些短视频运营商在此基础上创作了相关的短视频内容。所有粉丝看完后都会有自己的看法，看完直播后，会留下评论，因为他们心里有一些情绪。

图 8-5　引出话题留言多多

**5. 语言表达的内容要引导粉丝主动留言**

在直播平台上，一些粉丝在刷直播时会觉得打字有点乏味。如果您找不到感兴趣的主题，您可能会感觉很糟糕或没有时间对直播发表评论。为了让这些粉丝积极评论，播出运营商可以设置一些互动主题，让粉丝对直播更感兴趣。比如，一位老师到新疆维吾尔自治区进行教育支持，在她一年半的志愿者培训中，她每天都写着帮助新疆的日记，把自己的日常感受写在日记里，发到抖音平台上。刚开始，许多粉丝认为这是剧本，也曾有粉丝留言评论过是假的，靠编且不真实的，吸引粉丝博人眼球的，但是经过长时间的写作积累，真的假不了，一年半的援疆日记获得了许多粉丝的关注与喜爱，粉丝们也纷纷留言祝福和支持、鼓励。再比如直播运营者可以以日常生活中不经意间经历的一些痛（如脚趾不小心踢到了坚硬的物体）为话题，打造一个直播。因为大多数人在日常生活中都经历过这种不经意的痛，只是许多人认为，如果涉及的话题是自己不感兴趣的，或者话题对于自己来说意义也不是很大，那么就没有必要花时间和精力去表达自己的意见了。因此，直播运营者如果想要让粉丝们积极表达自己的意见，就需要通过话题的设置先勾起粉丝们的表达兴趣。

6. 用高质量的语言内容引发粉丝们的共鸣

内容发布者需要了解不同类型的内容可以吸引不同的用户，但很少有人能理解，所以吸引的粉丝相对较少。而一些流行歌曲通常会得到人们更多的反应，因为它们很容易理解。运行实时内容也是如此。如果直播是用在市场上没有引起太多关注的专业内容来完成的，那么就会由少数有兴趣观看的人来完成，观看直播的人就更少了。反之，如果直播是粉丝普遍关注的内容，参与门槛低，与之产生共鸣的用户自然会点击观看和评论直播。所以，主播想要在直播上获得更多评论，可以从内容的选择入手，语音表达能力不容忽视，重点是选择参与门槛低的内容，通过与粉丝产生共鸣来保证直播的评论数量。减肥是大家关注的话题，很多粉丝也在计划减肥或者正在减肥，所以主播可以在直播间分享和展示自己的减肥心得。

7. 整理语言，用提问的方式吸引粉丝们

疑问句通常比陈述句更容易被粉丝回答。这主要是因为声明性语句只是指令，不参与设计。另一方面，而疑问句则是把问题抛给了粉丝们，这实际上是提醒粉丝们要参与互动。因此在直播文案中设计提问，会增加回答问题的粉丝数量，从而直接增加评论部分的数量和评论部分中的活动量。您如何通过提出鼓励粉丝回答问题的问题来增加评论部分的活动？例如，一位主播问他的粉丝：有多少人欠那么多钱？之后，借款人借款前后的态度发生了变化：借款时，笑着感谢。借了钱，到了还钱的时候，直播中的人物一脸愤怒。事实上，每个人都需要表达自己，但许多人认为，如果所讨论的话题对他们来说不感兴趣或该话题对他们来说意义不大，就没有必要花时间和精力表达意见。因此，如果直播公司希望粉丝积极表达自己的观点，就需要通过主题设定来激励他们表达自己。

8. 整理语言，采用场景化的回复

当涉及基于场景的响应时，简单的理解可以是结合特定场景做出的响应，也可以是内容可以让用户想到特定场景的答案。例如，如果主播在响应中向用户介绍特定的厨房用具，说明厨具将使用的环境类型、具体使用方法以及使用后的效果，则响应内容是场景化的。

### 二、直播主播的嗓音修炼内容

很多主播羡慕别人拥有或磁性或动人或悦耳的声音，而将自己声音的弱点归结于"先天条件"不足。其实，绝大部分人的先天发音条件相差并不大，其关键在于是否进行了正确的练习。要注意舌的练习、口腔的练习。

## ❖ 实训活动

**思考题：** 直播主播的嗓音修炼内容有哪些？

# 工作任务四　直播主播语言管理技巧

## ❖ 任务目标

1. 能够正确掌握直播主播语言管理的技巧。
2. 能够掌握直播主播的声音发声练习内容。

## ❖ 任务背景

在直播过程中，主播的语言管理是非常有讲究的，语言的管理不仅仅要流利，更要接地气，还要适合于直播间，所以，对于语言的管理要有一定技巧。

**请思考** 直播主播的语言管理的技巧是什么？

## ❖ 任务操作

### 一、直播主播语言管理技巧

#### 1. 对于语势的管理

语势是指主播声音在旁白过程中变化的形状，上下、高低，通过控制声带的紧绷度来实现。语调由平升高，高亢激昂，称为"扬"；语调先平后降，低沉持重，称为"抑"；

语调缺少变化，平缓舒展，称为"平"；语调升降频繁起伏不定，称为"曲"。它们有不同的声音，表达的思想和情感也不同。因此，主播在直播过程中要注意声音的管理。

2. 对于重音的管理

重音是指说话时为了突出主题、表达思想、抒发感情而对语句中的某些词语加以突出与强调的现象，它是体现语句内容的重要手段。在与粉丝沟通时，重音位置不同，语意也会随之发生变化。例如，我知道你爱开车，重音在"知道"（别以为我不知道）；我知道你爱开车，重音在"你"（别人爱不爱开我不知道）；我知道你爱开车，重音在"爱开车"（爱不爱做其他事，我不知道）。

3. 对于吐字一定要清晰

"我不道几个，啊，不管……"

如果你看上面的句子，你能理解它的意思吗？这正是很多主播都能发现的问题：语言含糊不清，很难理解他到底在说什么。生活中含糊其词可能没什么大不了的，但是在直播间的粉丝面前，似乎说得太含糊，会给人留下粗鲁的印象，没有信心说话，好像想快点把话说完，以免表现出懦弱。为了完善你说话的方式，每个主播需要做的第一件事就是说清楚，这样人们在听到你想表达的内容后就能理解。尤其是"恩啊呃哦"这样的语气，频繁出现在直播间，会让人感到非常反感，恨不得立刻退出。

4. 幽默可以，但是一定要三思而后行

直播间的气氛通常比较热闹，直播不必像电视节目主持人那样严格，相应的笑料大幅提升了直播间的气氛，但这并不意味着你可以胡言乱语。在与粉丝交流时，很多主播经常因为一句话而引起粉丝的不适，甚至所有粉丝的口头批评。"哈哈，刚才有人留言说自己是个秃子！来，是秃子的打1，让我看看有多少人头上没头发！"这是某个主播曾经在直播间无意中说出的一句话，她原本是想借此开个玩笑，但没想到这种心直口快对粉丝造成了人身攻击，所以，主播人气快速跌落。无论我们说什么，一定要切记说出的内容决不能伤害到粉丝，要设身处地为他人着想。必须杜绝"说话不经大脑"的行为！

5. 聊天聊出深度

聊天型说话的主播要求你在和粉丝交流时要说得很深，有的主播说得太肤浅甚至讲粗话，所以直播间里留的粉丝越来越少。你应该坚持细节，细节越精细，粉丝越印象深刻，聊天就越成功。比如我们在没有偶像包袱的时候和粉丝聊起童年的尴尬，就需要把故事的背景和自己的尴尬扩大，让粉丝们潜入其中，让他们觉得好笑、有活力、愿意继续和我们聊天。

6. 尽量使用粉丝们可以听得懂的语言

主播无论选择哪一种说话风格直播，除非有特别的主题要求，正常情况下都要尽量用粉丝们听得懂的语言,即便我们是一个专业领域的直播网红。过于频繁使用专业词语、生僻词语,不会给粉丝们留下专业的印象,反而会让他们认为主播不接地气。"今天我们做这款笔记本的拆机。这款笔记本的 central processing unit 是第十代架构,它的执行指令 execute 属于……"如果一个主播以这样的语言介绍电脑 CPU,试想除了专业研究计算机的人,还有谁有耐心看得下去?在直播时代里,每一个人都是观众,学历、人生阅历参差不齐,除非我们仅仅定位"服务于某个小圈子",否则不要过分专业晦涩,说出来的话让人听不懂,只能造成我们与粉丝的距离。

7. 每天要进行实践训练

今天就开始练习你的说话风格。大多数直播平台都允许您花时间检查状态并在直播期间记录演讲的错误方面,进行有针对性的改进。每天在镜子前练习说话,听你的语速,观察你的面部表情,不断调整你的说话风格。这种积累是乏味的,但只需要一定的时间,你就会看到自己明显的变化。直播是一门生意,不认真对待就不可能吸引大量粉丝。

8. 要学会迎合与略过

无论你是什么样的主播,在与粉丝沟通、学会讨好时,都需要保持积极的态度。在回答粉丝的问题时,你应该带着小小的微笑来回答,让他们感到受到尊重。即使我们的语言能力和说话风格不完美,但只要我们表现出诚意,我们一定会表现出亲和力。如果粉丝喜欢你,就待在直播间,你要照顾好,当然,迎合并不是毫无底线。尤其在直播间人数较多的时候,我们无法做到对每一位粉丝的提问都做出回答,这个时候就应该分析哪些提问是重要的、必须回复的,哪些提问是适合略过的、不用回复的。而对于给我们刷礼物的粉丝,要尽可能做出口头的感谢。灵活运用我们的语言,将粉丝们留住。

## 二、声音发声练习内容

1. 气息

通过简单的呼吸训练,主播可以体验正确的呼吸技巧,这不仅有助于他们在直播中交流,还可以帮助他们在未来进行进一步的声乐和其他训练。只有练习和学习正确的呼吸技巧,才能进一步提高和纠正自己的发声。

(1)方法一。这个练习需要两个人,二人同向练习人在前,辅助人在后,辅助者把手放在练习者后腰,这时,练习者利用腰部的力量慢慢推开按在腰部的手,注意,专注于力量,记住这个姿势肌肉运动的感觉,放慢运动速度,重复练习。独自练习时,双手交叉在背后,即在放松肩膀的同时,用左手触摸腰部的右侧,用右手触摸腰部的左侧。

(2)方法二。这种方法是在方法一的基础上进行练习,在保持住后腰撑开的感觉后做下面的练习。

①保持兴奋的精神状态。

②面部保持微笑。

③在缓慢地仅用鼻子吸气的同时打开眉心与撑开后腰。

④重复上一步，但是将用鼻子吸气改为口鼻同时吸气。注意，该训练方法过程一定要慢，感受气息的流动。

以上方法可以帮助我们较容易地找到吸气的感觉。需要注意的是，我们学习气息的关键是要使气息和字音相结合，所以还有必要进行"字音—气息"结合训练，这一步显得尤为重要。

2. "字音—气息"的结合

在气息训练的基础上，可以用"hei-ha-hou-he"连发方法，训练我们的横膈膜弹动。该方法也可以用来训练气息与字音的结合。具体方法如下。

（1）发"ei"这个音，体会小腹运动与字音的结合。在初级阶段，发"ei"音的时候将小腹向内微收。随后，就要有意识地去控制小腹。具备初步控制能力时。就应逐渐将意识从小腹上移开，达到"全自动"。想要达到这个状态，只有通过反复练习。

（2）在从"ei"向单音节转换时，应注意保持呼吸节奏，即一口气，一个字，收一下小腹。逐渐可以将单字变为词，也是同样方法，一口气，一个词，收一下小腹，最后逐渐过渡到短句。

（3）更高级别的"字音—气息"结合训练，即"hei"音连发。刚开始练习时，可一口气发3个"hei"，找到"同步"感。随着熟练程度的提高，可一口气发出七八个连续扎实、有力、同步的"hei"音。应尽量控制呼出的气流，使其打在上门齿的齿背，弹发要轻巧，要跳跃，不要用喉。

3. 胸腹联合式呼吸

胸腹联合式呼吸能够很好地缓解发声疲劳，美化主播的声音效果。其练习要点如下。

（1）对抗感。小腹有微微向内收的力量，后腰有撑住打开的力量。正是这两种对抗的力量实现了对气息的控制。

（2）支撑感。在呼吸过程中，应寻找两肋与后腰被逐渐撑开的感觉，这种撑开的感觉能带动后背逐步舒展，腰带渐渐绷紧。

（3）气柱感。感觉在我们身体内有一股垂直气柱，上下贯通。体会这一感觉的

图8-6 正确站姿

时候，身体一定保持"正""直"，精神兴奋、积极，以便找到通畅的感觉。整体上，气柱充盈、饱满，源源不断。

（4）流动感。可以通过以下方法来感觉：深吸气，吸满、吸足，然后用意念将气息压到腹腔保持住数秒，再将气息提到胸腔保持数秒。反复练习数次，就会找到气息运动的感觉，在气息一压一提的过程中，感受流动，尽量使其顺畅。

4. 发声姿势分为站姿和坐姿两种

（1）站姿。站姿一般有两种，或者是双脚与肩同宽，向下用力，找到一种两脚像树根一样向下生长的感觉。

（2）坐姿。对于坐姿问题，很多主播都没有注意到，实际上，在一两个小时的直播中，也不可能总是保持同一种坐姿。但主播在日常练习发声时，应对正确的坐姿加以体会，从而在直播中加以自由运用。①训练时尽量坐硬质椅子，坐椅子前三分之一处，身体稍向前倾。此时，主播要注意脚部一前一后，前脚抓地，后脚据地，类似准备起跑的感觉。②我们在坐着的时候不要过多依赖臀部，而要用腿根去坐，和双身配合形成合力，然后要使腰、背（脊椎）保持在一条线上。

## ❖ 实训活动

**思考题：** 直播主播语言管理的技巧有哪些？

# 工作任务五　直播主播表情沟通要点

## ❖ 任务目标

1. 能够正确了解直播主播表情沟通要点。
2. 直播主播表情沟通的重要性。

## ❖ 任务背景

抖音平台上的直播主播们有的是直播带货，在直播时的表情控制各有不同，有的卖着卖着就生气了，就不高兴地走了；有的则一直保持激昂兴奋的状态；有的主播非常可爱，会做出一些可爱的表情；有的主播的表情非常的狰狞。表情管理对于直播主播而言尤为重要，做好直播主播的表情管理是主播成功直播和带货的关键。

**请思考** 作为直播主播要深刻体会主播表情管理的重要性。

## ❖ 任务操作

### 一、直播主播表情沟通要点

**1. 保持微笑，正常自然**

直播时，主播要切记运用夸张的表情去聊天或卖货或施展才艺，要保持微笑，正常自然地面对镜头中的粉丝们，不用刻意夸张去表演和演绎，浮夸的状态不会受到粉丝们的喜爱。

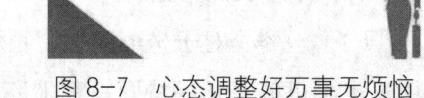

图 8-7　心态调整好万事无烦恼

**2. 保持淡定，激情澎湃**

直播时，不是不可以激情四射，而是要在可以自控的状态下方可控制住自己的直播间，总而言之，表情是反映你内心状态的最直接体现，将表情控制在淡定自然之时，直播效果就有了一半的成功。

**3. 保持清醒，注重交流**

直播时，一定要用高度的清醒度来分辨直播间的状态，分析粉丝们的留言状态，做最好的自己，保持眼睛和面部表情的自然状态是每个主播都应该时刻关注和控制的事情。

### 二、直播主播表情管理的重要性

**1. 帮助成功，走向人生巅峰**

直播过程中，若能将表情管理做好，直播效果也就保证了一半，在直播的过程中，赢得粉丝们的喜爱，卖货成功，刷礼物成功，和你的表情管理有着非常直接的关系。

**2. 团队和谐，助力成功**

人在注意管理表情的同时也就会保持人间清醒，保持清醒就会令人知道自己想要的是什么，想要的若明确，勇往直前地向目标进取就会离成功越来越近。反之，就会遭受挫折或是失败。

**3. 保持镇定，加速成熟**

人在镇定的状态下直播就会褪去幼稚的状态，保持镇定方可将直播间做得持久，因为有一个成熟的灵魂在，直播间就会持久地生存下去。

## ❖ 实训任务

### 进行实战直播

请打开自己的抖音账号,保持好表情管理,进行 2 个小时的直播实践训练。

# 任务测评

**简答题:**

1. 直播主播的嗓音修炼内容有哪些?
2. 直播主播语言能力提升要点有哪些?
3. 直播主播的声音训练内容有哪些?
4. 直播主播语言表达的原则有哪些?
5. 直播主播表情沟通要点是什么?
6. 直播主播表情管理的重要性是什么?

# 任务总结与评价

## ❖ 任务总结

### 任务目标

1. 用学习的过程来进行汇报和总结,以小组的形式为单位。
2. 完成对学习过程的综合评价。

### 任务操作

以小组为单位,选择 PPT、图片、海报、视频等形式中的一种或多种,向全班展示、汇报学习成果。汇报的内容应包括:

1. 直播主播的嗓音修炼内容。
2. 直播主播语言能力提升要点。
3. 直播主播的声音训练内容。
4. 直播主播语言表达的原则。
5. 直播主播表情沟通要点。
6. 直播主播表情管理的重要性。

## ❖ 任务评价

### 综合评价表

| 评价节点 | 评价指标 | 评价内容 | 评价主体 | 得分 |
|---|---|---|---|---|
| 课前评价（10%） | 自学态度（5%） | 课前提问 | 教师 | |
| | | 提出回答问题次数 | 教师 | |
| | 自学行为（5%） | 是否上传学习笔记 | 教师 | |
| | | 是否完成课前测验 | 教师 | |
| | | 课前测验成绩 | 教师 | |
| 课中测评（60%） | 出勤状况（5%） | 是否迟到早退旷课 | 教师 | |
| | 师生互动（15%） | 提出回答问题次数 | 教师 | |
| | | 是否聆听教师和认真总结做好记录 | 教师 | |
| | | 是否参与小组讨论头脑风暴等互动活动 | 教师、学生 | |
| 课中测评（60%） | 小组分工（15%） | 是否有明确合理的分工 | 教师、学生 | |
| | | 是否积极进行讨论探索 | 教师、学生 | |
| | | 是否在规定时间内完成组内任务 | 教师 | |
| | 成果展示（25%） | 内容展示标准全面 | 教师、学生 | |
| | | 表达条理清晰，表达生动 | 教师 | |
| | | 课堂测验成绩 | 教师 | |
| 课后评价（30%） | 方案时效（10%） | 小组方案的实际应用效果 | 教师、学生 | |
| | 实践拓展（20%） | 能够按时完成实践作业 | 教师 | |
| | | 实践作业完成效果完成情况 | 教师 | |

# 工作领域九　直播主播的话术管理与直播营销

## 任务背景

直播销售中，优秀的直播销售话术可以提高产品转化率。借助主播研发的直播技术，不仅可以解决粉丝的核心需求，快速吸引粉丝的关注和兴趣，还可以激发粉丝的购买意愿，缓解各种粉丝顾虑，鼓励粉丝下单。通过直播间主播销售商品，意在给粉丝一个消费的理由，而产品的卖点才是最强的消费理由。产品的卖点，一方面是产品固有的，另一方面是直播运营团队通过想象力和创意设计的产品的独特功能和特点。

## 任务流程

1. 主播话术管理与直播营销的认知。
2. 主播人员职业素养。
3. 知识储备。
4. 交易规则。
5. 任务测评。
6. 任务总结与评价。

## 思政目标

1. 弘扬"敬业诚信"的社会主义核心价值观。
2. 树立正确的话术管理与直播营销观念。
3. 培养学生终身学习、不断进取的精神。
4. 培育学生们的工匠精神。
5. 培育积极进取的人生态度。

## 知识目标

1. 掌握直播主播话术管理的要点。
2. 掌握直播主播话术要求的重要性。
3. 了解直播主播的口才训练要点。
4. 掌握直播主播在直播间的说话误区。
5. 掌握直播主播在直播间受欢迎的话术。

## 能力目标

1. 能够正确理解抖音直播话术的重要性。
2. 能够通过相关渠道了解主播素养的需求与现状。
3. 能够明确直播主播素养的知识和技能。

# 工作任务一　直播间热销品话术要点

## ❖ 任务目标

1. 能够正确掌握直播主播热销品话术要点内容。
2. 能够掌握直播主播话术要求的重要性。

## ❖ 任务背景

抖音平台上，广东省厂家提供的卖家在直播间努力吆喝，用不太流利的普通话传达每件衣服的优点，觉得对语言的不满太多，卖的商品赔了太多钱，事实上，文案确实不错，直播间处于不冷不热的状态，给粉丝带来了糟糕的购物体验。

**请思考**　直播主播的话术重要吗？

## ❖ 任务操作

### 一、直播主播话术的基本要求

就网络直播而言，直播销售是指主播根据粉丝的期望、需求和动机，分析目标受众或直播产品群体的心理特征，运用有效的心理策略，设计出高效细致的语言。直播是产品属性、效力和材料的口语表达，是主播推广产品的关键，也是让粉丝留在直播间的关键。

1. 直播销售话术的基本要求

主播及直播运营团队在设计直播销售话术时应注意以下基本要求。

（1）内容规范。目前，直播电商正朝着规范化迈进，多项规范直播从业者行为的政策法规相继出台，因此主播直播的销售必须符合相关政策和法律要求。主播在展示产品时不得使用不当的语言，更不用说夸大和虚假广告了。在开发直播销售技巧时，主播需要确保自己的内容符合标准，避免有争议的语言和敏感话题，同时传达与粉丝产生共鸣的信息，激发粉丝的购买意愿，在直播间中营造和谐的氛围。

（2）使用专业用语。主播的现场推销应该反映专业精神。它的专业性体现在两个方面：一是产品主播的准备是否充分。主播对产品的了解越深，介绍时他就会越舒服，这样会强调他的专业性，让他更容易获得粉丝的信任。其次是主播的语言表达，有经验的主播说相同的话的成熟度，往往比没有经验的主播更容易获得粉丝的认可和信任。这是因为经验丰富的主播有着更成熟的语言表达方式，他们知道如何说可以让自己的语言更加具有说服力；如何说才能让粉丝们更容易理解、听得更舒服，即表达方式更灵活，内容更通俗易懂；如何说才能凸显自身的专业性，让粉丝更为信服，即传达的信息更真实、准确；如何说才能让自己的语言表达形成个人风格，即表达富有个人特色。

（3）保持态度真诚。在直播销售中，主播不能一味地讨好粉丝们，而应该与粉丝们交朋友，用真诚的态度和真挚的语言来介绍商品。真诚的力量是不可估量的，真诚的态度更容易激发粉丝们产生情感共鸣，更有助于主播拉近自己与粉丝之间的距离，提高与粉丝们的互动性。

（4）趣味性要强。直播销售话术的趣味性强是指主播应提升直播语言的幽默感，不能让粉丝们感觉直播间里枯燥无味。在直播过程中，没有吸引力的语言是留不住粉丝的，只有富有趣味的语言才能让粉丝们更有代入感，传递出的信息才更为生动、更为形象，使粉丝们看得更清楚、听得更明白，从而感染粉丝们的情绪，从而提升直播语言的趣味性和粉丝们的参与度。

2. 直播销售话术的常见类型

按照直播销售的一般流程，直播销售的话术可分为开场话术、互动话术、商品介绍话术、刺激下单话术、直播结束语术等。

（1）开场话术。直播的开始非常重要，决定了主播能否在直播的第一瞬间吸引粉丝的注意力。主播根据自身情况和直播产品的具体情况，灵活设计开场致辞。

在直播之初，你需要快速营造出粉丝可以期待和参与的强烈互动氛围。主播可以将开场白与感兴趣的演讲结合起来。

①开场白。根据主播的风格，他们开始直播的方式会有所不同，但也有规则要遵循。在设计开播语句时，主播可以借鉴以下几类开播方法：有抱负的主播可以自我介绍，没有经验的主播难免会在节目中先出现失误和弱点，为了避免因失误而造成粉丝损失，没有经验的主播可以先给粉丝打"预防针"，表达自己的积极态度。例如，"欢迎大家来到我的直播间，今天是我新手上路的第二天，我会继续努力，希望大家多多支持！""我刚做直播，还有不少需要改进的地方，有做得不好的地方还请家人们多多见谅。""我才开始直播就能获得家人们的关注，谢谢大家对我的支持和包容，我会做得越来越好的！"直播的目的是调动粉丝们的情绪，点燃直播间的气氛。在开场时，主播要积极热情地与粉丝们互动，引导粉丝们参与到直播中来。例如，"直播间人数超过1000人时我们来发放一波福利啊，希望大家多多分享直播间！""让我看看进入直播间的是新朋友多还是老朋友多，刷刷评论让我看一下吧！"

②利益点话术。兴趣点语音是指您在广播开始时为正在观看您的广播的用户说出兴趣点，以便广播室中的粉丝可以了解他们可以从您的广播中获得什么。主播可以通过以下方式解释直播间给粉丝带来的好处和优势。例如，"大家好，欢迎大家来到我的直播间，每次直播都能看到你们，我特别感动，感谢家人们对我的支持。今天有很多惊喜和福利会带给家人们，上次直播后厂家又给了很多试用装，我打算在本次直播中送给大家，数量有限，到时大家跟着我的节奏进行操作，免费送给大家哦！"又例如，"大家好，欢迎大家来到我的直播间，本场直播我打算和家人们分享主播带货的经验，帮助更多新人主播顺利入行。"又例如，"嗨，大家好，我是×××，欢迎大家来到×××直播间，今天是'6·18'年中大促，我为家人们带来了N款超值的商品，今天在直播间里的家人们可以享受超低直播价格哦！"

③引导关注话术。引导式关注有助于主播将粉丝留在房间里。通过设置定价策略、签到福利和其他策略，主播可以将粉丝留在直播间，并将他们培养成铁定的粉丝。例如，"刚进入到直播间里的家人们，记得点左上角关注直播间哦！我们的直播间会不定期地发送各种福利。""喜欢×××直播间的朋友，记得关注一下直播间哦，连续签到3天就可以获得一张20元优惠券，可以直抵现金购买直播间的任意商品哦。""家人们，我们10点整就要抽奖啦，没有点关注的家人们记得点左上角关注哦。"

（2）互动话术。互动演讲是演示者在直播过程中主动引用互动以始终保持活跃气氛的一种方式。主播需要找到一种巧妙的与家人互动的方式，他们离不开互动语言。交互式音频可分为回答的交互式音频和基于问题的交互式音频。

①回答型互动话术。接听互动语音，可以直接有效缓解直播间冰冷的场面。如果没

有经验的主播找不到合适的话题或者突然忘记了话题，无话可说，可以从评论中随机选择几个问题，回答用户的问题，在回答问题时快速调整思路，稍后安排播出。例如，"有人说，15秒内画好眼线怎么可能做到呢？下面我就教大家如何在15秒内画好眼线，秘诀就是我这款非常好用的眼线笔。"当然，针对不同类型的商品，粉丝们提出的问题也会不一样，但无外乎是问价格、问是否适合自己，等等。用户最关心的问题主要就是常见的几种，主播可以针对这些问题设计出相应的回答型互动话术。

②提问型互动话术。在基于问题的互动演讲中，主播根据直播的主题和内容对场景进行舞台化，提出问题并激发粉丝互动的意愿。主播提出的问题，要尽可能贴近粉丝的生活和工作，让他们不仅想参与互动，还能给自己发挥的空间。例如，"刚才的PPT演示的内容，不知道跟大家以前的做法有什么不同呢？欢迎大家在评论区里留言哦。""大家平时都喜欢用哪种面膜？有用过×××品牌面膜的吗？"

（3）商品介绍话术。主播可以从商品的核心优势、使用场景等方面来介绍商品。

①商品的核心优势。商品的主要优势也叫商品卖点，主要是直播间价格优惠、食材安全有效、功效好、设计精美、性价比超高等，主播可以根据产品的特点，围绕多点设计产品发布技术。例如，"这款洗面奶富含氨基酸、神经酰胺、维生素B、维生素C、维生素A等多种成分，具有舒缓、修复肌肤泛红和抗氧化的功效。"主播还可以依照成分表对商品成分进行详细介绍，让粉丝们进行充分的了解。又如，"大家可以看一下，本品官方正常售价为399元，今天大家在直播间下单只需199元，买到就是赚到，真的是超值超划算，大家可以拉一下家人，或将直播间分享给家人们，让家人和朋友们进到直播间里进行抢购哦。"再如，"这款便携式榨汁机非常好用，它的外观设计和安全设计都非常好！今天我为家人们争取到了6折的优惠价，大家快去买它，超值哦！"

②商品的使用场景。因为主播对如何使用产品的描述，其实给了粉丝一个购买的理由。产品使用方案描述可以是一个或多个描述，因为实时产品受众不是单一的群体。此外，主播不仅可以向粉丝口头解释使用场景，还可以说说个人使用后的感受，这不仅扩展了产品发布技术，还提高了存在感，轻松刺激粉丝反应，提高产品转化率。例如，"这款烤箱是专门为3口之家研发的，方便主人做早餐，可以同时烤3个面包、6个蛋挞，满足全家人的早餐需求；周末您还可以在家做下午茶，烤一个全家人爱吃的美味比萨，这款烤箱还可以烤出美味的鸡翅、肉串、鱼、虾等，全家人可以在一起享受幸福时光。"

（4）刺激下单话术。在介绍产品的主要优点和产品的使用场景等重要信息后，主播进入刺激下单环节。在这个环节中，主播可以通过突出售后服务、价格优惠、回购率、产品好评，鼓励粉丝下单，激发粉丝的购买意愿。例如，"我们直播间的商品都支持七天无理由退货，购买后如果对商品有任何不满意都是可以退货的，请家人们放心去购买。""如果大家还没有想清楚要不要下单,什么时候下单,完全可以先将商品加入购物车,或者先提交订单抢占优惠名额。""这款商品原价是×××元,为了回馈粉丝们的厚爱,我为家人们从品牌商那里争取到了8折的优惠价格,喜欢这款商品的家人们请不要再犹豫了!""这款液体眼线笔真的值得购买,一支能用一年,算下来一天还不到五毛钱。"

(5)直播结束话术。直播的结束是整个直播的最后部分,对直播的总结起着重要作用。好的结束直播的技术,不仅可以活跃直播间的气氛,还可以引发新一波的订单高峰。在直播结束前,主播首先要快速检查整个产品,让尚未订购该产品的新粉丝看到,并要求已经订购的粉丝及时付款。然后,在直播预告片中告诉你的粉丝你下一次直播的产品和好处。最后,通过发自内心地对一直支持主播的粉丝的感谢,与他们互动,增加粉丝的黏性。

### 3. 对直播商品讲解关键点

主播在直播中讲解产品时需要了解关键点,粉丝想要关注和听到的要点才能吸引他们的注意力,让他们留在直播间。

重点介绍粉丝们想听的。主播在直播间展示和讲解产品时,应以粉丝为中心,根据粉丝的需求去做。有的粉丝想要秋装,作为主播他们首先要安排一波秋风,而不是轻快地谈论夏装。主播需要专注于粉丝想听的内容。主播在推出产品时,可以重点关注以下几个方面,突出粉丝想要的推荐:

①品牌故事。在描述产品时,主播可以交叉介绍产品的品牌故事,并与粉丝分享品牌发展过程中的重大事件,如品牌创始人的励志故事。这些内容不仅可以体现品牌理念,还可以加深粉丝的品牌知名度,增加品牌的吸引力,为产品增值。

②成分材质。随着时代的发展,人们对健康和安全问题越来越重视。无论是什么样的产品,产品的成分和材料是否对人体有害,是粉丝们在购买产品之前想知道的问题之一。同时,粉丝愿意为含有某些活性成分的产品付费。特别是美食方面,主播可以在直播过程中使用配料表详细呈现食材,让粉丝们放心购物。

③功能功效。在推出产品时,主播通常关注产品的功能和效果,如介绍汽车的功能和性能,或使用美容产品的影响。但是,请记住,主播应该诚实地展示产品的功能和有效性,而不是夸大或提供虚假广告。重点必须从客观和公平的角度现实地描述产品。

④商品展示。在展示产品时,主播可以展开和描述产品的许多细节,例如产品的外观,产品的质地,产品的用途和功能以及产品的效果。在外观方面,主播可以描述产品的设计理念、设计特点、设计效益。在产品质感方面,主播可以向粉丝展示产品的质感,比如家纺的质地柔软舒适,护肤易吸水,延展性好。在使用方法方面,主播可以向粉丝们讲解商品的正确使用方法和具体的使用步骤。在使用技巧方面,主播可以在直播间分享商品

的使用技巧，如何搭配饰品更能凸显其修饰效果，主播可以边讲解边展示，让粉丝们更直观地看到效果。

⑤亲身感受。主播可以通过试用和品尝与粉丝分享经验。比如主播使用护肤品后，可以在使用产品前向粉丝解释皮肤状况，真正分享使用产品后皮肤状况的变化和使用感受。主播可以跟随市面上其他同类产品进行产品分析，分析它们之间的差异，突出这款产品的好处。

无论产品是什么，主播都将突出粉丝最感兴趣和最想听到的内容。主播可以从价格、质量、安全有效成分、用途等方面对商品进行说明，突出商品的核心优势，也可以从不同方面反复强调商品的卖点，打动粉丝，激发粉丝的购买欲望。

4. 增加商品的试用环节

为了向粉丝传达测试产品的实际体验，使粉丝能够充分感受到产品的效果，供应商必须在产品测试阶段尽可能清楚地表达自己的实际体验。主播可以如下描述试用产品后的感受和体验。

（1）满足粉丝的情感需求。在展示商品时，主播不仅要表现商品的实际效果，还要注意粉丝的情感需求。主播可以结合粉丝对商品的情感需求和商品的某些方面，达到吸引粉丝的目的。为了更好地了解粉丝的情感需求，主播必须分析粉丝群体的特征，识别其关注点，结合商品特征分析产品，寻找接触机会，并在现场直播中灵活应对。

（2）体验描述具体形象。主播试图用生动形象的语言向粉丝介绍商品的使用方法，给粉丝更直观的感觉。主播只需要具体描述用户体验，更容易记住粉丝，刺激购买欲望。如果主播只是平淡地呈现商品的使用体验，不仅会削弱粉丝的情绪，不会得到积极的推广效果，而且还会影响商品的销售。

（3）内容新颖，有创意。市场上有许多类似的产品，如何通过现场直播向粉丝展示其推荐的商品，如何通过产品描述吸引粉丝的注意力，直播公司需要考虑的很多。如果所有指令都是一致的，它们就无法吸引用户的注意力，也无法抓住粉丝的心。当主播以一种非常新的和创造性的方式呈现商品体验时，他推荐的商品将在类似商品中脱颖而出，给粉丝留下深刻的印象。

在描述产品体验时添加您自己的想法。有时候独特的创意可以出乎意料，轻松到达粉丝心中，这就是创意的魅力所在。

总之，主播在描述商品时，更注重商品的使用体验，说出自己在使用商品时的真实感受，用创意内容来表达，可以更好地调动粉丝的购物欲望，提升商品的销售。

5. 反复强调商品的优点和卖点

当主播在直播中解释商品时，可以适度增强商品的优势，提高商品的性价比，轻松打动粉丝，激发粉丝的购物欲望。

（1）反复强调优惠价格。商品的优势可以反映商品的价值，商品的优惠价格可以提高商品的性价比。因此，在现场销售中，主播反复强调商品的合理价格，不断提醒粉丝购买商品时获得的福利。这可以加深粉丝对商品性价比的认识，提高粉丝的购买欲望。

（2）全面展示商品细节。许多主播从各个角度展示产品。有时还使用视觉来显示商品的整体效果。有时，手绘镜头用于清楚地显示物品的面料、质地和其他细节。例如，当主播展示衣服时，他可以尝试并展示整体是如何穿着的，或者你可以将衣服靠近镜头来展示材料和织物的精致。

（3）重点讲解商品卖点。如果主播通过直播向粉丝推荐产品，请专注于商品的产地。不同的产品有不同的卖点。主播应根据商品的粉丝特征和特点分析和总结商品的销售点，重点关注现场直播的粉丝。

### 6.具体描述商品的使用场景

当主播在直播中解释产品时，他可以通过场景的呈现来唤起粉丝的联想，充分调动粉丝的想象力，加深粉丝对商品的认识，引导粉丝下订单。

例如，当主播推荐儿童服装时，他说：你是否经常为孩子洗衣服而烦恼？特别是幼儿园的孩子们，衣服几乎每天都换，每天洗。这件衣服可以避免很多麻烦，由于使用了不可洗的面料，干净而且非常方便，可以让孩子放心地玩耍。

### 7.适时停止对商品的介绍

在介绍商品时，主播应记录商品介绍的过程，及时停止商品介绍，以免浪费粉丝的购物热情。要做到适时停止对商品的介绍，主播要关注以下两个方面。

（1）重点内容要讲明。当主播通过现场直播介绍商品时，不要解释太多内容，一般来说要说明商品的要点。如果主播介绍了产品，想要购买产品的粉丝的购买欲望达到了极限，主播将捕捉节奏，并立即给出商品的购买欲望。此时，如果主播继续对文章进行长时间的介绍，会降低粉丝的购买欲望，不利于商品的销售。例如，一位主播通过现场直播推荐家居健身产品，很多健身爱好者受主播热情感染，想要立即购买商品。然而，主播没有立即提供购买商品的链接，并继续介绍商品的好处。在主播的长篇介绍后，想要购买的粉丝已没有购买它的愿望。经过长时间地考虑，一些想要购买此产品的粉丝已经放弃了。主播想要全面展示产品的想法是正确的，但这会减少粉丝的购物欲望，错过粉丝订购的最佳时机。当主播展示产品时，这是粉丝最强烈的购物欲望。主播必须抓住这个重要节点，及时提供购买链接。

（2）重点内容要讲完整。直播公司在直播期间推荐产品时应该小心。在谈论商品的关键内容后结束演示，并且不能随意中断。如果粉丝不理解，听的一头雾水，粉丝不会购买商品。主播需要澄清粉丝在直播过程中是否充分解释了产品的重点，以及自己的介绍是否激发了粉丝的购买需求。

在解释商品的主要内容时，主播应积极调动粉丝的情绪，激发粉丝购买的欲望，停止展示和说明商品的时间，当粉丝情绪上升时推出商品，引导粉丝及时下订单购买，增加现场商品的销售额。

8. 说明售后服务

在现场销售过程中，主播解释商品的售后服务是必要的。一般来说，主播会在展示商品后及时对商品的售后服务进行解释，以消除粉丝的顾虑，让更多的粉丝购买。例如，直播公司推荐了一款新手机，在介绍了手机的性能、价格、订购优惠等重要内容后，粉丝们的购买热情非常高。此时，主播注意到很多粉丝正在弹幕询问有关电话售后服务的问题，主播立即补充道：除了上述优点外，这款手机的售后服务有很好的保障。订购的粉丝可以享受1年保修，3个月内更换耳机和充电器等配件，6个月内更换电池。这消除了许多"粉丝"或"消费者"的担忧。

除了现场介绍商品的售后服务外，主播还应做好售后服务工作，及时解决售后问题。发送商品和礼物的错误，不符合活动规则的商品的优惠价格，商品质量问题等。如果售后问题是由于主播失误造成的，则主播要及时纠正错误、及时道歉，并对粉丝进行相应的补偿；如果售后问题是由于粉丝对活动规则存在误解导致的，则主播要及时对粉丝讲明活动规则，消除粉丝的误解。

此外，主播还要与粉丝保持长期沟通，询问粉丝对售后服务的意见或建议，根据其反馈不断优化和完善商品的售后服务。

## 二、掌握直播话术的重要性

1. 好的话术可以快速提升服务平均水平

好的话术是直播带货的关键，大多数粉丝在直播中必须了解商品的外观和内容，话语的内容直接影响粉丝在现场直播中的停留时间和购买效果。

2. 好的话术可以滋养人的心灵，可以在良好的环境下开出最美丽的花朵

现场直播的粉丝是主播和现场团队赖以生存的客户，他们需要听到好话来影响和滋养心灵，还要在直播中获得知识、技能和好东西。

3. 好的话术是人与人更好配合的基础

良好的说话能力可以促进彼此的关系，改善彼此的关系，是人与人更好配合的基础。

## ❖ 实训活动

**思考题：** 主播在直播时应具备的话术有哪些？

# 工作任务二　直播主播的口才训练

## ❖ 任务目标

1. 能够正确认识直播主播的口才训练要点。
2. 增强直播主播口才训练的重要性。

## ❖ 任务背景

在直播间里，一位美女主播对直播间的粉丝进行沟通：冬季需要补水的家人们，接下来要为大家介绍的是一款享誉国内外的化妆水，产品的销售额已经达到每月5000+。产品质量经过国内外美女的检验，验证结论是适用于想美白保持的宝宝们，家人立即购买吧。

**请思考** 直播主播的口才训练重要吗？

## ❖ 任务操作

### 一、直播主播的口才训练要点

口才是训练出来的，妙语连珠需厚积薄发，没有谁天生就有一副好的口才，都是需要后天去训练去实践方可形成良好的口才状态。主播需要多练习，多阅读，多学习，才能达到一定程度的口才。最明显的特征是清晰和流畅地说话。这里涉及的就是说话逻辑问题。许多主播缺乏经验，心理紧张与粉丝沟通太快或太慢，缺乏逻辑、层次感，无法说服粉丝，主播也要注意自己讲话的逻辑，用正确的措辞，明确自由对话，直播话题，也可以巧妙地解决粉丝的差异。

1. 调整心态

一些说话太快或太慢的主播是内在的罪魁祸首。如果你在说话速度方面遇到问题，或者说话速度太慢，你可以回忆起你经历过的快乐场景，并想象你可以在音乐会上玩得开心。如果说话速度非常快，说话速度太快的原因，或者如果粉丝对主题不感兴趣，则有意识地根据发现的主要原因进行改进。在直播期间，请记住在快速说话时要注意放慢速度，在慢速说话时要刻意加快速度。此外，语速应根据现场内容进行调整，激动的部分应加快速度，缓慢的部分应放慢速度，使语速与情感的心理变化准确匹配。

2. 注意使用礼貌用语

直播间的礼貌用语有很多，要一一死记硬背是不可能的。在这里，关键是要掌握它们的规律，透过规律对这些用语进行分析、归类。只要掌握了规律，很多词都有固定的内容，你想说什么就嵌入到模板中。例如，下一个节目以下话语开头："欢迎×××进入直播间，这名字可真有意思，是有什么故事吗？"这句话是直播间常用的开场白，通过对粉丝名字的诠释，应用到任何场景，都可以很容易地应用到张和李身上。即使场景发生变化，也不会改变整个文本，只会改变粉丝的名字。

3. 主播应该采用适当的语调

作为一个主播，你必须知道正确的声音，避免错误。语音的功能是让粉丝在主播说话时感到舒适。说话时采取适当的语调、语速，你可以添加一个微笑、声音等。重要的是，这一切都是建立在真情流露的基础上的。如果装腔作势，过分追求所谓的抑扬顿挫，也会给人华而不实的感觉。也就是说，一个好的声音必须基于表达真实的情感，必须是最自然和最美丽的。

4. 注意停顿

停顿既是一个词，也是一种技巧。好电影经常达到顶峰，没有停顿，就无法深入人心。即使再好的直播中，主播也不总是说话。为了产生高潮和惊喜，及时休息往往比说话要好，主播会寻找休息的机会。

5. 学会换气

必须学会换气，有时候句子太长，主播需要换气调节气息，以恰当地停顿。这里的停顿是调节呼吸的手段之一，它不仅可以给主播喘息的机会，还可以给粉丝无尽的回味。例如："我们要努力试着去了解既熟悉又似乎很陌生的亲人。"这个句子比较长，如果在"了解"之后稍作停顿，吸口气，短暂的停顿会给下一个话题带来活力，提高语言的清晰度和表达能力，让听众更好地理解句子的深层含义。

6. 对着镜子练习

每个人都羡慕那些会说话的人，但那些会说话的人并不是天生的，也不是一夜之间练习的。当你看到优秀的主播时，他们不会开始练习口语，因为他们有现场直播，相反，他们在成为主播之前就掌握了沟通的技巧。你可以在镜子前练习，但不要盲目。你也不能随心所欲地练习。你必须为自己制定练习计划，包括练习的时间、练习的内容、要达到的结果等。因此，练习时需要花时间。此外，时间必须逐步增加。一个阶段比一个阶段长。同时，锻炼的内容不是一成不变的，必须始终合乎逻辑、有组织，才能达到锻炼效果。

### 7. 注意保持逻辑性

不同的逻辑表达会获得完全不同的效果。主播和对话的粉丝，可以猜测他们如何说话。主播在交流中显然不合逻辑的，没有主要和次要的点，没有详细的、简单的点，让粉丝听得云里雾里。并一再强调，所有的事情都是熟悉的，语言中的信息显然不能吸引粉丝的注意。主播在逻辑上应该是清晰和专注的，抓住商品的核心，然后从其功能到服务，逐步、逐层深入。这种方法可以让粉丝找到问题的核心，很容易消除粉丝心中的疑虑，当然很快就成功了。

### 8. 注意保持语速适度

语速太慢，直播间会显得死气沉沉。如果永久存在"冷场"，粉丝就会失去耐心，退出直播。因此，主播应达到适度的语速，清晰地发音。为了达到理想的说话速度，必须充分结合粉丝的理解。同时，也要建立起应有的自信，既不要担心冷场的尴尬，也不要因害怕说错而不敢去说。相反，你应该有一个非常强大的内部控制，并相信你可以控制直播之间的节奏。

## 二、掌握直播主播话术要求的重要性

话术对于主播和直播而言的重要性非常大。这些话语有助于主播更好地与粉丝沟通，让粉丝给予喜欢、关注等，以提高现场直播的互动性和乐趣。话术可以让主播更好地表达自己的想法和感受，清楚地传达他想要传达给粉丝的信息，并提高直播的质量和有效性。此外，说话技巧要成为自己的说话技巧，需要大量地使用和练习。只有在实践中不断尝试、调整和优化，才能找到最适合自己的说话技巧，形成自己独特的说话风格。同时，您可以学习其他主播的技巧，吸收经验，不断提高自己的话语水平，良好的话语可以快速提高直播水平。

### ❖ 实训活动

罗永浩在入驻抖音前做过很多行业，他的口才也非常好。切换到直播后，第一场就压倒了很多老牌主播。这与他的一个特点有关，那就是有非常棒的口才，直播时可谓是金句频频。那么，他的口才哪里来的呢？关键是常规的积累，甚至是十年或二十年的积累。他说，好的口才与他读的书有很大关系。他说，他从小就喜欢阅读课外书籍，高中毕业后在家待了三年。而且30岁之前，他仍然是一个阅读的人，大部分时间都花在阅读上，并为以后的直播收集了大量材料。当然，这个例子强调了在练习口才时坚持的重要性。提高说话能力的唯一方法就是继续练习，最便宜和最有效的方法就是对着镜子练习。

**思考题：** 如何在镜子里练习？

## 工作任务三　提高直播主播销售话术转化率的法宝

### ❖ 任务目标

1. 能够正确了解直播主播销售话术转化率的法宝的内容。
2. 能够掌握直播主播销售话术转化率的重要性。

### ❖ 任务背景

在直播平台中,主播销售话术转化率在直播过程中显得尤为重要,话术的转化率是直播中的法宝,有许多的方式与方法,作为主播一定要熟悉和掌握。

**请思考**　直播主播销售话术转化率的法宝内容有哪些?

### ❖ 任务操作

#### 一、销售话术是提高转化率的法宝

在直播间内展示出商品的完整形象。在推出产品时,主播必须遵循两个原则。一是商品的完整描述;二是正确的介绍,包括对功能、材料、规格等的全面介绍。不同的类别具有不同的属性,需要有针对性的描述。在解释服装物品时,如果主播介绍服装物品,通常是要上身试穿,边展示边介绍。对于对服装产品有需求的用户,对服装产品的主要解释点如下:粉丝们会关注哪种风格适合他们,面料是否舒适,上身的实际效果,尺寸,价格,是否有颜色差异等。

1. 美妆类商品的讲解要点

底妆类:色号、适合的肤质、持久度、滋润度、遮瑕度等。

唇妆类:色号、持久度、滋润度、是否容易沾杯,适合搭配何种腮红、眼妆等。

修容类:质地(粉状还是膏状)、颜色(如偏红、偏灰等)、是否飞粉、是否适合晕染等,并向粉丝演示使用该商品修容的方法,展示使用商品前后的对比效果。

遮瑕类:适合的肤质、遮瑕度、滋润度等。

眼妆类:主要包括眼线笔、眼影、眉笔、睫毛膏等。

眼线笔的讲解要点包括持久度、防水性、颜色、使用寿命、使用起来是否顺滑等;眼影的讲解要点包括质地、显色度、延展度、细腻度、持久性、是否飞粉等;眉笔的讲解要点包括颜色、成分、质地是否柔和、持久度、防水性等;睫毛膏的讲解要点包括持久

-259-

度、刷头形状、功效（如何让睫毛显得浓密、显得卷翘等）等。

卸妆类：质地是否柔和、卸妆效果（可以将彩妆画在手臂上，并使用直播商品进行现场卸妆）、商品适用的场合（如卸妆湿纸巾适合在外出乘车、乘飞机等场合使用）等。

洁面类：适合的肤质、商品成分、使用方法、起泡情况、清洁强度、使用时间（早上或晚上）、是否具备卸妆效果、洗完脸后是否有紧绷感等。

面膜类：功效、成分、使用方法（尤其是比较新奇的面膜，要向粉丝演示其使用方法）、精华液含量等。

面部护肤类：主要功效、有效成分、适合肤质、使用方法、使用后的感觉等。

化妆工具类：用途、材质、使用方法、使用感受等，并向粉丝展示使用方法。

美容工具类：功效、使用方法、使用效果、商品安全保证、商品质量认证等。

2. 家纺类商品讲解要点

主播在讲解家居家纺类商品时，要重点讲解以下几个要点。

（1）面料：家居家纺类商品，尤其是床上用品，是人们每天都要贴身接触的物品，所以很多人在选购时非常重视商品的面料。主播在讲解此类商品时，要对商品的面料进行重点介绍，并介绍面料的优缺点，为粉丝做出购买决策提供有效的参考。例如，这款床罩是纯棉材质，不易产生静电。透气性非常好，有利于人体汗腺"呼吸"和身体健康，而且触感柔软。

（2）尺寸：作为主播要向粉丝介绍家居家纺类商品的尺寸。例如，被套有多大，适配多大的被芯和床和枕头。床是多大尺寸，适配多大的枕套等。例如，这款被芯有小号、标准号、加大号3种大小。小号就是芯的大小为152厘米×210厘米，填充物重量为1350克，推荐1.2米长、1.5米宽的床使用。

（3）制作工艺：为了影显商品的品质，主播可以介绍家居家纺类商品的制作工艺，如枕套上的印花为纯手工制作，或者印花采用刺绣工艺等，借助商品与众不同的制作工艺来吸引粉丝们进行购买。

（4）设计风格：家居家纺类商品常见的设计风格主要有美式风格、新中式风格、新古典风格、欧式风格、现代风格和民族风格等。各种设计风格的具体特点如下。

①美式风格：对称精巧，华美优雅，家居家纺类商品设计中多采用星星、麦穗、花彩等。

②新中式风格：古朴优雅，怀古融今，家居家纺类商品设计中通常会将中式元素与现代元素巧妙融合。

③新古典风格：低调奢华，复古流畅，家居家纺类商品设计中通常会采用扇形、玫瑰花等元素。

④欧式风格：经典奢华，家居家纺类商品设计中通常将古典奢华之风与简洁实用的现代设计相融合，将"时尚""健康"融合，白色、金色、黄色、暗红为主色调，多采用镶绣、镂花、缎带等造型。

⑤现代风格：简约大气、时尚，家居家纺类商品设计中多采用简单的几何图形、线条等元素进行拼铺。

⑥民族风格：新颖、时尚，家居家纺类商品设计中多采用鲜亮或中度色系的色彩，呈现出民族特色。

（5）保养方法：为了提高现场内容对粉丝的吸引力，主播讲解了家庭纺织品的保养方法，让粉丝在观看现场直播时学到一些有用的知识。例如，主播可以介绍各种织物的清洗方法、干燥方法、储存技术等。例如，"这款床单是纯棉的，建议用手洗，洗涤用水的水温最好不要超过30℃，洗涤浸泡的时间最好不要超过30分钟，以免床单褪色。洗涤后不要暴晒，应该阴干。"

（6）色彩搭配：在室内装饰中，家用纺织品的颜色与房间和家具的颜色应该匹配。因此，在描述家用纺织品时，主播可以介绍商品的色彩知识。例如，春夏季节温度比较高，可以选择清新优雅的冷色调，质地薄，吸湿性好。秋冬温度低，可以选择带温暖色调的厚床单。

（7）商品展示：在描述家用纺织品时，主播可以用不同的方式呈现商品，以突出商品的质量。粉丝对产品质量有信心。例如，主播可以将水倒入毛巾中，说明毛巾可以快速吸收水分，毛巾具有良好的吸水性；主播也可以剪裁被子或枕头，以显示被子或枕头中的原材料，显示其是真实的，质量好。

## 二、直播主播销售话术转化率的重要性

话术的逻辑周密性、严谨性，语言的完整性和声音的清晰度是决定话术质量的因素。因此，话术的转化率在直播间中尤为重要。主播销售的话术转化率反映了工作效率，而增加转换率是运营中的核心工作之一，意味着以最低的成本获得更高的利润。

## ❖ 实训活动

**思考题：** 直播主播销售话术转化率重要与否？

# 任务测评

**简答题：**

1. 直播主播话术管理的要点是什么？
2. 直播主播话术要求的重要性是什么？
3. 直播主播的口才训练要点是什么？
4. 直播主播在直播间的说话误区是什么？
5. 直播主播在直播间受欢迎的话术有哪些？
6. 直播主播热销品话术要点内容有哪些？

# 任务总结与评价

## ❖ 任务总结

### 任务目标

1. 用学习的过程来进行汇报和总结，以小组的形式为单位。
2. 完成对学习过程的综合评价。

### 任务操作

以小组为单位，选择 PPT、图片、海报、视频等形式中的一种或多种，向全班展示、汇报学习成果。汇报的内容应包括：

1. 直播主播话术管理的要点。
2. 直播主播话术要求的重要性。
3. 直播主播的口才训练要点。
4. 直播主播在直播间受欢迎的话术内容。
5. 直播主播热销品话术要点内容。

❖ **任务评价**

综合评价表

| 评价节点 | 评价指标 | 评价内容 | 评价主体 | 得分 |
|---|---|---|---|---|
| 课前评价（10%） | 自学态度（5%） | 课前提问 | 教师 | |
| | | 提出回答问题次数 | 教师 | |
| | 自学行为（5%） | 是否上传学习笔记 | 教师 | |
| | | 是否完成课前测验 | 教师 | |
| | | 课前测验成绩 | 教师 | |
| 课中测评（60%） | 出勤状况（5%） | 是否迟到早退旷课 | 教师 | |
| | 师生互动（15%） | 提出回答问题次数 | 教师 | |
| | | 是否聆听教师和认真总结做好记录 | 教师 | |
| | | 是否参与小组讨论头脑风暴等互动活动 | 教师、学生 | |
| | 小组分工（15%） | 是否有明确合理的分工 | 教师、学生 | |
| | | 是否积极进行讨论探索 | 教师、学生 | |
| | | 是否在规定时间内完成组内任务 | 教师 | |
| | 成果展示（25%） | 内容展示标准全面 | 教师、学生 | |
| | | 表达条理清晰，表达生动 | 教师 | |
| | | 课堂测验成绩 | 教师 | |
| 课后评价（30%） | 方案时效（10%） | 小组方案的实际应用效果 | 教师、学生 | |
| | 实践拓展（20%） | 能够按时完成实践作业 | 教师 | |
| | | 实践作业完成效果完成情况 | 教师 | |

# 工作领域十　直播主播的涨粉技巧与变现策略

## 任务背景

内在修养是直播主播吸引更多粉丝和保持粉丝忠诚度的关键。内在修养包括主播的个人品质、职业素养和情商等方面。总的来说，内在修养是直播主播在竞争激烈的直播平台中脱颖而出的重要因素。通过真诚、专业、友善和亲和的态度，以及持续学习和不断提升，主播可以赢得更多粉丝的喜爱和支持，从而获得更多的粉丝和忠实粉丝。设计好自身的直播名片是直播主播展示个人特色和吸引粉丝的重要一环。直播名片是粉丝对主播的第一印象，也是获取信息和了解主播的重要途径。直播平台上有着许许多多的直播，要想在众多直播中吸引公众眼球，要很好地策划直播封面和直播内容，要做好直播标题和直播文案。短视频是吸引公众眼球的一个重要手段，短视频创意要有深度，能够推陈出新。成为一个能够变现的主播是很多人的理想，但要想真正成功，必须掌握相应的技巧和策略，这样才能少走弯路。

## 任务流程

1. 主播内在修养认知。
2. 主播名片设计。
3. 直播内容策划。
4. 短视频制作。
5. 直播变现。
6. 任务总结与评价。

## 思政目标

1. 弘扬"敬业 诚信"的社会主义核心价值观。

2. 树立正确的直播运营与直播变现观念。
3. 培养学生终身学习、不断进取的精神。
4. 培育学生们的工匠精神。
5. 培育积极进取的人生态度。

## 知识目标

1. 掌握直播主播的内在修养。
2. 掌握直播主播名片设计的主要因素。
3. 掌握直播内容创意的原则。
4. 掌握短视频制作的要点。
5. 掌握直播变现的主要策略。

## 能力目标

1. 能够正确认识直播主播内在修养，提升自身的素质。
2. 能够运用短视频创作的知识去拍摄剪辑短视频。
3. 能够运用直播变现的策略去运营抖音账号。

# 工作任务一　内在修养是直播主播的涨粉关键

## ❖ 任务目标

1. 能够正确认识直播主播的内在修养的重要价值。
2. 直播主播的内在修养包含哪些内容。
3. 直播主播修养需经历的五个阶段。

## ❖ 任务背景

2020年11月，有消费者质疑快手某主播徒弟直播间售卖的燕窝是糖水。11月27日晚间，该主播回应称，将召回直播间销售的全部该燕窝产品、先行承担退一赔三责任，共需先退赔6198.3万元。截至2020年12月6日中午，他们已向27270名消费者完成近2400万元的赔付。12月10日报道，广州、厦门两地市场监管部门亦对此事进行调查。12月23日，广州市场监管部门公布该直播带货即食燕窝调查处理情况：该主播方被罚90万，市场监管部门拟对燕窝品牌方广州融昱贸易有限公司作出责令停止违法行为、罚款200万元的行政处罚。该主播的快手账号被禁60天。

该主播售假事件已经过去了许久，在直播电商发展飞速的今天，对于直播主播而言，不能只盯着眼前的业绩和数据，自身的内在修养提升才是职业持续发展的法宝。

**请思考** 直播主播的内在修养有哪些？列举一些网红因售假或偷逃税款而人设崩塌的例子。

## ❖ 任务操作

### 一、直播主播内在修养的基本内涵

1. 具备真诚和正直的品格

主播应该坚持真诚和诚实的态度，不虚假宣传或误导粉丝，建立起可信的形象。

2. 具备扎实的专业知识

了解自己直播的领域，掌握足够的专业知识，能够回答粉丝的问题，增强专业形象。

3. 具备足够的耐心和细心

对待粉丝应该保持耐心和细心，回复评论和私信，关心粉丝的需求和反馈。

4. 具备友善和亲和力

对粉丝友善和亲和，用温暖的态度与他们互动，让他们感受到被尊重和受欢迎。

5. 具备自律和坚持力

主播应该具备自律的品质，坚持按时直播，保持良好的工作习惯和稳定的直播节奏。

6. 具备情绪管理能力

在直播中，遇到负面情绪或争议时，要学会冷静处理，不过度情绪化或冲动回应。

7. 具备团队合作能力

如果有团队成员，主播应该懂得与团队合作，共同努力提供优质的直播内容。

8. 具备持续学习力

不断学习和提升自己，增加新知识和技能，保持在直播领域的竞争力。

9. 具备欣赏和包容力

尊重粉丝的不同意见和观点，保持包容和理解的态度，建立积极的互动氛围。

## 二、主播修养需要经历的五个阶段

### 1. 体验认识阶段

这个阶段新人刚开始接触直播行业，对直播行业知之甚少。最好的办法是进入真实直播间观摩体验，观察直播间的运营情况，各类人员的分工与合作。多向直播间的运营和主播请教，新人需要尽快熟悉平台，熟悉平台的具体规则，了解平台的各个功能。可以去不同平台的直播间学习，学习别人是怎么直播的。线下有老师指导最好，如果没有条件，也可以连麦，向主播去求教。大概经历一周的体验和认识，对直播行业也就有了一个粗浅的认识。

### 2. 学习提升阶段

要想进步得快，跟成功的人士学习是一个捷径。新人熟悉直播行业后，可以根据自己的特点和优势，找到对标的主播，要花费大量时间去学习对标主播的直播技巧，多观摩、多思考，结合对标主播来确定自己直播的风格，认真思考每一种元素，认真品味每一个动作，直播的时候学习找话题，学习找段子，进行粉丝分享，不断地加以创新，这样才有可能成就独一无二的自己。

### 3. 积累粉丝阶段

新人确定好自己的直播风格后，就可以开始拓展粉丝了。新人主播除了在直播间凭借自身的风格和特色吸粉以外，也可以通过微信和朋友圈，将信息传达给所有的好友。经营好朋友圈，可以吸引更多粉丝关注直播，进入直播间，增加人气。新人主播也可以通过微博推广，通过微博发布有意思的内容，在短时间内抓住粉丝们的眼球。除此之外，也可以主动评论热门的微博，从而加大自己的曝光量。

### 4. 反思调整阶段

很多新手主播在努力了一段之后，对于主播行业就比较熟悉了，对自己的岗位也有了清晰的认识，每场直播下来也或多或少会有一定的业绩。但是比起一些网红或者大主播来看，相去甚远。有些人开始变得迷茫，找不到方向，有些人甚至怀疑自己不适合这个行业。自己很努力，可是粉丝的增速却很缓慢，自己每次都卖力地直播，可成交却很少。这个时候团队要认真思考，仔细复盘，找出存在问题的原因。这个时候就需要学会调整心态，要认真总结每场直播的经验，学习并改进，坚持不懈地走下去。

### 5. 基本成型阶段

新人主播积攒了一定数量的粉丝后，每场直播下来都有一定的成交，新人在直播时越来越自信了，整个直播开始步入良性发展的快车道。这个时候，主播要对自己做好规划，不但要精通行业的规则，更要掌握行业最前沿的东西。要时刻提醒自己，新技术发展太快,要跟得上节奏,面对运营时遇到的各种问题,都要做到成竹在胸。要不断加强自身的学习和思考,要不断学习新技能、新知识,不断总结经验,迎接新的挑战。

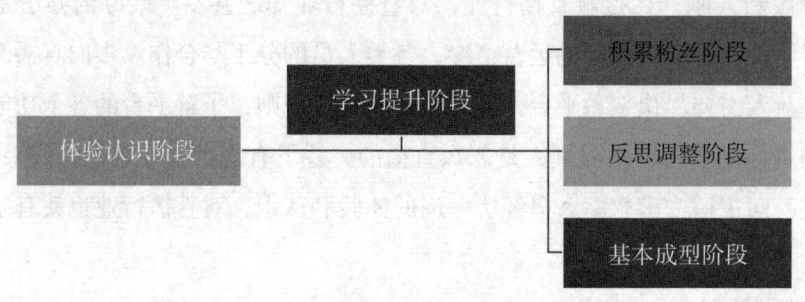

图 10-1　主播修养需经历的五个阶段

# 工作任务二　直播主播需设计好自身的直播名片

## ❖ 任务目标

1. 能够正确认识直播名片设计的重要性。
2. 直播名片设计的主要因素。
3. 直播封面的选择与禁忌。

## ❖ 任务背景

许多直播间图文明确写"放弃高薪工作创业""厂长表妹福利大放送"等信息,暗示着主播的身份和背景。这有助于粉丝联想到账号的内容和主播人设。明星李湘本身就是一个艺人,她在直播时邀请好友出现在直播间,为明星阵容打造背景,让粉丝一眼就能读懂。主播要根据自己的直播人设和直播内容,打造个性化名片,才可能获得更广泛的关注。

**请思考**　主播如何打造个性化名片?请结合你熟悉的例子做简要分析。

❖ **任务操作**

### 一、直播主播直播名片设计的要素

1. 头像设计

尽量使用清晰、个性化的头像,让粉丝一眼就能认出你。头像可以是你的照片,或者是与直播内容相关的标志或图标。

2. 昵称设计

选择简洁易记的昵称,最好与你的直播内容相关联。避免过长或复杂的昵称,以免让粉丝难以记忆。

3. 直播内容设计

明确直播内容,在名片上简要介绍你的直播内容,让粉丝知道你会为他们提供什么样的价值和内容。

4. 标签设计

使用标签或关键词来描述你的直播内容和特点,这样粉丝能够更容易找到你的直播。

5. 链接设计

如果你在其他社交媒体平台有相关账号,可以在名片上加上链接,让粉丝可以更多地了解你。

6. 个人简介设计

简要介绍你自己,包括你的背景、兴趣爱好等,让粉丝更加了解你的个人特点。

7. 直播时间设定

如果你有固定的直播时间,最好在名片上标明,这样粉丝可以预约你的直播。

8. 联系方式设计

提供一个可以联系你的方式,例如邮箱或社交媒体私信,方便粉丝与你取得联系。

9. 背景图设计

可以在名片上添加一张吸引人的背景图,使名片更加有吸引力和视觉冲击力。

10. 字体和颜色设计

使用易读的字体和明亮的颜色,确保名片内容清晰可见。

最后,记得不断优化和更新你的直播名片,适应粉丝的需求和市场的变化。一个好的直播名片能够提高粉丝的关注度和黏性,吸引更多的粉丝参与你的直播,从而增加你的影响力和粉丝数量。

## 二、直播封面的选择与禁忌

抖音的头像就是自己的封面，封面是给粉丝最直观的第一感受，也就是给人的第一印象，要确保你的封面能够吸引人，让人有点来看的冲动。不然，即使平台的流量再大，能分到你直播间的人，那也是非常少的。直播封面是展现在直播广场，同城分享页，所以好的封面，可以提高曝光，提高点击率，进入直播间。封面的图片选择要和直播间内容相关联，匹配度高，不然会误导粉丝进入，快进快出，影响直播数据。封面图片不能违规，服装不能性感裸露、活动类的不能有虚假宣传的文字等，就正常的人、货场的场景即可。

1. 封面头像选择的标准

（1）肖像颜值高可以凸显颜值，建议半身或者特写。

（2）背景干净、明亮适中、清晰度高。

（3）要和直播间内容相关联，匹配度高。

2. 直播封面选择的禁忌

（1）忌讳杂乱无章的封面。禁止过于抽象和美化的滤镜，如哈哈镜、蜡笔、美化特效，遮挡到脸部任何一处五官的脸萌、雪花特效。

（2）忌讳使用非本人的头像。使用风景、动物、卡通人物、影视角色等非本人照片的图片。

（3）忌讳使用不合规的大头照。虽然五官已经在封面内，但离镜头过近导致人物额头下巴被切割。

（4）忌讳比较宏大的场景。

（5）忌讳使用故意扮丑的头像。不要去刻意凸显幽默，相信我，人还是会喜欢好看的东西的。

大家需要注意，适当的修图是对的，但是一定不要修到与本人差距过大，否则粉丝点进来的第一感觉是被封面骗了，影响是非常不好的。

# 工作任务三　提供粉丝持久喜欢的直播内容

❖ **任务目标**

1. 能够正确认识直播标题确定的原则。
2. 能够掌握直播主题内容选择的范围。
3. 能够掌握直播文案撰写的原则。
4. 明确直播技术革新的方向。

## ❖ 任务背景

直播流量反哺乡村，延长农业价值链、丰富应用场景

"你真的了解磷肥吗？""全自动水肥一体化怎么搞？"……依托短视频平台，毕业于湖某农业大学植物保护学院、拥有10年农技授课经验的肖某康成了网友们信赖的"某康老师"。

优质农技内容能带来流量，促进收益变现。肖某康的线上商品橱窗里有不少农资产品和专业书，短视频带动销量增长。"农民既需要实用技术，也需要靠谱的产品。"肖某康说，这几年团队持续优化农技课程和服务，针对用户在智能节水灌溉方面的需要，还开设了定制咨询服务。

"'以技带物'的方式，有助于实现线上农技推广可持续发展。"中国社会科学院农村发展研究所农产品贸易与政策研究室主任胡某川表示，在短视频、直播平台上，部分农技创作者以农资、农业产品带货为媒介，建立起从农技内容到农资产品的全链条收益机制，使优质农技推广内容得以变现，激发和提高了创作者的积极性。

此外，一些泛农技类内容在无形中吸引着新农人返乡进行农业生产、重塑乡村业态。

两年前一条出圈的"挖地"短视频，让"00后"大学生丁某功和他所就读的云某农业大学火遍了全网。对丁某功而言，这意味着更多人开始关注农业，走近他的家乡云南楚雄彝族自治州。更让他高兴的是，越来越多人愿意去了解和报考农业类大学、农学类专业。

丁某功还与同学一起直播带货，帮助乡亲们销售软籽石榴等农产品。他发现，农产品销路不畅的原因很多，比如同质化程度高、缺乏知名度、种植管理技术不到位等。"部分网红主播打着助农旗号，选择中低品质货源，实际上消耗的是消费者的信任，不利于优质农产品的销售。"丁某功说，希望自己将来能发挥专业知识技能优势，更好服务农业全产业链条。

短视频平台激活了农技推广新赛道，"农技+"正借由互联网多点开花。"短视频已成为农民了解政策、学习技能的重要途径，但也要看到，在海量碎片化信息面前，如何提高内容质量和受众的信息甄别能力，仍是一项重要课题。"中国农业大学人文与发展学院教授叶某忠说，创新农技类内容传播形式的同时，也要强化短视频平台监管力度，提高涉农政策解读等内容的准入门槛。他建议，要鼓励农民转变短视频使用习惯，从被动接收转向主动获取，放大短视频赋能乡村全面振兴的效果。

**请思考** 直播流量如何反哺乡村？

## ❖ 任务操作

### 一、直播标题确定的原则

**1. 直播标题具有概括性**

直播标题的概括性指的是标题要简洁扼要，让人一目了然，并且要准确地表现直播的内容，一般而言，最好控制在 12 个汉字以内。如果标题太长、太复杂，会让人感到困惑，从而错过直播。

**2. 直播标题具有独特性**

直播标题应该有吸引人们关注并必须关注的焦点。可以在标题中加入一些特色元素，比如"惊天秘密""独家新闻"等独特的要素。很多人因为好奇心的驱使，可能会走进直播间。

**3. 直播标题具有情感性**

直播标题如果能引起人们情感的共鸣，就会吸引很多人关注。例如，"难忘的瞬间""情满人间"等标题能引起共鸣，吸引更多的人。

**4. 直播标题具有互动性**

直播标题具有互动性，才能够很好地吸引粉丝，例如，"互动游戏"和"有奖竞猜"这样的标题，可以吸引更多的粉丝观看直播，增加粉丝的参与度。

**5. 直播标题具有悬念性**

用一个能令人感兴趣但又难以作出答复的话作为标题，粉丝会因为猜想和好奇进入直播间。比如：听说 99% 的主播唱这首歌都会翻车，她是例外。

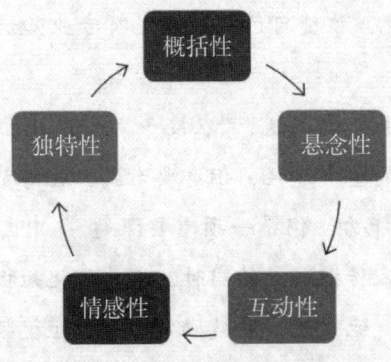

图 10-2 直播标题确定的原则

## 二、直播主题内容的选择

1. 有趣的互动游戏

在直播中设置互动游戏，与粉丝进行互动，增加粉丝的参与感和娱乐性。

2. 专业知识分享

分享自己的专业知识和经验，解答粉丝的问题，增加粉丝对你的信任和认可。

3. 娱乐节目和挑战

设计有趣的娱乐节目和挑战，增加粉丝的兴趣和参与度。

4. 产品评测和推荐

对产品进行评测和推荐，帮助粉丝了解产品的优缺点，满足他们的购物需求。

5. 线下活动直播

在特殊场合，如线下活动、展会等，进行现场直播，增加粉丝的身临其境感。

6. 访谈和合作直播

邀请行业内专家或其他主播进行访谈和合作直播，扩大粉丝的范围和兴趣。

7. 生活分享

和粉丝分享日常生活、旅行经历等，增加亲和力和粉丝的好奇心。

8. 新闻和热点话题

关注时事新闻和热点话题，及时分享观点，增加直播的时效性和吸引力。

9. 特殊节日活动

在特殊节日举办特别活动，例如圣诞节、新年等，增加节日氛围和粉丝参与度。

## 三、直播文案撰写的原则

1. 目标客户精准

写作前首先要弄清直播的受众是谁，要明确了解目标客户的层次、年龄和喜好等要素，要提供他们感兴趣的点和实际价值，这样写出的文案才能定位精准。

2. 主题单一明确

不管写哪类文案，要想打动粉丝，必须有清晰明确的主题。要紧紧围绕主题进行深度的挖掘，要清晰传达出有价值的信息，才能被粉丝所认可。

3. 结构简明扼要

写直播文案时，文案结构切忌大而全，要简明扼要，条理清晰，一般可采用三段式，让粉丝更容易接受和理解，达到很好的传播效果。

### 4. 创意新颖深邃

互联网时代，数字、语言、符号能够被群众迅速接受，无疑取决于互联网传播的速度。这个时代，人们喜欢听故事，喜欢娓娓道来的东西，因此直播文案写作要随时关注时下的热点事件，要有创新思维，用故事化的写法写出对事物的深刻认识，从而引起粉丝情感上的共鸣。

### 5. 文风朴实无华

直播文案适宜于采用朴实无华的文字去概括所要表达的讯息，用最浅显的语言表述最复杂的内容，文字简洁明快，切忌华丽辞藻堆砌、啰里啰唆。只有做到可读性强，读者才会有阅读兴趣；反之，粉丝读不下去或者引起误读，就会极大地影响信息传播效果。

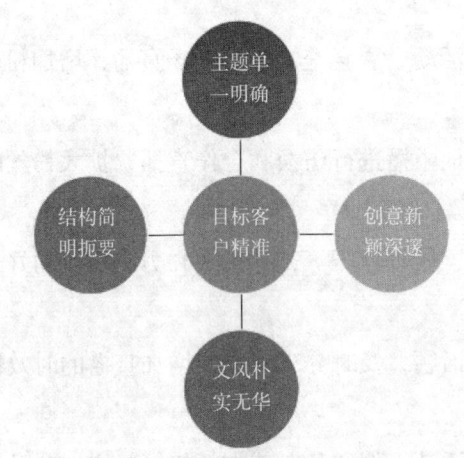

图 10-3　直播文案撰写的原则

图 10-4　直播带货现场

## 四、直播技术的革新

### 1. 虚拟现实技术

虚拟现实（VR）一词在20世纪80年代初首次被使用，是以计算机图形学、计算机模拟技术、传感技术等为基础的跨学科。在直播中，运用VR技术可以产生虚拟情境，这种虚拟的、三维的动态情境综合了多源信息，可以让粉丝有身临其境的体验。

### 2. AR技术

增强现实（AR）是虚拟现实的一个分支，主要是指真实环境和虚拟环境的叠加，现实和虚拟的三维状况的组合。和虚拟现实一样，增强现实也需要可穿戴设备来实现场景的生成。例如，googleglass 和 epsonmoverio 系列智能眼镜可与现实场景重叠，实现虚拟信息，实现增强现实功能。预计，今后将AR技术和现场直播相结合，扩大影响力，提高市场地位的企业将会增加。

### 3. 全息技术

成像技术是主要使用干涉和衍射原理的成像技术的一种。首先，记录通过干燥处理保存的物体波动信息，然后利用衍射，将这些光的视觉流动分散成具有强烈身体感觉和影像真实感的三维影像。像全息成像这样的新技术是提高直播强度，为粉丝带来更丰富内容的好方法。

### 4. 3D立体声技术

3D立体声技术主要是为了制造三维效果而将两个图像重叠在一起。观看3D视频时，粉丝需要佩戴立体眼镜，才能产生沉浸感。现在，随着3D、VR等尖端技术的发展，企业可以将这些技术应用到网络电视和IP内容中，这也是值得期待的。

# 工作任务四　提供粉丝持久喜欢的视频内容

## ❖ 任务目标

1. 能够准确掌握短视频创作的要点。
2. 能够正确认识有生命力短视频的特征。
3. 能够准确认识抖音内容推荐机制，并会具体运用。

## ❖ 任务背景

"在小小的花园里面挖呀挖呀挖，种小小的种子开小小的花"，2023年5月，美女幼师黄老师凭借一首《挖呀挖呀挖》走红网络。这首歌《挖呀挖呀挖》在短视频平台上的播放量已经超过了 2 亿次，而且还登上了各大音乐榜单的前列。这首歌究竟有什么魅力呢？它火起来的原因是什么呢？《挖呀挖呀挖》其实并不是黄老师原创的歌曲，而是她模仿了一位叫桃子老师的网友唱的。桃子老师是在 4 月 24 日发布了这首歌，而黄老师是在 4 月 28 日发布了自己的版本。除了黄老师和桃子老师之外，还有很多其他的幼儿园老师也唱过这首歌，但是只有黄老师一炮走红。网友们分析黄老师走红的原因：一是黄老师长相甜美，声音清脆，穿搭精致，形象非常亲切可爱；二是黄老师唱歌的时候表情丰富，动作可爱；三是这首歌简单易懂，旋律朗朗上口，节奏明快，内容积极向上；四是这首歌的主题是关于小女孩们喜欢挖土里的蚯蚓，这是很多小朋友都有过的童年经历，容易引起共鸣和回忆；五是黄老师背后可能有团队推广和运营。

总之，《挖呀挖呀挖》这首儿歌之所以能够火遍全网，是因为它结合了多方面的因素，既有黄老师个人魅力的加持，也有歌曲本身优秀品质的支撑。这首歌不仅让小朋友们开心快乐，也让大朋友们找回童年的乐趣。

**请思考** 如何持久推出粉丝喜欢的视频内容？

## ❖ 任务操作

### 一、短视频创作的要点

**1. 时长控制**

信息碎片化时代，人们追求生活的快节奏，因此我们剪辑的视频要尽量控制在一分钟以内。拍摄前，做好拍摄文案，拍摄的内容尽量能突出表现主题的需要，可有可无的场景和花絮一律放弃。我们剪辑的都是粉丝想看到的内容，视频才能被粉丝认可和喜欢。

**2. 三秒留人**

视频开头的前三秒是吸引客户点击的关键，我们叫作黄金三秒。这指的是要利用视频开头的前三秒紧紧吸引住粉丝，让粉丝能够看完整个视频。在创意时，我们要学会换位思考，要站在客户的角度，增强代入感，让粉丝觉得这条视频与他紧密相关，让他觉得你的视频绝对有价值。

**3. 多用数据**

做视频前，要尽量多收集一些数据或者图表，用数据和图表说话更有信服力。这就要求我们在做视频时要多做调查研究，掌握相关行业信息，对相关数据进行最权威的统计，这样很有利于树立账号的权威。

#### 4. 多用口语

做视频解说时，我们面对的客户，很多不是专业人士，因此，我们在做视频时，要尽量多用口语，将一些很专业的名词用简单明了的口语来代替，视频内容简明扼要，不要太书面化，让人听起来晦涩难懂。

#### 5. 多换场景

短视频本身就是一个快节奏的存在，是信息时代的快消品。因此做短视频时不要一景到底，要多换场景，注意镜头和内容的快速切换，让客户在最短的时间掌握更多有价值的东西，才能吸引客户的关注。

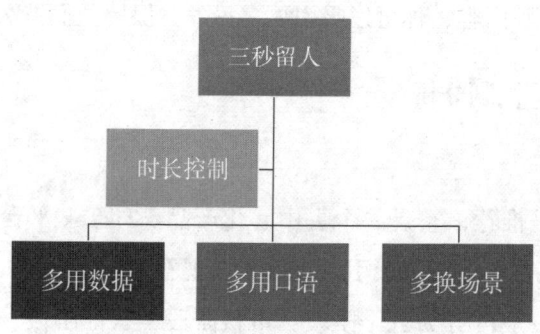

图 10-5　短视频创作的要点

### 二、持久有生命力的短视频类型

#### 1. 教育和教程视频

分享你的专业知识和技能，提供有用的教育内容，帮助粉丝学习新东西或解决问题。

#### 2. 娱乐和喜剧视频

创作有趣幽默的视频，带给粉丝欢乐和轻松的体验。

#### 3. 挑战和游戏视频

参与流行的挑战或展示游戏过程，吸引粉丝的好奇心和参与度。

#### 4. Vlog 和日常生活分享

和粉丝分享日常生活、旅行、购物等内容，增加亲近感和情感连接。

#### 5. 产品评测和推荐

对产品进行评测和推荐，帮助粉丝了解产品的优缺点，满足购物需求。

#### 6. 美食和烹饪视频

展示美食制作过程，分享美食体验，吸引对美食感兴趣的粉丝。

#### 7. 挑战和实验视频

进行各种挑战或实验，如科学实验、生活技巧等，激发粉丝的好奇心。

8. 旅行和探险视频

分享旅行和探险的经历，让粉丝感受不同地域和文化的魅力。

9. 名人专家采访

邀请名人或专家进行采访，增加视频的权威性和吸引力。

10. 美妆和时尚视频

提供美妆技巧、时尚搭配建议，吸引对美容时尚感兴趣的粉丝。

重要的是要保持视频内容的高质量和新鲜感，不断创新和改进。同时，与粉丝保持积极的互动，回复评论和留言，关心粉丝的需求和反馈，建立真诚的连接。通过提供有价值、有趣和有意义的视频内容，你可以吸引更多粉丝并保持他们持久喜欢你的视频。

### 三、抖音内容推荐机制分析

1. 推荐机制原理

TikTok 平台核心是推荐，它是一个去中心化产品。TikTok 平台就像一个大广场，只要你能提供足够优质的内容，就能吸引更多的人来观看。

推荐机制的过程一般可分为五个阶段：审核阶段、认证阶段、推荐阶段、体验阶段和反馈阶段。操作员上传内容后，首先进入审核阶段，审核集中在画面、标题、关键词上，被机器感知。如果发现视频含有非法内容，就需要手动审查。一旦确认违规，将删除视频或封禁账号。在接下来的认证阶段，将进行画面权重的排序和关键词的匹配，如果没有重复的话，将结合关键词的随机匹配，以 200—300 名网民为对象进行认证。推荐阶段，是根据粉丝的反馈进行推荐。点赞量、评论数、转发数、完成率、关注度等数据不好时，停止推荐。除此以外的情况，会执行叠加推荐。在体验阶段，主要是对粉丝对视频内容的互动行为（发布完成、点赞、评论、关注、转发、停留时间等）进行评价。最终阶段是反馈阶段。粉丝反馈的结果决定内容是否可以获得叠加推荐，只有具有良好反馈的内容可以进入更高级的业务池。算法系统可以基于运营商的账户权重和内容交互数据对视频质量评分，并基于视频质量评分获得视频的最终播放量。

2. 双重审核机构

抖音平台对视频内容采用机器审核和人工审核的双重审核机制。

检测机器主要通过算法识别画面和关键词，最初识别和筛选差的内容；人工审核是指对相关内容的人工筛选，主要包括视频标题、封面截图、视频关键帧。

3. 水桶型测试流量

TikTok 平台的推荐机制采用"流量桶"测试模型，优先测试内容标签，当内容被机器标记时，与标签匹配的内容会被分配到一致的流量池中。如果内容标签不正确，机器就不能给内容打标签，这样就很难得到正确的流量，所以只会被零散推荐。

### 4. 数据加权推荐

新视频的反馈数据，冷启动阶段的1000个种子粉丝的反馈数据非常重要。完播率、点赞数、关注量、评论量、转发量、停留时间等，算法系统会根据这些指标计算出分值。权重推荐指的是第二轮视频推荐，推荐的基本流程由权重决定，权重包括视频的各种粉丝反应数据、稳定的更新频率和内容质量带来的平均流量。系统确定视频是否可以基于粉丝的反馈数据来加权。因此，为了制作爆款视频，运营商要在"冷启动"阶段珍惜第一波基本流量。

### 5. 内容过滤机制

粉丝对内容的交互反馈反映在算法系统中。通过这个评分，平台可以很好地区分内容的优缺点，向粉丝推荐质量较高的内容，停止推荐较差的内容。

### 6. 平台推荐逻辑

运营者发布到抖音电商平台上的内容，在经过双重审核、运营公司推荐和叠加推荐等流程后，会给内容和运营者带来极大的曝光量。这种火热度一般持续一周后就会快速冷却下来，因为平台的日活跃粉丝数量是有限的，总的推荐量就那么多，因此运营者要想持续获得关注，就必须不断推出优质内容，只有具备持续输出优质内容的潜力，才可能使得账号变成大号。

## 工作任务五　直播变现的策略

### ❖ 任务目标

1. 能够掌握抖音变现的赢利方式。
2. 能够掌握抖音变现的策略。
3. 能够掌握第三方平台导流的方法。

### ❖ 任务背景

随着社交媒体和网络直播的兴起，直播已经成为现代社会的一种新兴娱乐和商业方式，而直播变现也是其最大的特点和优势之一，成为一名主播已成为许多人的梦想。而对于想要在网络直播平台上变现的主播，可能需要付出更多的努力和智慧。

直播变现的方式有很多，包括付费直播、广告变现、电商直播等，其中，付费直播是一种比较常见的方式，主要是指粉丝需要付费才能观看直播内容。广告变现则是指通过投放广告来获得收益。电商直播则是指直播过程中促销商品，提高销售量。本节我们分析

12种抖音赢利的方式，深入解读常见的几种直播变现策略。当前，直播变现是一种不断发展的商业模式，要想进行直播变现需要掌握相应的技巧和方法。通过选择合适的直播平台、建立自己的直播品牌、提供有价值的直播内容和选择合理的变现方式，才能实现直播变现的目标。

**请思考** 如何成为一名网络平台上能够直播变现的主播？

## ❖ 任务操作

### 一、抖音变现的赢利方式

1. 短视频橱窗卖货

抖音橱窗卖货，具体做法就是带精选联盟里面的产品或者自己开小店。橱窗卖货主要在于选品，要选到性价比高、市场反应好的产品。短视频橱窗带货要求主播具有良好的内容策划能力、账号运营能力和数据分析能力。

2. 抖音直播卖货

抖音直播是一种重要的变现方式。直播目前已经进入常态化时期，流量的红利期已过，免费流量极少，多数是付费流量。抖音直播运营要想持续产生利润，不但需要系统的专业知识，更需要团队化运营。

3. 直播打赏

抖音娱乐主播一般都是靠粉丝打赏赚钱，通过粉丝礼物打赏获得收益，1音浪=0.1元，抖音系统会分走53%费用，剩下的就只有47%，通过后台进行提现。

4. 养号卖号

有些类别的抖音号具备强大的吸粉能力，比如：影视号、明星号、娱乐搞笑号等，这种类型的号吸粉容易，有的几天就可以积累上万粉丝，有些人专门通过养号卖号变现。

5. 抖音小程序

抖音小程序变现需要在特定的通道进入，然后绑定银行卡完成信息登记。比如星图里面就有一个小程序推广变现的入口，进入后，完成任务，就有任务奖励。

6. 第三方平台导流

经营抖音号，在抖音的简介区添加微信、QQ或者微博号等进行导流，将客户引到自己的私域流量里，去做各种项目。这种变现方式效率快，但是容易被平台打压。

7. 抖音新私域

新私域是抖音官方授权的首家分佣平台，注册新私域并完成抖音授权，粉丝在抖音购物，会有返现，返到本人新私域账户中。粉丝推广的成员完成授权后，他们在抖音购物过程中也会获得返现，返到他们本人的新私域账户中，而推广者也会获得一部分佣金，返到新私域账户。

8. 抖音同城项目

抖音同城项目很多，比如：房屋买卖、相亲项目、美食探店、本地寻宝、本地旅游等等。抖音同城号有许多玩法，每一种玩法都有本地精准的流量。如果能够结合自身的资源优势，去切入一个领域，坚持去做，还是很有商业价值的。

9. 星图

星图是创作者接单获取收益，完成内容变现，进行商业成长的平台。以抖音达人为例，只要满足如下任意一个要求，即可入驻星图。一是抖音平台粉丝数大于等于1000且已经开通直播购物车权限，二是抖音粉丝大于等于1万，且内容健康合法。满足以上任何一个要求就可以接受任务，根据任务完成情况就可以变现。

10. 抖音代运营

目前，越来越多的商家已经意识到线上流量的重要性，他们需要在线上进行宣传或者拓展市场，因此需要专业的团队去经营，这给抖音代运营公司提供了市场机会。

11. 游戏发行人计划

游戏发行人计划提供一个对所有抖音粉丝都开放的平台，在这个平台上，抖音粉丝们可以接取厂商发布的推广任务，在发布了任务指定题材的视频后，通过吸引粉丝观看，进而通过CPC（点击计费）、CPA（按特定活动，比如下载等计费）、CPS（游戏销售分成）、一口价等方式计算收益。

12. 全民任务

在抖音搜索全民任务，或者在创作者中心里面找到全民任务即可进入，按照任务的要求，艾特相关账号，带上相关话题，不用直播卖货，看播放量多少就有相关收益。全民任务没有门槛，零粉丝都可以做。

## 二、抖音直播变现策略

1. 展现产品优势

直播与传统营销方式最大的不同在于，直播更直观地向粉丝展示商品的优缺点，让粉丝放心购买商品。要做到这一点，企业必须在摄像机前充分展示产品的优点，要向客户展现产品的详情，根据客户的要求展示产品的性能。

2. 专注一个产品

直播只做一种商品，听起来可能不利于商品的宣传，但实际上，这更有利于让粉丝更加关注你的商品。此外，这种方法对于没有直播经验的商家来说更加实用。

### 3. 吸引眼球诱导

利用福利发送，可以让观看直播的粉丝立即下单，很好地抓住粉丝追求实惠的心理喜好，"诱导"他们购买商品，因此会有很好的结果。在直播中，主播可以发放折扣、大礼包、秒杀等各种优惠，最大限度地吸引粉丝购买商品。

在现场直播中，主播以"福利"为主题全力宣传。首先向粉丝综合介绍产品的优点，接着以"品牌""秒杀"等关键词为主题。吸引粉丝的注意。最后，在直播中直接送红包送实惠。通过这些措施，观看直播的粉丝不断增加，流量持续转化为销售额。

### 4. 体现物美价廉

通过直播展示产品的品质和价格优势，也是吸引粉丝关注并下单的另一种方法。例如，在直播过程中，主播反复说性价比高，不满意就退货、假一赔十等。很多人觉得这太过直接了，但粉丝其实需要主播向他们传达这样的信息，因为大部分消费者都持有物美价廉的消费观。

### 5. 造悬念聚人气

制造悬念聚集人气是很多商家传统营销中经常使用的一种策略，这种策略对直播变现也同样适用，比如在直播中与粉丝连麦互动，发起挑战，激发粉丝的参与热情，同时也使得粉丝对挑战充满期待和好奇。制作悬念性的直播内容，要结合企业的实际情况来开展，同时要考虑到产品的特性和主播的情况等，不能过于夸张。

### 6. 多个产品比较

为了突出一款产品，可以同时用多种产品进行比较。可以比较价格、质量、服务、性价比等。制造比较的终极目的是强调本公司产品的优点和特性。但是如果单一销售自己企业的产品，有时会让人觉得营销痕迹太明显，但不管如何，通过比较，确实能够充分展示产品的特性。

### 7. 产品融入场景

直播主题是直播内容的核心部分，在进行直播时，我们需要先确定主题，然后根据主题策划内容，再将产品融入场景中。场景表达的主题需要与你的产品具有相关性，不然很难融入直播中。这就像在电影、电视剧里植入产品广告一样，电影和电视剧要表达的核心内容才是主题，产品不是主题。有时我们可以将产品作为工具融入场景，这样能够更好地强调产品的优点，以刺激粉丝对服务的需求。这种整合可以在一定程度上弱化营销痕迹，因此粉丝不会对产品或企业产生反感。

```
        展现产品
         优势
        /      \
   专注一个      吸引眼球
    产品         诱导
   /    \       /    \
体现物美 造悬念  多个产品  产品融入
 价廉   聚人气   比较     场景
```

图 10-6 抖音直播变现策略

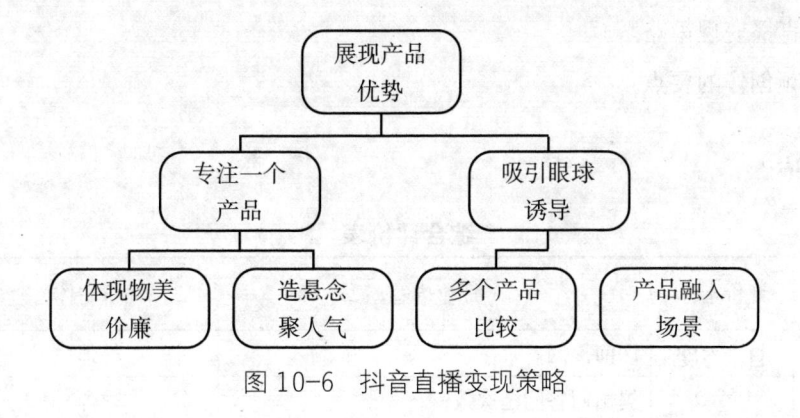

# 任务测评

**简答题：**

1. 直播主播内在修养的基本内涵是什么？
2. 主播修养需经历的五个阶段是什么？
3. 直播主播直播名片设计的要素是什么？
4. 抖音直播变现策略是什么？
5. 短视频创作的要点是什么？

# 任务总结与评价

## ❖ 任务总结

### 任务目标

1. 用学习的过程来进行汇报和总结，以小组的形式为单位。
2. 完成对学习过程的综合评价。

### 任务操作

以小组为单位，选择 PPT、图片、海报、视频等形式中的一种或多种，向全班展示、汇报学习成果。汇报的内容应包括：

1. 直播主播内在修养的基本内涵。
2. 主播修养需经历的五个阶段。
3. 直播主播直播名片设计的要素。

4. 抖音直播变现策略。

5. 短视频创作的要点。

## ❖ 任务评价

综合评价表

| 评价节点 | 评价指标 | 评价内容 | 评价主体 | 得分 |
|---|---|---|---|---|
| 课前评价<br>（10%） | 自学态度<br>（5%） | 课前提问 | 教师 | |
| | | 提出回答问题次数 | 教师 | |
| | 自学行为<br>（5%） | 是否上传学习笔记 | 教师 | |
| | | 是否完成课前测验 | 教师 | |
| | | 课前测验成绩 | 教师 | |
| 课中测评<br>（60%） | 出勤状况<br>（5%） | 是否迟到早退旷课 | 教师 | |
| | 师生互动<br>（15%） | 提出回答问题次数 | 教师 | |
| | | 是否聆听教师和认真总结做好记录 | 教师 | |
| | | 是否参与小组讨论头脑风暴等互动活动 | 教师、学生 | |
| | 小组分工<br>（15%） | 是否有明确合理的分工 | 教师、学生 | |
| | | 是否积极进行讨论探索 | 教师、学生 | |
| | | 是否在规定时间内完成组内任务 | 教师 | |
| | 成果展示<br>（25%） | 内容展示标准全面 | 教师、学生 | |
| | | 表达条理清晰，表达生动 | 教师 | |
| | | 课堂测验成绩 | 教师 | |
| 课后评价<br>（30%） | 方案时效<br>（10%） | 小组方案的实际应用效果 | 教师、学生 | |
| | 实践拓展<br>（20%） | 能够按时完成实践作业 | 教师 | |
| | | 实践作业完成效果完成情况 | 教师 | |

## 参考文献

[1] 丁仁秀. 直播运营与操作实务 [M]. 北京：北京大学出版社，2021.1.

[2] 柏承能. 从零开始学做主播 [M]. 北京：清华大学出版社，2020.10.

[3] 张国文. 玩赚直播：主播修炼 + 文案台词 + 成交话术 + 带货卖货 [M]. 北京：清华大学出版社，2021.8.

[4] 张瀚之，张译升. 直播带货：口才训练 + 成交技巧 + 高效沟通 [M]. 北京：化学工业出版社，2022.2.

[5] 陆雨苗，阿爽拉. 抖音运营变现手册 [M]. 北京：化学工业出版社，2020.8.

[6] 高震，刘丹. 抖音运营攻略 [M]. 北京：化学工业出版社，2022.2.